21世纪高等学校国际经济与贸易系列规划教材

国际服务贸易

主编　余慧倩

ZHEJIANG UNIVERSITY PRESS
浙江大学出版社

图书在版编目（CIP）数据

国际服务贸易 / 余慧倩主编. —杭州：浙江大学
出版社，2018.7
ISBN 978-7-308-18472-4

Ⅰ.①国… Ⅱ.①余… Ⅲ.①国际贸易—服务贸易
Ⅳ.①F746.18

中国版本图书馆 CIP 数据核字(2018)第 173110 号

国际服务贸易

余慧倩　主编

责任编辑	张颖琪
责任校对	李　晓　李　晨
封面设计	春天书装
出版发行	浙江大学出版社
	（杭州市天目山路 148 号　邮政编码 310007）
	（网址：http://www.zjupress.com）
排　　版	杭州中大图文设计有限公司
印　　刷	浙江省邮电印刷股份有限公司
开　　本	787mm×1092mm　1/16
印　　张	16
字　　数	370 千
版 印 次	2018 年 7 月第 1 版　2018 年 7 月第 1 次印刷
书　　号	ISBN 978-7-308-18472-4
定　　价	39.00 元

版权所有　翻印必究　　印装差错　负责调换
浙江大学出版社发行中心联系方式：(0571)88925591；http://zjdxcbs.tmall.com

作者简介：

余慧倩，经济学博士，毕业于中国社会科学院研究生院国民经济学专业，现任教于山东工商学院经济学院，主讲"国际服务贸易""国际贸易地理"等课程。在《国际贸易》等学术期刊上发表学术论文20余篇，出版专著数部。主要研究方向：国际服务贸易、区域经济一体化。

前　　言

当前，中国经济结构不断调整优化，服务业对我国 GDP 增长的贡献超过工业后继续保持攀升，占比已超过 50％，成为经济发展的第一动力源。世界经济的重心也全面切换到服务领域。服务业对全球经济在增长和就业两方面都做出了最大的贡献。就连世界排名靠前、传统上属于制造业的大型跨国公司都纷纷宣称自己其实是或正在转型成为服务提供商。可以说，全球制造企业服务化已经成为一种方兴未艾的产业调整趋势。对于中国来说，继制造业全面崛起之后，服务业也必将成为我国参与全球竞争的重要领域。事实上，我们已听到一大批中国优秀企业摩拳擦掌的声音。

但服务在国际贸易中扮演的角色似乎被显著低估。当前数据显示，服务贸易占全球贸易的比重明显与其在全球经济中所占的体量和比重不相称。这种情况说明，既需要在这一领域进行更深入扎实的理论研究，也昭示着未来服务贸易的自由化发展会掀起一个更大的新浪潮。

在这样的大背景下，国内的相关专业的同学们应该有雄心立志于以研究型人才身份参与到生生不息、创新不止的相关学术研究中去，或者以应用型人才身份融入这一时代浪潮，亲身经历和实践服务贸易的发展。

本书共分为九章，分别为：服务经济基础理论，服务贸易定义、特征与分类，国际服务贸易统计，国际服务贸易理论基础，服务贸易自由化理论概述，国际服务贸易协定，国际服务贸易政策与壁垒，服务贸易的全球发展，国际服务外包。

本书文字表述通俗易懂，条理清楚，特别是吸纳了近年来学术界的一些新学术理念和研究成果，力求数据更新、理论更丰富、研究视角更新颖。每章首先介绍要学习的主要内容，包括内容提要、学习目标、引导案例等，章后附有本章重要概念及复习思考题等,以巩固和提高学习效果,力争做到趣味性和引导性并存,注重逻辑和技能的训练。

本书可作为高等院校国际贸易、国际商务等经管类专业本科生或研究生的教材、教辅,同时也可作为国际服务贸易从业人员的自学参考资料。本书在成书过程中得到了山东工商学院经济学院国际贸易专业 2015 级 1 班、2 班同学在文字纠错、画图等方面的帮助,在此表示感谢。

生有涯而学无涯,尽管笔者非常努力和认真,但限于学识,疏漏不妥之处,请读者斧正,再版时将修改订正。

编者

2018 年 5 月

目　　录

第一章

服务经济基础理论

☞ **内容提要**

　　国内研究中,服务业长期被视为非生产性经济活动,这种情况直至20世纪90年代才得以改观,发展服务业得到了普遍的提倡。具体而言,服务业活动与制造业活动、服务业为主的经济增长与制造业为主的经济增长是有显著差异的,因此,有必要对服务业经济理论进行一番梳理和介绍,以期从根本上把握其不同。本章将概述服务经济理论的发展过程。第一节是服务经济思想史回顾,以时间顺序为线索阐述各历史时期的服务经济观点。第二节介绍服务的概念、服务业的发展与分类。第三节介绍服务与服务经济的特点。第四节重点介绍服务业的劳动生产率问题。

☞ **学习目标**

　　1.了解服务经济及服务概念的历史演变。
　　2.领会服务概念变迁的历史背景和演化逻辑。
　　3.理解服务业及现代服务业的相关知识。
　　4.掌握服务与服务经济的特点,深度理解服务业劳动生产率问题。

☞ **引导案例**

　　随着生产力的飞速发展,第一、第二产业对于生产性服务的要求越来越高,需要更加精细的分工才能满足,于是咨询、金融、法律、物流专业化等服务纷纷从制造业中分离出来,形成独立的业界形态。与此同时,传统制造商也给了自己"整体解决方案"提供者的新身份。制造商和服务商不断融合、互为渗透,产业的界限越发模糊,产业融合成为全球性趋势。

　　计算机鼻祖IBM 1993年开始转型。当它发现硬件市场越来越难做、盈利空间越来越小时,用了十年时间向服务型企业转型,为客户提供整体解决方案。现在IBM接近60％的收入来自服务业务。

　　同样的例子还有做复印机起家的富士施乐。着眼于数字化文件管理市场发展的趋势,富士施乐将主营业务转型为提供全面的文件处理解决方案,协助企业增进生产力并提高知识共享的能力。

美国通用汽车及旗下合资企业在华汽车销量不断创历史新高,但从全球范围来看,通用汽车公司最挣钱的业务不是车辆销售,而是金融服务——通用汽车金融有限责任公司,它为购车提供贷款服务。同时,它旗下子公司 Onstar 也是汽车安全、信息服务的业界领导者。全球汽车行业 40% 的利润来自整车和零部件的生产销售,60% 的利润来自汽车服务。随着市场发展,私家车越来越多,相关的服务需求量也越来越大。

第一节 服务经济思想史述评

服务经济理论在经济思想史上是一个独特的领域,对立观点贯穿始终,出现过许多方向性的理论拐点。需要注意的是,现在的服务业和早期的服务业存在很大差别,生产方式和服务业的内容甚至发生了根本性变化。回顾经济思想史中有关服务问题的讨论,对于全面理解服务经济和服务业发展问题有重要参考价值。

研究服务经济思想史的学者对服务经济思想划段不完全相同。综合让-克洛德·德劳内(Jean-Claude Delaunay)、江小涓等中外学者的研究和归纳,经济思想史上对服务问题的研究可以划分为六个阶段:朴素认识时期(17 世纪初到 18 世纪中期)、古典认识时期(18 世纪中期到 19 世纪中期)、服务泛在时期(19 世纪 50 年代到 20 世纪 30 年代中期)、服务分类时期(20 世纪 30 年代中期到 60 年代中期)、服务经济时期(20 世纪 60 年代中期至 20 世纪末)、产业融合时期(从 21 世纪初期至今)。下面将分别予以介绍,并在"古典认识时期"之后单独介绍马克思对服务经济的理论认识。

一、朴素认识时期(1600—1750 年)

古典前期约从 1600 年到 1750 年,是服务经济的朴素认识时期。在那个时期,服务类的活动已广泛存在,其中有些活动还非常显著,但对于什么是服务业仍然缺乏明确的界定。

重商主义者自身没有服务业理论,他们的注意力都放在外贸、海运这些最有利可图的活动上。尽管这些就是服务业活动,但他们的注意力集中在经济活动是否对社会有用上,其标准是对获取国民财富是否有贡献。对重商主义文献的研究显示,重商主义者们的主要兴趣在于增加王国(皇室)收入与财富,而不考虑服务业自身是否有其内在价值。

服务业有助于国民财富的增长这一观点是皮埃尔·L. 布阿吉尔贝尔(P. Le Pesant de Boisguilbert,1646—1714)提出的。他指出,服务业包括"医生、律师、马戏团演员……国王、军队、文官"。布阿吉尔贝尔注意到服务经济活动间的相互依存性:如果一个农夫只跟某个牧民一人进行贸易,他又不想给牧民足够的小麦以维生,却要牧民为他提供用兽皮做成的自己所需要的衣服,那么,不仅那个牧民会饿死,他自己也会因失去他最为需要的衣物而冻死。

相互依存的最终实现是在消费这一最终阶段。服务和消费者的其他付费活动一样，顺理成章地成为经济上有用的、能够创造价值的活动。

18世纪资本主义经济的萌芽发展，特别是在农业和工业领域的发展应用，使学者们开始从资本的角度重新考虑服务活动和服务业。"消费导向"的分析框架将所有经济活动视为等效，"生产导向"的分析框架则试图将经济活动按照具有生产性的多少进行排序。对生产性的讨论成为下一阶段服务业概念发展的理论基础。从净产出的角度考虑，就出现了资本积累问题。

二、古典认识时期(1750—1850年)

(一)亚当·斯密——质疑服务对国民财富和经济增长的意义

古典经济学家中，在服务经济思想史上有开拓性影响的无疑是亚当·斯密(Adam Smith)。斯密虽然没有专门论述服务业的著作，但其相关观点分散在《国富论》的各个章节中。

斯密发现，劳动可分为两类："一类因生产价值，可称为生产性劳动，另一类可称为非生产性劳动。制造业工人的劳动，通常会把维持自身生活所需的价值与提供雇主利润的价值，加在所加工的原材料的价值上。然而家仆的劳动，却不能增加什么价值。"(亚当·斯密,1997:303-306)这一标准如实反映了资本主义社会的本质，即劳动是否有价值要根据它是否为投资带来回报，与工作的物质结果无关。重要的不是完成了工作，而是产生了利润。

斯密认为，家仆的劳动，"不是通过耐久物品或可卖商品来固定或实现的，终究是随生随灭，不能保留起来供日后取得同量服务之用"。此时，斯密关注的是消费品的耐久性，服务一旦实现同时也就消失了，不具有有形商品那样的耐久性。值得注意的是，斯密并不是说这类活动不产生成果，但这一点往往被后来者误认为"斯密对服务业持非生产性的观点"。

斯密对于非生产性服务经济活动给出了一个列表，包括神职人员、律师、医护人员、作家、艺术家、喜剧演员、音乐家、歌手、剧院舞蹈演员、其他私人服务者和家仆，包括国家的仆佣(王室、公务员和军队)。而运输、银行、贸易等商业活动都不被视为非生产性的。概括起来，他判断劳动是生产性还是非生产性，有两项主要标准：是否有利于资本增值和财富积累。

斯密认为，新雇用一个家仆都是国民财富的损失。雇用家仆的支出来源于利润，而利润的减少会减少资本积累。"资本增加，由于节俭；资本减少，由于奢侈与妄为。"重要的经济变量还是投资与储蓄。贵族和王室雇用的仆佣是非生产性的，尽管其是有用的，但他们不生产价值(不产生资本)，用于这些活动的支出和工业与商业的扩张产生了竞争，不利于国民财富的积累。经济产出中只有用于投资的部分，才能够产生利润，才能够带来社会财富的积累。在斯密时代，能够吸收大量投资并产生可观利润的主要是制造业；

而许多服务虽然也是工作，却不具备这种性质，不仅如此，由于对服务的支出来源于利润，因此减少了资本积累，与工商业的扩张产生竞争。概括这些论述，斯密是从财富和资本能否被积累的角度看待生产性和非生产性。对斯密来说，国民财富的增长要靠资本积累，服务性消费对积累无益。因此服务活动虽然是必要的，但必须做出严格限制。

与上述观点密切相关，斯密强调生产结果的性质。斯密认为，只有实物性的产出具有耐久性，能够保留下去随时取用，是可积累的财富，而非实物性的产出随产随用不能积累。随着工业革命的发展，产业分类日益复杂和丰富，旧政治与社会体制下的社会群体和阶级逐渐演变，与新的中产阶级融合。工业发展让斯密的非生产性支出概念变得过时。

 专栏

对斯密服务"非生产性"观点的评价

对服务业生产性还是非生产性的理论讨论，生动反映了服务的特点和服务在经济发展不同阶段中的地位变化。从当代人们对服务业的理解看，服务业当然是生产性活动，不仅当前创造价值，而且促进经济长期发展。许多现时的观察者对历史上有过服务业生产性、非生产性的争论感到"不可理解"。历史地看问题，人们对服务的思考绝不是一部错误层出的思想史，而是人们对当时服务业实际状况的理性思考。在那个生产率发生革命性变化和产业投资回报丰厚的时代，判断一种经济行为是否是"生产性"的，其核心是讨论它是否能利用先进技术设备高效率地生产，能否为投资带来可观利润。显然，当时的制造业符合这个标准，绝大多数服务业不具备这类特征，斯密列举最多的"非生产性"的服务是仆佣。许多非生产性的服务支出被斯密视为负担，因为这类活动占用了人力资本，还要为此支付工资，减少了资本积累。

总之，斯密问题之所以产生，是因为当时商品生产和服务提供两类经济活动对提高生产效率、积累物质财富和积累产业资本等方面的作用是完全不同的。现在的服务业和斯密时代的服务业存在很大差别，生产方式、企业形态和服务内容都发生了根本性变化，用现在的状况评价从前并不恰当。

（二）萨伊

萨伊（1767—1832）是提出与斯密不同的生产性就业的第一个法国学者。该论述在其《政治经济学概论》第1卷第13章出现。萨伊对服务业给予了肯定，这可以从下面的引文中看出来："斯密没有将这些产业的产出称为商品……他并未将需要支付价格的物品都称为商品，而是将具有价格，又能够储存的物品称为商品……但是医生……公务员、律师、法官的工作能够满足社会的需要，没有他们社会甚至无法正常运转。难道他们的工作结果不是真实的？它们是真实的，人们必须为此支付其他物质性产品的价格——斯密意义上的财富——而且这一交换能使物质产品生产者获得收益。"（萨伊，1997：127-129）

萨伊认为,服务也有资本的需求,服务业需要获取知识和技能,这与现代的人力资本概念类似。"医生能够给出专业建议使其患者受益前,医生及其父母都必须承担医生多年学习的成本。律师、歌手、乐师等也是同样的道理。"

对于贸易,萨伊认为,是与工业生产相似的活动。"商业活动是生产,如同工业生产一样,是将产品从一个地方转移到了另一个地方,为产品增加价值。"

对于银行业,萨伊认为,银行活动是生产性的,且依赖于银行家特殊的专业知识。市场对这些特殊知识有需求,同时银行家降低了维护流动性储备的成本,从而得到工作报酬。"银行家从别人那里接受或支付货币,或者提供能够在各地兑现的汇票,这与金银交易其实是一样的。"

他的思想可以概括为:(1)服务业生产是"非物质性产出";(2)(但是)有些服务活动比其他活动更具有生产性;(3)服务和现在所指的"人力资本"之间存在联系。

(三)约翰·斯图亚特·穆勒

穆勒(1806—1873)处于古典经济学发展末期,他的思想一般被认为是斯密代表的古典政治经济学和19世纪以后新发展的经济学之间的一个折中。和前人一样,穆勒的服务业(涉及的经济活动类别也是一样的)理论也是关于哪些特定类型的工作是生产性的。穆勒在其名著《政治经济学原理》中对"服务"做了界定。他认为,服务是指劳动产生的效用并未固定或体现在任何物品中,表现为给予一种快乐,消除不便或痛苦,时间可长可短,但不会使人或物的性质得到永久性改善。穆勒进一步指出,此效用分为三种情况:"其一是固定和体现在外界物体中的效用,即运用劳动使外物具有能使它们对人有用的性质。其二是固定和体现在人身上的效用,即劳动用于使人具备能使他们对自己和别人有用的品质。所有与教育有关系的人的劳动属此类。其三就是上面界定的服务。"(穆勒,1997:62-63)。

"因此,在本文中,我只将所谓的物质财富视为财富,只将生产(蕴含了效用的)实物的劳动视为生产性劳动。""对不以物质产品作为其直接成果的劳动,只要物质产品的增加是其终极后果,我将不拒绝称其为生产性的⋯⋯这种劳动可以说是间接生产性的,而耕作者及棉纺工的劳动则是直接生产性的。它们的共同之处是,它们使社会的物质产品比以前更为丰富,它们增加了或有助于增加物质财富。"

可见,穆勒对服务生产性或非生产性的判断取决于服务是否改进了个体或社会的生产力。

古典主义者们关于服务业的争论还是很激烈的。斯密非常强调资本积累概念,服务业雇用的劳动被认为是非生产性的,部分就是因为他们不能被积累,不能形成资本存量,其结果是这些劳动必须用收入来支付。斯密的反对者对斯密提出了很多批评,却又在不断重申他所确立的基本划分方法。他们提出,无论是商品还是服务都是有价值的,服务业是生产性的,因为他们有用并且需要支付价格。即便在没有价格的时候,它们也是生产性的,比如家仆。反对者们并没有对两大类劳动以及服务业和工业之间的差异和关系进行深入的研究。斯密和反对者们不过是强调了社会实际运作的不同方面。而在这一阶段,服务业的多样性、随时间的变化和服务业的历史等问题都基本没有被讨论。

三、马克思对服务经济的理论认识

马克思在《资本论》和《剩余价值学说史》对生产性劳动和非生产性劳动部分讨论了服务的作用和它们在资本主义社会中的地位。

马克思将服务业分为两类:第一类包含个人、国家或者其他类型组织提供给个人的服务,如教师、教授、家仆、教士和公务人员都归为这一类。第二类包含此后人们归为服务业的那些行业,如商品运输、机器与设备的养护和贸易、银行、保险以及财务会计等,对这类服务业马克思有鲜明的观点:运输和养护活动是生产性的,商业和金融活动则不是。

马克思重点关注的是1860年前后出现的机械化和产业资本的扩张,而当时服务业的作用和今天完全不能相比。因此,马克思强调实物商品的生产,服务业不是其研究的重要领域,这一点与斯密相似。

马克思是这样界定服务的:"服务这个词,一般来说,不过是指这种劳动的特殊使用价值,就像其他一切商品也提供自己的特殊使用价值一样;但是,这种劳动的特殊使用价值在这里取得了'服务'这个特殊名称,是因为劳动不是作为物,而是作为活动提供服务的。"(马克思恩格斯文集,2009:409)

马克思注重对资本主义的实际观察,当时有两个现象给他留下了深刻印象,对其研究有重要影响。一是产业资本的扩张及其强大的盈利能力,这导致他从资本的要求出发来判断劳动是否具有生产性,生产性的劳动在创造价值的同时必须也创造剩余价值,即能产生利润。二是技术革命和机械化带来实物生产力的巨大提升,因此马克思强调"物质生产"(material production)。根据马克思的观点,只要劳动生产率还没有提高到能够使人类"从必然王国进入自由王国"即物质极大丰富的程度,物质生产将继续占有优先重要的地位。

马克思观察到,服务业存在"低效率"问题。他认为,在商业部门,劳动分工并不是依据机械化过程,而是根据它们活动的专门化。商业企业数量的相对增长是因为商业领域的经济活动不容易实现机械化,因此没有规模经济。尽管马克思不是最早表述这个观点的研究者,例如斯密也有过类似表述,但马克思的观点更加鲜明,后来鲍莫尔对这个问题进行了更深入和系统的研究。

四、服务泛在时期(1850—1930年)

这个时期从19世纪中期到20世纪30年代左右。19世纪末,关于服务业是否创造价值的讨论逐渐消失,非生产性劳动的概念已经从经济学文献中消失了。变化还不仅限于此,服务业从屡受负面评价跃居为泛在的生产性活动。在当时的理论中,服务的概念被广泛使用,所有的经济活动都可以视为服务,都是生产性的,学者们以服务关系描述各种经济关系,德劳内(Jean-Claude Delaunay)在其书中将这一章命名为"一切皆生产,一切皆服务"(All is productive,all is service),概括地表述了这个时期服务泛在的理论倾向。

这个时期对服务经济理论发展有重要贡献的两位经济学家是法国古典经济学家弗雷

德里克·巴斯夏（Frédéric Bastiat,1801—1850）及其追随者克莱芒·卡尔松（Clément Colson,1853—1939），两人立场相近。巴斯夏的代表作是1851年重版的《和谐经济论》（*Harmonies Economiques*）。其理论的核心观点是:资本主义条件下的经济关系都是交换服务的关系。卡尔松的观点与巴斯夏基本相同:人类的每一项活动都是服务,物质生产本身也是提供服务。

巴斯夏对斯密的反驳主要出于两个方面:一是斯密从生产所需劳动这个角度解释价值,而服务从其纯粹的形式上看完全由劳动构成,难道它们不含有价值吗? 完全可以将服务看作直接劳动,而将商品看作间接劳动,即劳动凝结在商品之中。二是所有的生产都不创造物质,而只是通过移动或者组合来改变物质的形态和功能。"生产和形成物质实体没有什么关系,但是不论生产过程最终显示为服务还是某种物质实体,由于都满足了我们的需要,在经济上的重要性是一样的。为他人提供健康服务的医生,和一个农夫一样,都是生产性的。"由于人类不能创造物质,所以不论属于哪个产业,企业都处于同样的位置:它们是在交易服务,而不是在制造产品。巴斯夏同时还将服务看作一种社会关系,因为"一个人做出努力,另一个人从中得到满足",而"满足另一个人的需要而做出的努力,实际上就是提供一种服务",社会由相互提供劳动的个体组成,"我们提供服务,并得到等量的服务作为回报"（巴斯夏,1995）。

这个时期后半段,学术界越来越关注公共服务问题。其背景是许多国家的公共服务快速扩张。此前,由于公共服务的地位较弱,因此"所有服务都是生产性的"和"所有生产都是服务"这样的观点基本上可以解释当时的经济活动。然而随着公共服务的扩张,"所有服务都是生产性的"这个观点受到质疑。因为许多公共服务是通过再分配产生的消费行为。对于公共支出增长很快这种现象,学者们普遍抱有矛盾的看法。例如,巴斯夏认为,政府行使的职能表明了"职业专业化的进步"。但与此同时,他又对政府作用的扩张有些担心。一方面,卡尔松认为政府的新职能很重要,例如铁路和电报的发明、煤气和街道电力照明的发展、改善营养不良和劣质饮用水、完善排水设施等,都需要扩大公共投资和公共建设的范围,并逐渐成为政府的正常职能;人们更加重视文化和物质层面的幸福也促进了教育和社会安全服务的发展。另一方面,卡尔松对这种现象又有深深的担忧,认为存在政府干预过度的可能性。他说,当前某些流行思想鼓励政府提供免费服务,并取消初等教育学校收费和桥梁、运河的收费。如果政府能够明智地使用经费,这些预算的增长可能不会是坏事。但是我们必须问的问题是:假设不可能用更低的成本得到同样的结果,公共服务是否运作良好? 他承认,这个问题基本上无解（卡尔松,2011）。

五、服务分类时期（1930—1965年）

这个时期从20世纪30年代中期到60年代中期,此时关注的重点已经从此前的价值判断转向分析框架的构建和相应的结构性分析。理论进展主要体现在对服务的分类与度量,其中最典型的是三次产业划分方法的提出。代表性学者有阿兰·费希尔（Allan G. B. Fisher）、科林·克拉克（Colin Clark）和让·福拉斯蒂埃（Jean Fourastié）。三人对经济活动宽口径的分类方法相似,但在增长和发展的原因解释上存在差异。这三位学者的贡献都非常重要,以下予以分别介绍。

费希尔的观点体现在他的两本著作中——发表于 1935 年的《安全与进步的冲突》(*The Clash of Progress and Security*)和发表于 1945 年的《经济进步与社会安全》(*Economic Progress and Social Security*)。两本书的主题都是如何应对经济结构性变化的挑战。他指出,发达经济体需要解决的主要问题是怎样充分迅速地与需求结构变化以及由此引起的产业部门变化相适应。费希尔第一个明确指出,尽管第一产业是维持人类基本需求的产业,但是劳动力仍然逐渐从这些根本性的"初级"经济活动中转移出来,进入第二产业,而后更多地进入第三产业。他指出,第三产业的重要性在于它包含了很多潜在的"增长点",这些增长点需要政府经济政策创造条件,吸引资本进入,减少在这些新兴非传统部门的企业风险。"第三产业"的本义是指除农业(第一产业)和工业(第二产业)以外的所有经济活动的集合体,此前研究中提到的种种服务业都可以被归为第三产业。使用三次产业分类方法的意义在于:首先,它标志着开始对经济活动进行结构性分析,服务业和农业、制造业获得了同等重要的理论地位,经济分析的框架更加完善和规范。其次,将种类繁多的服务业概括为第三次产业,表示认同这个产业内部各细分行业具有一定的同质性。

克拉克的主要著作《经济进步的条件》(*The Conditions of Economic Progress*)出版于 1940 年。三次产业划分是该书的基本分析框架,书中不仅有分类,而且对每类产业特点有详细表述,其观点对服务经济理论研究产生了长期影响。在克拉克的分类中,第一产业活动包括农业、林业和渔业,由于自然因素地位重要,因此表现出规模收益递减规律。第二产业或者工业将原材料转化为可以运输的产品,表现出规模经济的规律。第三产业或者服务业包括独立艺术家的小规模生产、建筑、公共设施(煤、气、水、电)、运输、贸易和其他更多类型的服务业,可以是也可以不是由市场提供。克拉克并不认为在工业和服务业生产率之间存在系统差距,尽管建筑业生产率增长趋势似乎比制造业要慢,但贸易和运输业并不比制造业落后。克拉克认为,就业向服务业转移的主要原因是消费需求总量和需求构成变化。克拉克使用了德国统计学家克里斯蒂安·恩格尔(Christian Engel)提出的需求饱和水平理论,即随着收入水平的提高,人们的支出结构将发生变化,当收入水平较高时,对服务需求比例就相对较高(Clark,1935)。

福拉斯蒂埃 1949 年出版的《XX 世纪的伟大希望》(*The Great White Hope of the XXth Century*)一书提出了划分三次产业的一个标准。福拉斯蒂埃认为,在自然因素收益率和资本与组织收益率之间存在差别,因此不同产业在规模经济和劳动生产率之间存在差别。他的标准是:生产率增长为平均水平的是第一产业,生产率增长快于平均水平的是第二产业,生产率增长慢于平均水平的就是第三产业。这种用生产率增长状况来划分产业的标准在实际应用中有许多困难,例如同一产业,如果劳动生产率发生变化,产业分类就要改变。但是,这种划分方法标准唯一、逻辑严谨、普适性好、理论架构很完美。福拉斯蒂埃还提出了更多有启发性的观点。他认为,第二产业和第三产业对消费者的时间支出有不同意义——使用第二产业的产品需要时间,而使用第三产业的服务节省时间,很多情况下可以用服务替代商品来满足同样的需求。他还讨论了服务业部门增长和整体经济增长之间的矛盾,认为在经济整体发展和经济能够承受的服务业活动数量之间存在均衡点,这个均衡点由技术进步的速度决定,符合这个数量比例要求的,服务业就是生产性的,否则不是(Fourastié,1949)。

总之,1935—1965 年这三十年是"第三产业"这个概念逐渐成熟的时期。三次产业的概念和若干相关理论范畴成为此后经济学家描述经济发展历史变化和阶段性特征的一个重要分析框架。表 1-1 列出了上述几位学者使用的分类法,同时还增加了西蒙·库兹涅茨(Kuznets,1966)。增加库兹涅茨是考虑到他在我国的影响较大。可以看出,对第三产业(服务业)定义最宽的是克拉克,除制造业之外都包括在内;定义最窄的是库兹涅茨,他将建筑、公用设施、运输和通信都定义为工业。

表 1-1　不同学者的行业分类

行业	费希尔(1935)	克拉克(1941)	克拉克(1957)	福拉斯蒂埃(1959)	库兹涅茨(1966)
制造业	第二	第二	工业	第二	工业
建筑业	第二	第二①	服务业	第二	工业
公用设施	第二	第二②	服务业	第二	工业
运输	第三	第三	服务业	第二	工业
通信	第三	第三	服务业	第三	服务业
贸易	第三	第三	服务业	第三	服务业
服务	第三	第三	服务业	第三	服务业
政府	第三	第三	服务业	第三	服务业

注:①还包括采矿业。②只有电力。

资料来源:让-克洛德·德劳内,让·盖雷.服务经济思想史——三个世纪的争论[M].江小涓,译.上海:格致出版社,2011:58.

六、服务经济时期(1965—2000 年)

这个时期从 20 世纪 60 年代中期到 20 世纪末。其中前十年更显得重要,许多在现代服务理论中有重要地位的观点就产生在这个时期。首先要提到的是维克多·富克斯(Victor Fuchs),他是现代服务经济理论的重要开创者。同时,这个时期还产生了若干当代服务经济理论的经典文献和代表性学者。

(一)富克斯的服务经济理论

富克斯在服务经济理论发展中发挥了关键作用,他 1960 年出版的专著《服务经济学》(*The Service Economy*)已经成为服务经济研究的经典之作。这是经济研究文献中,第一次明确地将服务经济作为研究对象。

富克斯的著作之所以重要,有以下几点原因:

第一,他明确了服务型社会的判断标准:吸纳一半以上的就业人口。对于富克斯而言,服务经济的概念来自于就业分布:"这个国家(美国)在经济发展中处于一个领先阶段。我国是世界历史上第一个实现了'服务经济'的国家——超过半数的就业人口不再从事食品、服装、房屋、汽车以及其他有形商品生产。"(Fuchs,1960,1965)

第二,他从服务业自身特点来解释服务业相对高增长的原因,强调了服务业自身效率较低这个因素的影响。例如,富克斯以 1930—1960 年间的数据说明,就业向服务业转移的原因并不是商品和服务在收入弹性上的差异,而是在人均产出(生产率)上的差异。这些差异有多方面的原因,包括技术、劳动力素质和资本密集度。同时,他也指出了服务最终需求增长和中间服务需求增长的重要性。

第三,富克斯明确将消费者视为生产效率的一个要素。虽然此前已有学者对消费者参与的必要性和意义有过表述,但没有集中到对提供者效率的影响这个重要角度上。富克斯得出了一个重要理论结论:许多服务业部门的生产率部分地依赖于消费者的知识、经验和动机。

(二)希尔的服务经济理论

进入 20 世纪 70 年代,希尔(Hill,1977)指出:"一项服务生产活动是这样一种活动,即生产者的活动会改善其他一些经济单位的状况。生产者不是对其商品或本人增加价值,而是对其他某一经济单位的商品或个人增加价值。"

他还认为:"服务应向某一经济单位提供,这一点是服务观念所固有的。它和商品生产形成鲜明的对照,在商品生产中,生产者也许不会想到谁将获得其正在制造的商品。一个农民可能在同其最后顾主完全隔绝的情形下种庄稼,然而一位教师却不能没有学生而从事教学。就服务来说,实际生产过程一定要直接触及某一进行消费的经济单位,以便提供一项服务。"

希尔进一步解释道:"不论提供的服务性质如何,贯穿一切种类服务生产的一个共同要素是,服务在其生产时一定要交付。这就成为它同商品生产的根本区别,在商品生产中没有这样的生产限制。另外,服务在其生产时一定要由消费者获得,这个事实意味着,服务是不能由生产者堆到存货中的。"

希尔从"变化"的观点入手,贴近服务的本质,避免单纯描述服务的特征,而是强调了服务生产与服务产品的区别以及服务产出是相应的个体或商品状态的变化、不应与服务生产过程相混淆等观点。但希尔的定义仍存在一些问题。比如,在特定条件下某些服务(如保安)的目的并非寻求变化,而是避免变化。

(三)贝尔的后工业化理论

在 20 世纪 70 年代初期,"后工业社会"理论开始出现,其代表作是社会学家丹尼尔·贝尔(Daniel Bell)出版的《后工业社会的来临——对社会预测的一项探索》(*The Coming of the Post-Industrial Society：A Venture in Social Forecasting*)一书。该书总结了他对美国社会未来转型的一些主要观察和预测,和富克斯相似,贝尔以经济活动人口的分布作为发展阶段分类的主要依据。美国战后劳动力产业分布的数量特征是,第三产业部门呈现相对更快的增长速度。自 1947 年以来,增长最快的部门是公共管理(联邦政府以及州和市政府),其中教育部门的增长更快(1968 年在教育部门就业的人数超过非联邦公共部门就业的一半);增长第二快的是"私人和专业提供服务",其中增长最快的是医疗服务。贝尔提出的一个重要判断是:美国已经进入到后工业社会,即第三产业为主导的社会。

贝尔认为,大量人口在第三产业就业的主要原因有:第一,收入水平提高。恩格尔曲线显示,随着富裕程度的不断提高,需求结构向高档品(通常是服务)迁移。第二,主要经济部门生产率趋势之间存在差异。即便对三个部门产品的需求以相同速度增长,由于服务业跟不上工业部门生产率的增长,仅仅为了保持同样的增长,服务业也需要吸收更多的就业者。另外,他还强调了工业社会和后工业社会不同的消费构成和生活方式:如果工业社会是由标志着生活水平的商品数量来界定的,那么后工业社会就是由服务和舒适所计量的生活质量来界定的,比如健康、教育、娱乐和艺术(Bell,1973)。

(四)鲍莫尔关于服务业生产率低的观点

威廉·鲍莫尔(William Baumol)在 1967 年发表的一篇论文成了最著名的服务业文献之一。该文中,他从一个相对负面的视角看待服务业的增长。他的研究发现,美国许多大城市由于服务业高成本,出现了所谓的"成本病(cost disease)",引发了财政危机。由此,鲍莫尔提出了"服务业效率低"这个著名的观点(Baumol,1967)。虽然鲍莫尔后来转而使用更为复杂的解释,并不断修订自己的观点,但这篇论文仍然是他对服务业理论做出的最重要的标志性文献。

鲍莫尔提出的"成本病"在很多服务业部门都存在,这是因为与制造业相比,服务业在生产方法和技术方面存在差异。鲍莫尔将经济活动分为两个主要部门:一个是技术导向的"进步部门"(progressive sector),这个部门由于"创新、资本积累和规模经济带来人均产出的累积增长";另一个是"非进步部门"(non-progressive sector),这个部门的劳动生产率保持在一个不变水平,这种状况是由生产过程的性质导致的。非进步部门的基本特征是,由于工作本身就是最终产品,基本上没有采用资本和新技术的空间,也就没有提高生产率的可能。鲍莫尔提出了下面的经典例子:"乐队五重奏半个小时的表演要求 2.5 个小时的人工费用,而任何试图提高生产率的打算都会受到在场观众的批评。"

第一个部门主要指生产商品的工业,第二个部门主要指的是服务业。商品生产部门不断增加资本和技术含量会带来实际工资的增长,由于不同部门之间工资水平的趋同要求,工业部门工资增长的效应,会"溢出"(roll out)到服务业部门,却不能被劳动生产率的增长所抵消,因此,提供单位服务的成本将变得越来越高。由此可以得到一个"非平衡增长"(unbalanced growth)的宏观经济模型,其中一个结果就是非进步部门(服务业)产出的相对价格水平呈现指数化增长。如果我们假设服务业的需求对价格变化无弹性,并且将随着生活水平的提高而增长,一个必然结果就是由于需求增长而劳动生产率提高缓慢,服务业吸纳的就业比例愈来愈高。相应地,经济总体生产率增长(非进步部门的零增长和进步部门一个恒定增长率的平均数)将不可避免地下降。

20 世纪 70 年代开始,几乎每一个发达国家都出现了服务业就业比重提高而实际增长放慢的现象,鲍莫尔的理论似乎得到证实,因而更得到学术界的重视。虽然鲍莫尔并不是最早提出上述观点的学者,如亚当·斯密、马克思、让·福拉斯蒂埃和富克斯都提到过服务业和制造业的生产率差距问题,但鲍莫尔提出的观点简洁概括,并且构建了一个可分析的模型,因此在服务经济史上具有里程碑式的地位。

过于简化的模型虽然优美,却不可避免地存在对复杂现象解释力不足的问题。鲍莫尔受到的批评不少,特别是下述质疑始终存在:并不是所有的服务业都存在低效率问题,那些类似于"音乐五重奏"的服务业只是部分,包括艺术服务(剧院表演、舞蹈、音乐)、饮食、旅馆等,也包括一些公共服务业。但是,有数量众多的其他类型服务业已经出现明显的技术进步,如运输、通信、银行、零售等。这个质疑随着信息技术的迅速发展愈来愈多。鲍莫尔后来也修正完善了自己的观点,他和苏·安妮·布莱克曼(Sue Anne Blackman)、爱德华·N. 沃尔夫(Edward N. Wolff)一起发表了一篇论文(Baumol et al. ,1985),扩展了他的理论,在两个典型部门(进步部门和非进步/停滞部门)之外,引入了第三个部门——渐进停滞部门(asymptotically stagnant sector),其生产过程要求从停滞部门和进步部门引入固定比例的投入品。作者证明,在经历过一段时间的经济增长后,这一部门的表现倾向于(渐近地)与停滞部门相似,也会受到成本病的影响。

(五)关于服务业内部异质性的讨论

第三产业的原始定义是指除农业和工业以外的所有经济活动的集合体。这是一个使用排除法的宽泛定义,并没有给出这个集合体的共同特征,给研究工作带来很大难度。在后来的研究中,服务业内部的异质性受到更多关注。越来越多的研究者针对特定类型的服务业开展研究,因此,"服务业"的复数形式(services)逐渐替代了单数形式(service),研究的对象从"服务部门"转向"服务产业"。

辛格曼(Singelman)提出,服务业的不同类别对应了不同的经济行为和社会特征。例如,"克拉克法则"(Clark Law,第三产业就业与人均国民收入正相关)适用于某些服务业,但是并不适用于其他服务业。据此,辛格曼将第三产业分为四个子类别:分配服务业(distributive services,运输、通信、贸易)、生产者服务业(producer services,银行、商务服务、房地产)、社会服务业(social services,医疗护理、教育、邮政、公共和非营利性服务)和私人服务业(personal services,家务料理、旅店、饭店、旅游、修理等)。辛格曼的分类对后来的研究产生了深远影响,至今它仍是服务业分类的基本文献。

托马斯·斯坦贝克(Thomas Stanback)、蒂里·努瓦耶勒(Thierry Noyelle)等学者对生产性服务业给予特别关注。他们认为,新经济最典型的特征是当代工业生产必需的"先进服务业"(advanced services)需要给予特别的关注。在服务型社会中,最应关注的不是家庭而是生产,特别是变得更为复杂的生产结构,其中生产型服务业扮演着重要角色。

七、产业融合时期(21 世纪初至今)

国内学者江小涓(2014)特别指出,从 20 世纪 80 年代开始,产品制造和服务提供在生产消费全过程中相互渗透,两者融合的领域日益拓展,到 21 世纪初,产业融合已经成为一种普遍现象。在融合程度最高的信息产业中,制造和服务已经密不可分。这种高度融合的状况,已经成为许多学者研究问题的背景,他们不再区分信息制造和信息服务,而是将信息产业作为研究的整体。产品制造和服务提供的广泛融合表现在生产消费过程的各个环节中。主要表现为企业性质的融合、生产的融合与消费的融合三个方面。

(一)企业性质的融合

多年来,企业被分为工业企业、服务企业等,产业界限清晰。近些年来,许多企业跨界生产和经营,从单纯的设备制造商或服务提供商,向制造服务综合提供商的方向转变。有些企业提供一揽子解决方案,既承担系统设计,也承担设备制造,还长期提供售后服务。有些制造企业提供愈来愈多的服务,如汽车制造商设立销售公司并提供汽车金融服务;有些服务企业销售产品,如通信服务商以优惠条件出售甚至制造手机。最典型的是大型 IT 企业,将制造产品和提供服务融于一体,为企业用户提供整套解决方案,为消费者提供制造产品和丰富的在线服务。这些企业的产业界定已经很模糊,学术界已经普遍使用"综合服务提供商"来描述这类企业。2011 年,全球 IT 产业市值最高的前 10 家公司,多数已经难以区分它们是制造企业还是服务企业。如排名第一的苹果公司,产品和在线服务对其市场竞争力而言同等重要;排名第三的 IBM,原先是典型的制造商,却早已宣称自己已经转型,从设备制造转变成为综合服务提供商;排名第四的甲骨文,原先是典型的软件企业,近些年却在不断地增强硬件能力,特别在收购 SUN 以后,成为软硬兼备的企业。

(二)生产的融合

很长时间以来,产品制造和服务提供是各自独立的过程,现在愈来愈多地表现出两者融合的过程。以信息产业为代表的新技术产业,从开始就表现出产品制造和服务提供相融合的特征,如通信产业、计算机产业、互联网产业、广播电视产业等,都是硬件软件即制造与服务不可分离的产业。即使是许多传统产业如设备制造、服装制造甚至家具制造业,出售的都不仅仅是商品,而是商品和服务的综合体,商品中含有大量的研发、设计、管理、信息、分销、售后服务等生产者服务的内容,"商品"价格中服务投入所占的比重明显上升,在相当多的产品中已经超过一半。同样,许多服务提供中的实物载体也愈来愈多。以公共服务为例,长期以来,许多公共服务都是典型的"纯劳动",如教育、治安、政务服务等。随着信息技术的发展,社会管理和公共服务中已经大量采用信息设备,如远程教育和医疗需要信息远程传输设备,社会治安大量采用监测设备,政府服务事项网上办理需要大量的设备投入等,这类服务已经从以往的劳动密集型转变为技术、资金投入的重要性不断提升的服务业。

(三)消费的融合

当代产品消费特别是信息产品消费中,相当一部分已经不是单纯的商品消费或者服务消费,两者不能分离,已经一体化了。如购买苹果公司的终端机,同时也就购买了苹果极为丰富的在线服务。一台不能接入互联网的计算机,在消费者眼中几乎毫无价值。不提供良好售后服务的耐用消费品,多数消费者不会选择购买。和融合不同但意义相近的一种现象,是商品和服务的消费可以相互替代,消费者通过购买汽车、电视机、家庭影院、家用医疗器械等商品消费行为,与搭乘出租车、去影院看电影和去医院接受保健治疗等服务消费行为,获得了同等"效用",特别是能够替代家政服务的家用智能产品日益增长,如洗衣机、智能炊具、洗碗机、保洁机器人等。

从目前的技术和产业发展看,制造和服务的融合趋势还会继续。因此,再回顾萨伊和巴斯夏的观点,就会发现两者的观点很有意思:萨伊强调"效用"这个概念,不论生产过程最终显示为服务还是某种物质实体,由于都满足了我们的需要,在经济性上的重要性是一样的。而巴斯夏强调商品和服务都是劳动,服务是直接劳动,商品是间接劳动,因此两者都是泛定义下的"服务","一切皆生产,一切皆服务"。

自美国在 20 世纪中叶成为第一个"服务经济"(the service economy)国家以后,其他国家尤其是发达经济体也都相继进入服务经济社会,由此开启了世界经济的服务化(tertiarization)进程。从工业革命到服务业革命的经济结构演进,"对社会以及经济分析具有'革命性'的含义"(Fuchs,1965)。然而,"要在最具一般性的水平上进行比较经济研究是多么的困难"(Riddle,1986)。其原因不仅在于"那种认为只有制造业的活动才能促进经济增长的偏见是多么的根深蒂固又影响广泛"(Riddle,1986),而且在于在"服务"这个总标签的背后隐藏着巨大的异质性,以至于人们很难很好地把握服务业到底是什么、到底发生什么。正如格瑞里奇斯(Griliches,1979)所言:"如果我们不改进这方面的测算工作,包括提高基本统计数据的可得性以及改进用来解读数据的概念框架,那么我们将一无所知。"

第二节 服务的定义与服务业的分类

一、服务定义的变迁

从上一节对服务经济思想史的回顾与介绍可以看出,古典经济学家们更关心的是服务的特征,没有对服务做概念性提炼。随着古典经济学的发展,服务与商品的概念界限越来越模糊。后来的新古典经济学干脆认为,服务与商品的界限没有任何理论意义。20 世纪五六十年代以来,服务经济迅猛发展,引起世人的极大关注,对服务概念的理解也一改昔日的抽象化,而趋于多样化和实用主义化。

对服务概念的准确定义是理解服务内涵、把握服务本质进而促进服务经济发展的前提和基础。时至今日,服务在社会经济生活中已经成为一个时髦的、使用频率极高的词汇,是社会各行业、各阶层人士广泛使用的一般性概念,更迫切需要对服务的内涵予以梳理和研究。

对于什么是服务,一些学者主张先给"物"下定义,而后将除"物"以外的其余部分(非物部分)都归属于"服务"。有些学者则认为服务含有"物"与"非物"部分,无法将"物"与"服务"截然分离。不同的观点表达了对服务概念的不同理解和认识。尤其是,消费过程中"物"与"非物"的关系随着消费过程的多元化和多级化而越来越复杂。"服务"一词有多种所指:一指服务产品和服务活动;二指服务产业;三指服务经济;从经济开放的角度看,还涉及服务贸易。

(一)古典经济学家关于服务的定义

古典经济学家们更关心的是服务的特征。斯密指出,"(服务)既不能贮存,也不能进一步交易";"生产与消费的同时性使从事的工作失去价值,(服务)很少留下什么痕迹和价值";"易消失性是个现实问题,在其发挥职能的短时间内便消失"(亚当·斯密,1997:303-306)。

萨伊指出,"无形产品(即服务,编者注)是人类劳动的果实,同时又是资本的产物";"医生、公教人员、律师、法官的劳动所满足的需要是这样的重要,以致这些职业如果不存在,社会便不能存在"(萨伊,1997:127)。

穆勒指出,"服务即给予一种快乐,消除不便或痛苦,时间可长可短,但不会使人或物的性质得到永久性改善";"劳动生产的不是物品而是效用"(穆勒,1977:62-63)。

与穆勒处于同一时代的巴斯夏在《和谐经济论》中写道:"服务必须含有转让的意思,因为服务不被人接受也就不可能提供,而且服务同样包含努力的意思。"衡量服务有两个尺度:"一是提供服务的人的努力和紧张程度;二是获得服务的人摆脱的努力和紧张程度。"(巴斯夏,1995:76,160)由此可见,巴斯夏比萨伊走得更远,他"逻辑性"地抹杀了商品和服务的界限。

马克思指出:"服务这个名词,一般地说,不过是指这种劳动所提供的特殊使用价值,就像其他一切商品也提供自己的特殊使用价值一样;但是,这种劳动的特殊使用价值在这里取得了'服务'这个特殊名称,是因为劳动不是作为物,而是作为活动提供服务的。"马克思肯定了服务是使用价值,是劳动产品,是社会财富,可以投入市场进行交换。其次指出了服务同其他商品的差别只是形式上的,商品具有实物的形式,而服务则体现为一种活动形式(马克思恩格斯全集:第 26 卷(I),1972:435)

(二)现代服务经济学家关于服务的定义

富克斯最早在其著作《服务经济学》中对第二次世界大战之后的美国服务经济进行了经典性的研究。他指出:"服务就在生产的一刹那间消失,它是在消费者在场参与的情况下提供的,它是不能运输、积累和贮存的,它缺少实质性(materiality)。"(Fuchs,1960)

希尔(Hill,1977:315-338)从服务的供给特点入手给出服务的定义。"服务是指人或隶属于一定经济单位的物在事先合意的前提下由于其他经济单位的活动所发生的变化。""服务的生产和消费同时进行,即消费者单位的变化和生产者单位的变化同时发生,这种变化是同一的。服务一旦生产出来必须由消费者获得而不能储存。"

瑞德尔在《服务引致的增长——服务部门在世界发展中的作用》一书中给出了服务的定义:"在服务为服务接受者带来一种变化时,它是提供时间、地点和形态效用的经济活动。服务是靠下列方式提供的:生产者对接受者有所动;接受者提供一部分劳动;和(或)接受者与生产者在相互作用中产生服务。"(Riddle,1986)可以看出,对时间、地点和形态效用的关注,标志着瑞德尔的定义超脱了将服务看作无形产品的传统定义。

20 世纪 80 年代中期,巴格瓦蒂(Bhagwatti,1984)及桑普森和斯内普(Sampson & Snape,1985/2010)相继扩展了希尔的"服务"概念,他们把服务区分为两类:一类是需要物理上接近的服务;另一类是不需要物理上接近的服务。以此为基础,巴格瓦蒂将服务贸易的方式分为四种:①消费者和生产者都不移动的服务贸易;②消费者移动到生产者所在国进行的服务贸易;③生产者移动到消费者所在国进行的服务贸易;④消费者和生产者都移动到第三国进行的服务贸易。

《新帕尔格雷夫经济学大词典》中,佩蒂特(1987)对"服务"作了如下定义:"一种服务表示使用者的变形(在对服务的场合)或使用者的商品的变形(在服务涉及商品的场合),所以享用服务并不含有任何可以转移的获得物,只是改变经济人或其商品的特征。"(引自约翰·伊特韦尔等,1996)佩蒂特还指出,新古典经济学家(特别是马歇尔)关于区分商品与服务无任何理论意义的见解并不令人满意,服务与商品的差别对于经济理论的一些核心命题,比如瓦尔拉斯(Walras)交易模型至关重要,所有这些命题却难以扩展应用到服务方面。

上述讨论总结见表 1-2。

表 1-2　经济学意义上服务概念的演化

学者 (发表年份)	主要内容	出处	简评
斯密 (1776)	服务业生产的易消失性是个现实问题。这个非物质方面使得它既不能贮存,也不能进一步交易。生产与消费的同时性使从事的工作失去价值。	《国民财富的性质和原因的研究》	斯密非常强调资本积累。服务无助于交易量的增加和资本积累,在这个意义上是非生产性的。
萨伊 (1803)	无形产品(服务)是人类劳动的果实,同时也是资本的产物。	《政治经济学概论》	萨伊认可服务是生产性的。
穆勒 (1848)	服务是指劳动产生的效用并未固定或体现在任何物体中,即给予一种快乐,消除不便或痛苦,时间可长可短,但不会使人或物得到永久性改善。	《政治经济学原理》	穆勒对服务生产性或非生产性的判断取决于服务是否改进了个体或社会的生产力。
巴斯夏 (1851)	服务是一种努力。服务必须含有转让的意思,因为服务不被人接受也就不可能提供,而且服务同样包含努力的意思。	《和谐经济论》	巴斯夏"逻辑性"地抹杀了商品和服务的界限,认为区分服务和商品没有必要。
马克思 (1867)	服务这个名词,一般地说,不过是指这种劳动所提供的特殊使用价值,就像其他一切商品也提供自己的特殊使用价值一样;但是,这种劳动的特殊使用价值在这里取得了"服务"这个特殊名称,是因为劳动不是作为物,而是作为活动提供服务的。	《资本论》	马克思肯定了服务是使用价值,是劳动产品,是社会财富;他强调服务与商品的差别只是形式上的。

续表

学者 （发表年份）	主要内容	出处	简评
富克斯 （1968）	服务就在生产的一刹那间消失，它是在消费者在场参与的情况下提供的，它是不能运输、积累和贮存的，它缺少实质性。	《服务经济学》	富克斯重新重视服务的自然特征。
希尔 （1977）	服务是指人或隶属于一定经济单位的物在事先合意的前提下由于其他经济单位的活动所发生的变化；服务的生产和消费同时进行，即消费者单位的变化和生产者单位的变化同时发生，这种变化是同一的；服务一旦生产出来必须由消费者获得而不能储存。	《论商品与服务》	希尔避免单纯描述服务的特征，强调服务生产过程中发生的变化。
瑞德尔 （1986）	服务为服务接受者带来一种变化时，它是提供时间、地点和形态效用的经济活动。服务是靠下列方式提供的：生产者对接受者有所动；接受者提供一部分劳动；和（或）接受者与生产者在相互作用中产生服务。	《服务引致的增长——服务部门在世界发展中的作用》	瑞德尔强调对时间、地点和形态效用的关注。
佩蒂特 （1987）	一种服务表示使用者的变形（在对服务的场合）或使用者的商品的变形（在服务涉及商品的场合），所以享用服务并不含有任何可以转移的获得物，只是改变经济人或其商品的特征。	《新帕尔格雷夫经济学大词典》	佩蒂特对服务的定义侧重于服务的功能。

资料来源：笔者整理。

二、服务业及其发展

当代服务业的构成很庞杂，既包括传统"纯劳动"型服务如家庭服务、餐饮、警察、保安等行业，也包括资金、设备和技术高度密集的服务如电信服务、航空服务等行业，还包括知识含量很高的研发、软件、咨询、创意等行业；既包括最具备完全竞争性质的商业零售、餐饮、演艺、商务服务等行业，也包括最具备自然垄断性质的金融、电信和网络设施等行业。服务业还包括大量超出经济意义的行业，如教育、文化、卫生以及社会管理和政府部门等。这种状况给理论研究带来的一个突出困难是，反映服务业共性特征的普适分析框架不易构造，因此，在研究服务经济一般理论问题和提出针对服务业总体发展的政策建议时，对此应有充分了解。

(一)服务业的概念

"服务业"的概念最早由英国经济学家柯林·克拉克在 1957 年提出。在其出版的《经济进步的条件》第三版中,他把国民经济结构分为三大部门,即:第一大部门以农业为主,包括畜牧业等;第二大部门包括制造业、采矿业等;第三大部门是服务业,包括建筑业、运输业、通信业、商业、金融业、专业化服务及个人生活服务、政府行政、律师事务和服务军队等。

此前国际理论界通常以"第三产业"来称呼"服务业"。"第三产业"的概念源于西方经济学,早在 17 世纪末,威廉·配第就阐述了有关第三产业的思想。此后,萨伊、西斯蒙第、李斯特、西尼尔以及马克思等经济学家从不同角度对第三产业进行了分析,在不同程度上揭示了第三产业经济范畴所涉及的经济规律。

然而,与"服务"概念类似,作为国际上通行的产业分类概念,"服务业"的定义仍没有取得统一认识。对"服务业"的定义,国内外学者标准各有不同。有的学者将服务业直接理解为第三产业,即除工业、农业以外的所有其他产业的集合;有的学者把服务业定义为生产或提供各种服务的经济部门或企业的集合。西方国家比较通行的服务业定义是"以产出无形产品(非实物产品)为主的产业"(卡尔·阿尔布瑞契特,让·詹姆克,2004)。

(二)服务业的发展原因

现代经济学家们对服务业的发展原因主要集中在以下几个观点。富克斯认为,服务业发展的原因可以大致分为三个:第一,服务最终需求的增长;第二,服务中间需求的增长;第三,服务业人均产出增长较低。钱纳里(Hollis B. Chenery)认为,产业结构变化的主要影响因素为需求因素、贸易因素和技术因素(Chenery,1960)。库兹涅茨(Kuznets,1966)认为,一些与经济增长相关的非经济因素也对产业结构的变动产生了影响,如城市化、社会生活方式等。具体来说,服务业发展的原因主要有以下几个。

1. 社会分工的不断深化和技术的快速发展

服务业成为一个独立的产业,是生产力不断进步与社会分工不断深化的必然结果。由于生产力的发展,社会分工越来越细,专业化水平逐渐提高,科技水平不断进步,因此交易成本大大降低。作为理性的市场主体,工业企业从机会成本角度发现,社会服务比自我服务更节约成本,更能够发挥企业自身的优势,这就促使生产过程中大量的自我服务转化为社会服务。如原先一些企业的"内置"服务部门,如财务会计、战略方案、科技研发、交通运输等,都出现了外部化趋势,这种趋势为服务业的不断发展提供了可能。

同时,工业的快速发展从供给和需求两方面为服务业创造了条件。从供给角度来说,工业劳动生产率的提高,使得商品得到大量的生产,也使得许多人从直接生产过程中分离出去,这就为服务业的发展提供了强大的物质基础和丰富的劳动力资源。从需求角度来说,只有工业的快速发展、物质产品的丰富,社会生产才会对专业化生产提出更高的要求,需要信息流、资金流、人才流、物流的技术要求与运作方式不断专业化。这就导致这些部门不断地从工业中分离出来,出现专门从事上述业务的服务行业。

2. 市场的发育和社会需求的增加

一般而言,一个国家服务业的发展在很大程度上取决于其市场的发育状况和市场化程度。市场的发育是服务业形成的源泉。市场化发育程度越高,服务业数量扩张和质量提高也就越快。从部分国家(地区)服务业增加值占 GDP 比重来看,凡是服务业增加值占 GDP 比重超过世界平均水平的国家(地区),市场化程度都是非常发达的,如美国、英国和中国香港特区等。

究其原因,主要有两方面。

一方面是因为市场经济在其形成和发展的过程中必然会推动服务业的发展。具体来讲,一是市场经济会导致大批从事服务业的独立劳动者以及服务产品的生产区域的产生;二是完善的市场体系会对服务业产生巨大的需求;三是市场经济会不断涌现出新的服务行业,使服务业的门类越来越多。

第二个方面是因为市场的发育和市场体系的完善本身就是服务业的发展。历史上最早的市场是商品市场,其基本内容就是物质产品的交换。但是随着市场的不断健全和完善,资金、技术和信息等生产要素也开始有了市场价格,并且比重不断加大。随着资本市场、科技市场、信息市场的发展,大量新兴的服务业迅速出现,如保险业、科技服务业、信息咨询业、物流业等,服务业的领域开始不断拓宽。

除市场发育外,社会需求的增加也是服务业发展的重要原因。这里的需求主要包括两个方面,一是消费者对服务产品的最终需求,另一个是生产者对服务产品的中间需求。

首先来看消费者对服务产品的最终需求。随着经济的发展,人们收入水平不断提高,需求结构也发生了变化,个人消费逐渐转向一些私人服务,如酒店、旅游、休闲等。人们在物质生活得到了极大的满足后,便开始对物质以外的事物进行追求,特别是对自身发展的需求更为重视。因此为自身发展、为提高人的价值服务的各种行业应运而生,如个人形象设计服务、职业规划和咨询服务、各类专业技能培训等。这些最终需求的增加不仅加速了服务业的发展,还扩大了服务业的领域。

再来看生产者对服务产品的中间需求。如前面所说,当生产力发展到一定阶段,生产的专业化就会使得内部很多为生产服务的环节独立出来,就会形成新型的为生产服务的行业。如在工业发展阶段,不断提高的对商品运输的要求,使得物流、交通等原先企业内部的辅助服务独立出来,并迅速扩张。此外还有生产设备维修安装服务、软件服务、信息咨询服务等亦是如此。

随着生产和生活需求的不断变化,服务业俨然成为一个不断发展的产业。生产在不断地发展,生活水平在不断地提高,新的需求就会不断出现,新的服务行业也就会不断产生,每一类服务行业的内容也会不断充实。

3.城市化的发展

生产力的发展、收入的增长、购买力的提高以及各类需求的增长是服务业发展的基础,而上述因素均与城市化水平有着密不可分的联系,可以说,城市化水平的高低对服务业的发展有着直接的影响。只有当一个城市的人口达到一定的数量,成为具有一定规模的城市后,服务业才能盈利,才能作为产业来经营。同时,服务业内部一些高附加值、为生产生活服务的新兴行业的发展也往往是和较大城市规模联系在一起的。

从服务业发展的现状看,发达国家(地区)服务业增加值占 GDP 的比重远高于欠发达国家(地区),城市明显高于农村,其原因就是在欠发达国家(地区),人们对服务业的需求还很低,尤其在农村,大量服务与劳务都采取自给自足的方式。所以说,为生活服务的行业的发展必须有相对集中的密集人口,只有在人口集中的地区,这类行业才有发展的基础。为生产服务的行业的发展离不开工业的发展,只有当工业发展到一定程度,才能派生出各类为工业服务的行业。综观世界各国,工业化往往是和城市化建设同步的。

服务业和城市化的发展是相互促进的。城市化建设必然带动基础设施、市政设施建设,带来商业、金融业、交通业、通信业等行业的发展。此外,城市化进程中在解决就业的同时,也提高了人们的收入,从而奠定了服务业发展的物质基础。可以说,城市化的发展对服务业起到了助推作用。另一方面,服务业的发展提高了城市现代化文明程度,提升了城市生活质量和城市人口质量,服务业的发展赋予了城市新的活力,同时,服务业的发展吸纳了大量劳动力,反过来促进了城市化,成为城市化发展的后续动力。

(三)服务业的发展阶段

服务业的发展是一个非常复杂的过程。在这个过程中,服务业各行业之间的变动非常剧烈,有些行业会迅速涌现,有些行业会快速衰败,还有些行业则保持相对稳定。此时,服务业总体在国民经济中的地位也会发生变动。就世界各国服务业发展进程来看,服务业的发展大体呈现为三个发展阶段。

1. 服务业处于从属地位阶段,以传统服务业为主

在服务业发展的第一阶段,服务业在国民经济构成中的地位十分低下,服务业发展基本不被重视,处于绝对的从属地位。在这个阶段,服务业仅仅是一个人们生活中不可或缺的消费品供给部门,是社会经济正常运转所需的一个必要环节。这时候的服务业是一个远比工业、农业落后、松散的产业。这一个阶段在服务业总体结构中占据主导地位的是一些个人服务和家庭服务的行业,如旅馆业、饮食业、修理业、理发业、医疗卫生业等。其他一些服务业在这个时候或是很薄弱,或是尚未出现。

造成这些特点的原因主要有三点:

第一,是由当时的社会分工状况所决定的。在这个阶段,社会分工体系还不健全完善,工农业生产水平较低,服务业的发展没有社会分工的推动力,服务业内部结构变化也没有这一前提条件。

第二,是由当时人们的平均消费能力以及消费模式所决定的。这一时期,人均消费能力较低,不仅仅是服务业,对于其他工农业产品的消费能力也很低,一般只能维持基本需求。此外,这一时期的消费模式属于温饱型,大多数人没有广泛的服务商品需求,对服务商品的消费愿望不高,这就使得服务业的规模扩张不具备社会需求这一原动力。

第三,是与当时的商品经济发展程度相适应的。一般来说,商品经济愈发达,相关服务业也就愈发达;反之,商品经济愈落后,相关服务业也就愈落后。此外,商品经济的落后还会影响社会分工的细化。在这一阶段,由于低下的商品经济发展水平,服务业规模扩张和结构变动便缺少了一种外部推动力。

2. 服务业与工业并驾齐驱阶段,内部结构发生变化

进入工业社会后,服务业资金量开始显著增加,服务业从业人员占社会总就业人员的

比重也呈上升趋势。尤其在工业化发展进入到中后期阶段,服务业规模迅速扩张,吸纳了大量从工业、农业转移出的劳动力。这个时候,服务业不再是可有可无,而是深深地渗透到工业和农业中,服务业已经成为工业升级的重要力量与支撑。相应地,随着服务业的迅猛发展,城市化进程明显加快,城市功能进一步升级。在这个阶段,服务业与工业并驾齐驱,共同推动经济增长和城市化进程。

此时,服务业内部结构开始发生变化。这种变化不仅表现在服务业各行业在经济领域中所处地位的变动上,表现在大中型服务企业在服务企业总量结构的变动上,还表现在服务业内部所有制结构发生的变动上。这一阶段,服务业内部结构的变化空前激烈且持续时间较长。

从服务业内部行业看,不同的经济发展阶段,服务业侧重发展的产业部门不同,各产业部门对服务业的贡献和作用也不同。在工业化前期,服务业发展的重点是商业、交通运输业、通信业等公共设施行业;步入工业化中期,重点行业转变为金融业、保险业、流通业等;到了工业化后期,主导产业成为广告、咨询、策划等生产性服务业,以及房地产、旅游、娱乐等个人服务业。

从服务业企业规模看,随着大中型服务企业内部分工的复杂化、管理活动的程序化和制度化,以及从事管理活动人员的专职化,大中型企业在服务企业总量结构中所占比例逐步上升,已成为左右服务业经营趋势和服务产业结构的主要力量。而且,大中型服务企业的组织形式也开始多样化,出现了连锁企业这种可以跨地区甚至跨行业经营的先进的企业组织形式。

3.服务业处于主导地位,新兴服务业不断涌现并壮大

综观世界经济发展轨迹,我们可以看到,服务业在经济中的地位越来越重要,已经成为经济增长的主导产业。在这个阶段,服务业增加值占 GDP 的比重迅速上升,不仅超过工农业,而且超过它们的总和。服务业从业人员数占总就业人数的比例迅速增加,向服务业的投资也快速增长,服务业已经成为在国民经济中有着重要地位的产业。

在这个阶段,随着信息技术的发展和知识经济的出现,大量新兴服务业迅速涌现并不断壮大,成为在服务业中占有举足轻重地位的行业,如通信服务、科学研发、教育培训、现代物流业、会议展览、健康产业等。此外,虽然大型服务企业在服务市场上依然占据着明显的主导地位,但是中小微型服务企业的数量仍在迅速增加,渗透到社会消费的各个角落。

推动服务业进入第三个阶段的主要因素有:第一,社会分工进一步细化。社会分工越细,越能提高效率和效益,节约成本,因而也就能产生更多新的服务行业为生产和生活服务。第二,消费结构发生迅速变化。消费结构的变化不仅推动服务业的规模快速扩大,还促使服务业的领域迅速扩张。第三,资金向服务业流入。大量资金流入服务业,不但促进了大型服务业企业的形成,还推动了新兴服务业和过去相对薄弱的一些服务业的发展。

经济学家们发现,在服务业的发展过程中存在着一个规律性的趋势:服务业由"自产自销"的"内在化"或"非市场化"向"外在化"或"市场化"演进。服务业这种"内在化"向"外

在化"的演进趋势是专业分工逐步细化、市场经济逐步深化的必然结果。它在很大程度上推动了服务业的独立化,扩大了服务业的规模和容量,促进了服务业的国际化进程。这些又反过来推动整个经济向市场化方向发展,从而使市场经济日趋深化、成熟。另外,这种演进趋势除了其经济影响外,还带来了人们思想观念和行为方式的巨大变化。

三、服务业的分类

对服务分类方法的研究是重要的研究方向和基础的研究领域之一,有效的服务分类方法不仅可以揭示服务业内部结构的变化,反映出不同服务业行业与整体经济增长的关系及对经济增长的贡献,还有利于制定科学的产业政策,便于服务管理人员进行行业管理。服务业的一大特点是包含了门类繁杂的服务部门和行业,在性质、功能、生产技术和经济发展的关系等方面都存在很大差异。不同的研究者有着不同的服务理论观点,因此产生了具有差异性的服务业分类结果。

国际上常见的服务业分类方法主要有联合国统计署的国际标准产业分类(ISIC)、辛格曼分类法、《服务贸易总协定》(GATS)关于国际服务贸易的分类等,任何一种分类方法都有它的局限性与相对性。我国目前对服务业的分类主要依据 GB/T 4754—2011《国民经济行业分类》标准进行。本书将多种服务业分类方法归纳为以下几类。

(一)联合国国际标准产业分类法

1948 年,遵照联合国统计委员会的指导,来自各国和地区的专家顾问组拟定了国际标准产业分类体系的草案,听取各国和地区意见后形成了修改稿,即 1948 年 ISIC 初稿。在联合国的推荐下,许多国家和地区以此为基础设计了本国和地区的产业分类体系。1958 年,ISIC 进行了第一次修订,成为 ISIC 1.0 版。为进一步反映世界经济活动的最新变化,1968 年、1990 年、2002 年又先后审查了 ISIC 的结构、类目定义以及分类的基本原则,相继推出了修订版 ISIC 2.0、ISIC 3.0 和 ISIC 3.1,ISIC 3.1 将服务业的类目分得更细。2006 年,联合国国际标准产业分类法进行了第四次修改,沿用至今的 ISIC 4.0 共 21 个门类、88 个大类、238 个中类和 419 个小类。涉及服务业的分类增加了信息和通信业、行政管理及相关支持服务、科学研究和技术服务、艺术和娱乐、其他服务业等 5 个门类,反映了服务业发展及其在经济活动中重要性增强的国际背景。

(二)布朗宁和辛格曼对服务业的分类

1975 年,美国经济学家布朗宁和辛格曼(Browning & Singelman,1975)在《服务社会的兴起:美国劳动力的部门转换的人口与社会特征》一书中,根据联合国国际标准产业分类(ISIC),按照商品与服务的产品性质、功能,将商品产业和服务产业加以分类,如表 1-3 所示。尽管这种分类不是那么完善,但为后来西方学者所普遍接受的服务业四分法的提出奠定了基础。

表 1-3　商品产业与服务产业的分类

商品生产部门	农业、林业、牧业、渔业、制造业、建筑业、采矿业、公共事业	
服务生产部门	消费者服务业	招待与食品服务、私人服务、娱乐与消遣服务、杂项服务
	生产者服务业	企业管理服务、金融服务、保险与房地产服务
	分销服务业	运输与仓储、交通与邮电、批发与零售

资料来源：笔者整理。

1978 年，辛格曼在 1975 年分类的基础上，对服务业重新进行了分类，将其分为分销服务、生产者服务、消费者服务和社会服务四类。之后，西方学者将布朗宁和辛格曼的分类法进行综合，提出了生产性服务业、分销性服务业、消费性服务业和社会性服务业四分法。可以看出，这种分类方法的内容大体上与辛格曼的分类法相同，但在二级分类中存在细微差别。下面详细介绍这种分类。

1. 消费者服务业

消费者服务，即消费者在市场上购买的服务。从服务生产部门的产业分类角度看，消费者服务十分复杂，覆盖个人生活的各个方面，而鉴别消费者服务的最有效办法，是观察个人和家庭的需求来源或支出方向。在某种意义上，消费者服务在服务生产活动的任何分类方法中都应占据中心地位，因为货物和服务的消费是所有经济活动的起点和终点，也是经济福利的根本反映。

2. 生产者服务

生产者服务，即生产者在市场上购买的被企业用作商品与其他服务的进一步生产的中间服务，典型的生产者服务又被称为企业服务。生产者服务是围绕企业生产进行的，它包括经营管理、计算机应用、会计、广告和安保等，也包括一些相对独立的产业服务，如金融业、保险业、房地产业、法律和咨询业等。生产者服务的特征是被企业用作商品与其他服务的生产的投入。生产者服务的重要性在于它对劳动生产率和经济增长效率的影响。在现代经济中，科学技术对经济发展水平的提高起着关键的作用，它们在生产过程中大多通过生产者服务的投入而得到实际应用。生产者服务业集聚了日益增多的专家人才和科技精英，作为知识技术密集型服务的投入，推动生产向规模经济和更高效率的方向发展。所以，生产者服务在服务业中被认为最具经济增长动力的性质。

3. 分销服务业

分销服务，即消费者和生产者为获得商品或供应商品而必须购买的服务。分销服务是一种连带性的服务。这类服务的提供和需求都是由对商品的直接需求而派生出来的。按与有形商品供给的联系紧密程度划分，分销服务可以分为"锁住型"分销服务和"自由型"分销服务。"锁住型"分销服务是指不可能与商品生产的特定阶段相分离，只能作为商品生产过程或其延伸阶段的一部分，从而其价值或者其成本完全附着于有形商品价值，不能成为独立的市场交易对象，如企业商品库存的仓储、搬运、分销等。"自由型"分销服务在性质上与"锁住型"分销服务一样，与有形商品紧密联系，但这种服务可以外在化为独立的市场交易对象，比较典型的例子是运输业、仓储业、通信业等。

（三）罗斯托对服务业的分类

1970 年，A. Katouzian(1970)依据罗斯托(Walt Whitman Rostow)经济发展阶段理论将服务业分为三类：新兴服务业、补充性服务业和传统服务业。新兴服务业一般出现在工业化的后期，是指工业产品的大规模消费阶段以后出现加速增长的服务业，如教育、医疗、娱乐、文化和公共服务等。补充性服务业是相对于制造业而言的，是中间投入服务业，它们的发展动力来自工业生产的中间需求，主要为工业生产和工业文明"服务"，这类服务业主要包括金融、交通、通信和商业，此外还有法律服务、行政性服务等。传统服务业有两层含义，其一是传统的需求，其二是传统的生产模式。这类服务通常是由最终需求带动的，主要包括传统的家庭与个人服务、商业等消费性服务。随着经济增长和服务业结构的升级，传统服务业的重要性和地位逐渐降低。

（四）其他逻辑性分类方法

按技术含量可划分为传统服务业和现代服务业。这里的传统服务业与按照经济发展阶段划分的传统服务业有所不同，它一般指历史悠久、技术与文化含量低的服务业。现代服务业是相对于传统服务业而言的，它是指适应现代人和现代城市发展需求，随着信息技术和知识经济的发展而产生，用现代化的新技术、新业态和新服务方式改造传统服务业，创造需求，引导消费，向社会提供高附加值、高层次、知识型的生产服务和生活服务的服务业。世界贸易组织《服务贸易总协定》(GATS)的服务业分类标准界定了现代服务业的分类，即商业服务、电信服务、建筑及有关工程服务、教育服务、环境服务、金融服务、健康与社会服务、与旅游有关的服务、娱乐文化与体育服务等。

（五）中国统计实践中的分类

2003 年，根据《国民经济行业分类》(GB/T 4754—2002)，中国国家统计局印发了《国家统计局关于印发〈三次产业划分规定〉的通知》(国统字〔2003〕14 号)。该规定在国民经济核算、各项统计调查及国家宏观管理中得到广泛应用。2012 年，根据国家质检总局和国家标准委颁布的《国民经济行业分类》(GB/T 4754—2011)，国家统计局再次对 2003 年《三次产业划分规定》进行了修订。在此次修订《三次产业划分规定》时，明确第三产业即为服务业。

我国国家统计局对三次产业的范围划分是：

第一产业是指农、林、牧、渔业。

第二产业是指采矿业，制造业，电力、热力、燃气及水生产和供应业，建筑业。

第三产业是指除第一产业、第二产业以外的其他行业。第三产业包括：批发和零售业，交通运输、仓储和邮政业，住宿和餐饮业，信息传输、软件和信息技术服务业，金融业，房地产业，租赁和商务服务业，科学研究和技术服务业，水利、环境和公共设施管理业，居民服务、修理和其他服务业，教育，卫生和社会工作，文化、体育和娱乐业，公共管理、社会保障和社会组织，国际组织，以及农、林、牧、渔业中的农、林、牧、渔服务业，采矿业中的开采辅助活动，制造业中的金属制品、机械和设备修理业，详见表 1-4。

表 1-4 《国民经济行业分类》中第三产业的分类

	参照《国民经济行业分类》(GB/T 4754—2011)		
	门类	大类	名称
第三产业	F		批发和零售业
	G		交通运输、仓储和邮政业
	H		住宿和餐饮业
	I		信息传输、软件和信息技术服务业
	J		金融业
	K		房地产业
	L		租赁和商业服务业
	M		科学研究和技术服务业
	N		水利、环境和公共设施管理业
	O		居民服务、修理和其他服务业
	P		教育
	Q		卫生和社会工作
	R		文化、体育和娱乐业
	S		公共管理、社会保障和社会组织
	T		国际组织
	A	05	农、林、牧、渔服务业
	B	11	开采辅助活动
	C	43	金属制品、机械和设备修理业

资料来源:李强. 中国服务业统计与服务业发展[M]. 北京:中国统计出版社,2014:13.

四、现代服务业

(一)现代服务业的界定

现代服务业,最早出现在 1997 年 9 月党的十五大报告中。十五大报告概括了我国社会主义初级阶段的产业结构转换特征,认为这个阶段"是由农业人口占很大比重、主要依靠手工劳动的农业国,逐步转变为非农业人口占多数、包含现代农业和现代服务业的工业化国家的历史阶段"。这个论断实质上可视为对经典的"配第—克拉克定理"(Petty-Clark theorem)进行了本土化改造。配第和克拉克经过大样本观察发现,随着人均国民收入水平的提高,劳动力将逐步由农业向工业,进而向服务业转移,但配第和克拉克没有指出劳动力在农业和服务业内部的分布变化。十五大报告通过引入现代农业和现代服务业的概念,将农业和服务业各自一分为二,进一步描述了工业化时期就业人口结构的演变特征。此后,党的十五届五中全会和十六大报告均提出要加快发展现代服务业,提高服务业(主要包括增加值和就业人口)在国民经济中的比重。

《现代服务业科技发展"十二五"专项规划》(国科发计〔2012〕70 号)对现代服务业的定义是:"现代服务业:以现代科学技术特别是信息网络技术为主要支撑,建立在新的商业模式、服务方式和管理方法基础上的服务产业。它既包括随着技术发展而产生的新兴服务业态,也包括运用现代技术对传统服务业的改造和提升。"它有别于商贸、住宿、餐饮、仓储、交通运输等传统服务业,以金融保险业、信息传输和计算机软件业、租赁和商务服务业、科研技术服务、文化体育和娱乐业、房地产业及居民社区服务业等为代表。

(二)现代服务业的特征

从产业性质看,产品具有无形态性、中间消耗性及经验性,是现代服务业的三个重要产业特性;从企业战略活动的方向看,随着社会专业化分工的不断深化和泛化,生产者服务逐步从企业价值链中分离出来,成为增值最大,也最具战略性的高级环节;从产业的市场结构看,由于其供给多是"量体裁衣"式的"定制化"生产,因而差异性极强、替代性较差,产业竞争呈现出垄断竞争的特征;从生产要素和产出性质看,由于其提供者是生产过程中的重要专家组,且多以人力资本、技术资本和知识资本为主要投入,因而其产出中包含密集的知识要素,可以说是生产者服务将日益专业化的知识技术导入了商品生产过程;从空间载体看,生产者服务具有高度的空间集聚特性,因而是调整城市功能及增强城市辐射功能的重要手段。

现代服务业的发展本质上来自社会进步、经济发展、社会分工的专业化等需求,具有智力要素密集度高、产出附加值高、资源消耗少、环境污染少等特点。现代服务业既包括新兴服务业,也包括对传统服务业的技术改造和升级,其本质是实现服务业的现代化。

现代服务业是随着科学文化、信息技术和知识经济的发展而产生的,用现代化的新技术、新业态和新服务方式改造传统服务业,创造需求和引导消费,向社会提供高附加值、高层次、知识型的生产服务和生活服务的服务业。由于新科技、新业态和新服务方式的不断发展,科学文化、信息技术和知识经济的内涵与外延必将不断革新与拓展,因而"现代服务业"定义本身是个动态发展的概念,具有明显的时代特征。对现代服务业的理解既要突出现代科学技术、现代管理方法的作用,体现现代服务业的高技术性、高人力资本、高知识密集特征,同时,还要从产业关联的角度理解它的产业关联效应、外溢效应等。

第三节　服务与服务业的特征

一、服务的特征

(一)服务的外在特征

1.无形性

物质产品的空间形态是确定的、直接可视的、有形的,物质商品的生产、供应和消费随着它的空间形态而产生、移动和消失。人们通常可以根据它们的空间形态直接判断它的价值或价格。而服务是没有空间形态的,它是无形的、不可视的。一方面,服务提供者通常无法向顾客介绍空间形态上的服务样品。另一方面,服务消费者在购买服务之前,往往不能感知服务,因为它还没有被生产;在购买之后,消费者也只能觉察到服务的结果而不是服务本身。

2.非储存性

物质产品可以在被生产出来之后和进入消费之前这一段时间处于被储存状态,储存时间可长可短,如当月生产下月销售、今天生产明天销售等,这不一定会给物质产品所有者造成损失,反而可能是正常现象。而服务是一种活动,服务产品的使用价值是活动形式的使用价值,它一旦被生产了,事实上消费也同时开始了,也就是它不可能处于库存状态。如果服务不被使用,也就没被生产。所以,可以想象,服务产品没有生产过剩,过剩的只会是服务的供给条件或能力,如开着餐馆没人光顾、飞机或电影院尚有空位等,即服务生产的固定资产能力闲置,服务却没发生。

3.非移动性

移动性对物质商品来说指的是可运输性。物质商品因其有形性而可以根据需要被运输,其实在工厂内它们已经被运输或移动了,如从工序的上一环节移动到下一环节,以及从车间出厂,甚至被运往国外。但服务是无形的,没有物质空间形态,不能被运输或移动。服务的生产和消费通常是同时发生的。物质商品一旦进入市场体系或流通过程便成为感性上独立的交易对象,生产在时间上和空间上同它分割开来。相反,服务要么与其提供来源不可分,要么与其消费者不可分。这种不可分性一般要求服务提供者和服务购买者不能与服务在时间和(或)空间上分割开来。服务具有生产和消费的时空同一性。毫无疑问,买了电影票又想看电影的消费者,一定会到电影院;做手术的医生不可能远离他的病人。当然,在通信手段高度发达的情况下,有些服务的生产和消费可以不同时或同地发生,服务的提供者与使用者可以通过电子信息流和其他现代通信渠道而发生相互作用,如银行的异地结算、远程教育等,但它们永远只能是服务的少数。

4.非标准性

物质商品的质量和品质通常是均质的,如同一流水线生产制造的家电或服装,具有标准化质量。而同一种服务的质量或品质容易具有差异。这种差异首先来自供给方面,服务提供者的技术水平和服务态度容易因人、因时、因地而异,这使得服务随之产生差异;其二,服务消费者对服务也时常提出特殊要求,所以,同一种服务的一般与特殊的差异是经常存在的。统一的服务质量标准只能规定一般要求,难以确定特殊的、个别的需要,这样,服务质量就具有很大的弹性。服务质量的差异或者弹性,既为服务行业创造优质服务开辟了广阔的空间,也给劣质服务留下了活动的余地。因此,与能够执行统一标准的商品质量管理相比,服务质量的管理要困难得多,也灵活得多,正因为如此,往往会导致寻租等外部性(如政府服务中的腐败现象)的存在与蔓延。

(二)服务的内在特征

1. 强信息不对称性

服务产品具有无形性、非储存性、非移动性和强异质性等外在特征,这些特征使消费者难以在购买前了解所要购买服务的品质。服务产品只存在于它们被消费时,其品质是不可能在消费前被评价的。但无论什么服务,它们的生产者在任何时候都完全知道其品质,因为服务是他们提供的。这样就产生了买卖双方关于服务品质信息的不对称性。一个法律服务的消费者事先并不很了解所雇律师的这次司法服务的品质;一个病人可能并不清楚给他诊断治疗的那位医生的业务水平,更何况一个医生的服务品质可能会随他的医疗态度的变化甚至不同时间的心情变化而不同。即使是企业类型的服务消费者,也同样不能事前很好地把握它从咨询公司、销售公司或投资银行等所购买的服务的品质。尽管物质商品的买卖有时也可能存在双方关于产品品质信息的不对称,但物质商品的消费前的寻找性特征,可避免或缓解这种信息不对称。买一件衣服或一台电视机甚至一套商品房,消费者在购买前对产品品质的了解程度很容易超过服务产品。尤其在知识性服务和中介服务中,消费者对于他们所购买的服务的质量很难获得完整的信息。这类信息要花很大的代价获得和传播。服务产品的买卖双方的产品品质信息不对称,会导致消费者面临较大的道德风险。在消费者缺乏掌握产品品质条件的情况下,供给者就容易缺乏主动提高或保证质量的推动力,在一次性交易的情况下更是如此。如一个保险公司的推销员可能骗售,一所不法学校可能在最后发假文凭等。即使是消费者重复购买,由于服务产品的品质不像物质产品那样容易标准化和稳固化,它的人为化、随机化和差异化较强,今天的高品质服务不等于明天的也一定如此。服务市场的供给者败德行为发生的可能性相对较大。在消费者不能准确辨别不同生产者及其服务品质时,逆向选择就容易发生。在自发的市场上,缺乏一种机制让消费者避免选择劣质生产者。这种信息不对称是反消费者利益的,消费者在服务市场中成为弱者。

2. 侧重精神消费性

在服务经济思想史上,服务业受到质疑的一个重要原因是,人们对精神和心理享受意义的否定与质疑。亚当·斯密认为,演员的对白、雄辩家的演说、音乐家的歌唱等,不能生产什么东西,这类服务是国民财富的损失。当时和稍后时期的多数学者,都将服务业放在一个附属、无足轻重甚至负面的地位。在这些学者看来,这些服务消费满足的是精神和心理需求,产生的支出是以减少资本积累为代价的。[1]

但是,当下以服务经济为主的发展时期的一个基本特征就是精神和心理需求的比重持续上升,精神和心理需求已成为服务消费的一个重要部分。这种变化的意义重要而持久:物质生产占主导的生产方式,已经让位于非物质生产占主导地位的生产方式;物质消费为主导的消费方式,已经让位于以非物质消费为主导的消费方式。因此,应充分理解服务消费与精神消费的等价性。在经济发展的较早时期,人们追求食品、服装、汽车、住宅等物质产品,推动了实体经济的发展。当人们的物质需求满足到一定程度时,来自精神和心理层面的需求就迫切起来。

现实中,不少观点认为,商品消费是"实惠",而追求舒适享受、寻求愉悦感等是"不实惠"的表现,然而,这些是所有与创意相关服务业发展的前提。如果认为"产品"与"服务"在经济发展中同等重要,就要承认物质和非物质两种消费行为同样重要。

 专栏

精神消费的积极意义

随着社会生产力的迅速发展,人们的社会需要不断提高。在基本的物质层面的需求得到满足的基础上,人们更多地关注精神上的需要,因此对文化产品的需求极大增加。这种需求,一方面体现在对物化在载体上的书籍、音像、影视、艺术产品的需求,另外一方面更多地体现在对娱乐服务、旅游服务、信息与网络服务等直接的服务产品的需求。

精神消费的重要性不仅表现为它们是服务消费的一个重要组成部分,还表现为它们是制造业转型升级和提高增加值的重要推动力。大量物质产业不断提高附加值,仅仅靠增加科技含量远远不够,要靠科技创新和文化创意两轮驱动。即使在传统制造业产品层面的衣、食、住、行需要也大大地文化化了。比如穿衣,不再像以前那样过分讲究结实、耐穿、耐用,而更多地关注审美、时髦、品牌与流行等服饰文化的当代特征。文化创意满足的就是精神需求,特别是消费类产品的所谓"名牌""新款",多数与新技术关系不大,而与流行、时尚、文化等文化创意密切相关。品牌创建、时尚元素、营销策略等是为高端产品创造出高附加值的主要因素。例如,完全相同材料和质量的运动服装,如果由大牌体育明星代言就身价倍增,几个著名运动服装品牌每年付给体育明星和俱乐部的代言费用就达数亿美元甚至更高。穿费德勒、罗纳尔多、姚明代言过的衣服,虽然价格不菲,却附带有一种精神消费,消费者从中获得了满意、愉悦、快乐的感受,并愿意为此付费。

3. 强私人定制性

服务的需求者对服务也时常提出特殊的定制化要求。所以,同一种服务的一般与特

---

[1]"资本增加,由于节俭;资本减少,由于奢侈与妄为。"《国富论》第二篇第三章第二段。

殊的差异是经常存在的。定制服务能够按照定制者的要求,为其提供适合其需求的,并让定制者满意的服务。"私人定制"突出了个性空间。追求高品质服务的需求者们,享受量身定制特殊服务带来的体验,这种体验是私享的,完全风格化的,甚至带有神秘感的。在这里,有定制需求的人可以是普通个体消费者,也可以是企业厂商。定制服务需要服务提供者有更高的素质、更丰富的专业知识、更积极的工作态度,这种服务劳动较非定制化的普通无形服务理应具有更大的商业价值。同时由于给消费者提供了非同一般的服务体验,对于服务提供商而言,提供定制化服务是相当有利可图的。消费者对这种美好的感受不会独自享有,而会积极地传播,进而产生放大效应。理论上讲,服务定制化完全可以做到针对每个消费者的具体需求设计出一套服务方案,但在实践中,受限于成本和技术手段等因素,广泛的私人定制仍然有经济上的门槛和技术上的难度。这种有需有供的活动,既不会出现生产过剩,也不会出现需求抱怨。

(三)服务的其他经济属性

1.价格竞争的低效性

服务产品生产与消费的时空同一性,使一般产品市场的价格竞争效率被削弱了。价格竞争在买方市场中主要是供给者之间的竞争,在卖方市场中主要是购买者之间的竞争,现实服务市场中主要是供给者之间的竞争。市场价格竞争应该是公平和有效的。一个公平的竞争应该让买卖双方具有对信息掌握的公平地位,但服务市场显然没有。一个有效的价格竞争必须存在一个前提,这就是消费者在购买前了解竞争产品的价格比例与效用比例,从而能衡量产品的性价比。如在可选择的两种同类竞争产品中,消费者购买绝对价格高的不一定不经济,因为相比另一产品,它的效用可能比价格高出更多。但若要让消费者选择高价产品成为理性行为,前提是让消费者了解竞争产品间的品质差异状况。而服务市场显然缺乏这个前提,如花了较多的钱买了低效甚至无效的医疗服务、支付了较高的费用买了错误的咨询报告等现象就容易发生。因此,服务市场对价格竞争的依赖较物质产品市场要少。

2.公共服务的自然垄断性

公共服务领域有不少产业有不同程度的自然垄断性。所谓自然垄断性,是指公共服务领域由于存在资源稀缺性和规模经济效益、范围经济效益,由一家企业或极少数企业提供服务的概率很高。自然垄断几乎都发生在与网络投入相联系的部门。网络投入的巨大成本需要相当大的需求规模来分解,因此重复投入就成为不经济。供电(输电、配电)、供气、供水、基础电信、铁路运输、航空运输等部门就是典型的自然垄断服务部门。在公共服务领域,这种自然垄断性是客观存在的,但这种垄断性又是不完全的,自然垄断并不排斥竞争。同一行业不同部门的自然垄断性也不一样。有的公共服务部门的自然垄断性较强,有的则较弱。公共服务产业的这种自然垄断性所呈现出来的强弱态势是动态的,而不是静止的。由于国情不同或一个国家不同的发展阶段,各国对于公共服务领域的管制政策也不一样。在这种情况下,就出现了在同一公共服务产业内垄断因素与竞争因素并存的局面。

3.政府对服务供给的规制

针对上述服务产品的特征与经济属性,不少经济学家将政府对服务供给有更多规制作为服务市场的一个特征。任何产品在市场上都受一定的方式与力量的管制与约束。对于大多数商品,它们受市场力量本身的约束,市场机制能发挥圆满的调节作用。但是对于具有上述市场特征的服务产品,市场机制在某种程度上是失灵的。信息不对称问题弥漫着服务市场,政府应通过适当管理手段干预,以弥补市场失灵。如对于专业服务市场的职业许可证制度就是一种必要的、有效的管理形式。它迫使供给者提高服务信誉,它也是传递服务品质的有效机制。除了自然垄断部门,大多数服务部门是寡头垄断或垄断竞争的,市场机制有效性的假设条件不存在,市场无法引致平衡,消费者的边际效用最大化很难在市场上实现。政府管理或规制的具体形式可以有很多,包括各种规则的管理、许可证制度、差别税收和政府在有些市场直接介入供给等,但这些管理形式在作用机制上无非归为两类:一是部门结构管理,即管理和控制新进入者。这尤其指政府对有些服务部门的进入应建立资格门槛并进行严格审查。二是企业行为管理,即规范和影响已有供给者的行为。它包含产品质量、服务态度、价格等一系列企业供给元素的最低要求的限制。

二、现代服务业的特征

(一)现代服务业的发展背景

现代服务业提出的背景包括以下几个方面:第一,随着工业化的高度发展,产业结构出现软化现象,服务业在整个经济中的地位大幅度提高,服务业的范围不断扩大,内容不断丰富。第二,随着知识经济的发展,人力资本和知识成为生产中最重要的生产要素,从事与知识劳动有关的白领工人大量增加,知识密集型服务业快速发展。第三,随着专业化和社会分工的不断深化,制造业价值创造活动中的一些环节独立出来,如研究开发、设计、后勤供应等;制造业的服务成分不断增加,如技术支持与培训、售后服务等。第四,信息技术等高新技术的发展,催生了对信息技术服务的大量新需求,创造了新的产业和就业岗位,扩展了传统服务业的内容。第五,信息技术在服务业中的大量应用,扩大了服务业的市场,推动了传统服务业的产品和过程创新,传统服务业向新型服务业转变。最后,随着全球市场的开放,服务贸易在全球贸易中的地位上升,提高服务业的竞争力成为新的关注焦点。

(二)现代服务业的基本特征

现代服务业具有资源消耗少、环境污染少的优点,是地区综合竞争力和现代化水平的重要标志。现代服务业的内涵一般表现出以下几个共性:一是指出在经济发展到工业化成熟阶段或者后期才有现代服务业,突出了时间性;二是强调了技术进步在产业发展中的巨大作用,突出了技术性;三是体现了现代经营管理理念、组织方式所发挥的作用,突出了制度性;四是指出了现代服务业并不是一个单独的、具体的产业,而是许多新兴产业的有机组合,突出了整体性。

现代服务业具有"两新四高"的时代特征。

一新:新服务领域——适应现代城市和现代产业的发展需求,突破了消费性服务业领域,形成了新的生产性服务业、智力(知识)型服务业和公共服务业的新领域。

二新:新服务模式——现代服务业是通过服务功能换代和服务模式创新而产生新的服务业态。

四高:高文化品位和高技术含量;高增值服务;高素质、高智力的人力资源结构;高感观体验、高精神享受的消费服务质量。

从理论归纳的角度分析,现代服务业一般具有五大基本特征。

1.现代性

现代性主要指服务业在传统服务业基础上的现代化改造和提升。由于服务范围扩大、经营领域拓宽、市场竞争日趋激烈,现代服务业必须提高运行效率,加大资源配置和劳动力组织的有效性。因而,必须采用最新的信息技术手段,对成千上万种商品实行单品管理、全过程管理等。

2.先进性

先进性包括理念上的先进性、管理上的先进性和手段上的先进性。理念上的先进性主要表现在企业文化上,如体现以人为本的理念、以客户为中心的理念等;管理上的先进性即采用最先进的管理方法和管理手段,表现在集专家研究成果和自身经验总结基础上的制度化、程序化、模式化、人性化等控制企业流程的软件上;手段上的先进性就是先进科技成果、技术的广泛采用,尤其是数字化技术和信息网络技术的广泛应用。

3.创新性

现代服务业在时间上,是指现代兴起的服务领域或从过去演变而来的、进行了开发和拓展的服务领域。可以说,现代服务业将前所未有的资源和信息用于拓展新的生产行业和经济领域,使现代服务业充满了创新的空间和拓展的领域,突破了大规模和低成本的思维瓶颈,引入了全新的"服务竞争"模式。如计算机服务业和软件业是新兴的,以电子商务和第三方集中配送为基础的物流服务业则是从传统商业、运输业中衍生而来的。

4.技术、知识和人力资本密集性

现代服务业利用科学技术进行更为精细的专业化分工,把传统上由企业内部组织进行的服务活动外包出来,由拥有专门人才和专业技术的服务企业或机构应用专业知识和实践经验,为客户提供某一领域的专业服务,从而提高服务效率和服务质量,并有效降低交易成本。因此,现代服务业具有技术化、知识化的特征,且高素质的人才成为该产业竞争力的核心

5.高附加值和集群性

现代服务业处于产业链的利润高端,是提高经济效益的重要途径。在整个价值链中,咨询、创意、研发、设计、销售、物流、售后服务等服务活动的价值含量日益增高。如在欧美发达国家,汽车、计算机行业80%的利润来自服务过程,而制造过程只能获得20%的利润。同时,现代服务业不仅可以使服务过程产生知识的增值,而且可以产生服务的规模效应和各种服务相互融合的集聚效应,引起服务的大幅度增值。如现代服务业的交互融合程度高,大多集聚于纽约、伦敦、东京、北京等国际大都市,形成大都市的服务经济并产生

规模效应和乘数效应,引起现代服务业的不断扩张、专业分工细化和高效益的协作。

三、发展服务业的经济效应

服务业对经济发展的作用越来越显著。在经济进入工业化中后期,各国都在寻找新的经济发展突破口和新的经济增长方式,发展服务业成为经济发展的必然选择。东道国服务业是服务业直接投资的作用对象。

(一)服务业直接投资的正效应

1.经济增长效应

资本效应和技术进步效应被认为是 FDI(Foreign Direct Investment,国际直接投资)影响东道国经济增长的最主要的两条途径。就国际投资对东道国的资本形成效应来看,促进资本形成历来被认为是国际投资对东道国(尤其是发展中东道国)经济增长的重大贡献。FDI 不仅能增加东道国的资本存量,也能为东道国当地资本市场提供具有吸引力的投资机会,动员当地储蓄,成为引发国内投资的催化剂。外资在资本形成方面的作用对发展中国家来说更为突出,这是因为资本对发展中国家来说是稀缺资源。

服务业 FDI 对东道国经济增长的效应也是通过资本投入和技术进步效应来实现的。服务业 FDI 的进入首先表现为给东道国带来了大量的资本,增加了相关东道国产业的资本投入。资本的积累是经济增长重要的直接推动力。但根据资本效用递减规律,FDI 投入资本对东道国的作用产生的是短期效应。FDI 对东道国经济增长的长期效应还要依靠技术进步效应来实现。服务业中所包含的技术组合不同于制造业,FDI 不仅是东道国服务业获得硬技术的主要途径,也是东道国服务业获得软技术的主要来源。

例如,在银行、保险和饭店等行业,投资方会对其子公司进行一系列的技能与知识培训;管理咨询公司通过培训逐步提高当地企业的专业服务能力等。服务业 FDI 软技术的输入所带来的不是单纯的一种技能,也是对东道国服务环境的不断改进。这是经济发展到工业化中后期,继续推动经济增长的主要力量。服务业 FDI 技术进步效应对东道国的作用既产生于服务业 FDI 自身较高的技术水平,也产生于与东道国服务业合作竞争过程中的技术溢出。

2.劳动就业效应

服务业相对于制造业具有较高的就业增长弹性,因此,服务业 FDI 就能创造出比制造业更多的就业岗位和带动更大程度的就业增长。如肯德基 1987 年 11 月 12 日在中国大陆开设第一家店,到 2007 年年底,已在 450 个城市开设了 2100 余家连锁餐厅,提供了 14.6 万个直接就业机会,以及大量的间接就业机会。当然,服务业 FDI 的进入,在短期内由于存在一定的挤出效应,可能会引起就业量的暂时下降。这主要是由于外资企业的进入促使东道国本国一些竞争力较为薄弱的同类型服务企业的倒闭,跨国服务企业在接收或并购这些倒闭企业后一般都要进行裁员或者是削减公司组织结构等。但这种短期的挤出效应并不能对外资的进入做出全盘的否定,从长期来说,服务业外资的进入对东道国就业量的增加有积极作用,有利于缓解就业压力。

3. 竞争效应

外资的进入,尤其是一些世界知名的跨国公司的进入,给东道国国内的相关服务业企业带来强大的竞争压力,使得他们不得不提高自身的创新能力,改善服务质量和管理水平。这些客观上都有利于东道国企业的发展,这就是竞争效应。以零售业为例,家乐福、沃尔玛在我国各大中型城市纷纷设立营业点,由于其资金、管理、人员等各方面的优势,它们的大举扩张占领了不小的市场份额,给国内其他零售商企业带来了极大的压力。2003年,华联集团、物资集团总公司、上海一百集团、友谊集团等四家国内知名企业,为了共同应对入世后外资的进入压力,合并成立了上海百联集团有限公司,提高自身竞争能力,成为国内规模最大的商业企业。

此外,由于服务业具有依赖性强、渗透性强、价值链延展性强等特点,服务业 FDI 对东道国的作用不仅仅局限在服务业自身,对东道国的第一、第二产业结构同样产生作用,尤其是服务业中的生产性服务业是第二产业价值增值的重要动力。

(二)服务业直接投资的负效应

1. 对国际收支的干扰

大部分服务业 FDI 旨在开拓市场,寻求非交易性活动,并有可能以对外支付的形式进行利润汇出,所以,不仅可能对增加外汇收入无任何作用,反而可能对国际收支造成负面影响。许多跨国公司通过利润转移方式来进行逃税,从而严重干扰了东道国的市场秩序。

2. 对东道国相关服务行业的竞争冲击

在东道国原有的高度保护下,如银行、电信、旅游等行业,其国内市场是非完全竞争的,甚至是垄断的,因而适应市场的能力和提高竞争优势的自身能力有限。随着外资进入这些行业,东道国国内原有企业从资金、经验、技能和创新方面都受到巨大挑战。跨国公司往往凭借其资金雄厚的优势大规模收购当地同行业企业甚至龙头企业及其原有品牌,从而在当地形成技术、品牌、市场和产业垄断。这种情况在我国的许多行业都存在,有些还十分突出。这不仅严重压抑了民族产业的发展,而且在形成品牌市场垄断后还会侵害消费者权益,对我国的经济和产业安全都构成严峻挑战。

3. 人才流失

为了节省开支,跨国服务企业不得不在东道国寻找合适的人力资本,同时这也是本土化战略的需要。特别是在一些文化差异较为明显的国家或地区,挑选当地的劳动者和管理者是为了更好地经营和管理。而这些跨国企业的资金雄厚,在薪酬水平和投资力度等各方面都有着明显的优势,招聘中往往处于主动地位,这样就可能导致大批优秀人才资源流向外资企业,从而对本地企业的发展带来更多困难。

此外,服务业 FDI 还可能带来三方面的风险:①如果东道国政府管理控制不善,缺乏有效的规章制度,有可能在体制方面带来严重的本国经济动荡;②如果在管理公用事业和私有化时缺乏有力控制,有可能导致私人垄断;③因为各国在社会文化背景上差异极大,外资在这些领域的运作容易造成冲突和伤害。

四、当前服务业的发展趋势

(一)现代服务经济正在成为国家核心竞争力

目前,发达国家基本确立了服务经济的产业结构,发展中国家也在加快发展服务业,开始逐步向服务经济转型。现代服务业作为服务经济时代下的支柱产业,正逐渐取代制造业,成为国家经济发展的主要推动力。主要表现如下:

首先,现代服务业是知识经济的主体,它的发展大大加快了信息流、资金流、技术流、人才流和物流,对提高国家经济整体运行效率和质量,增强国家创新能力,转变经济增长方式起到了关键作用。

其次,现代服务业是拉动经济增长的支柱。目前,发达国家服务业对 GDP 和就业贡献的增长主要源于金融、保险、房地产、商务服务业、专业服务业和信息服务业等,这类服务业属于知识技术密集型的现代服务业,因此具有较高的生产率。现代服务业的发展正是服务业经济不断深入的体现。而部分发展中国家,如印度连续数年经济增长率在 8% 以上,成为仅次于中国的最具活力的经济体,也主要得力于其现代服务业的发展。印度人最引以为豪的信息技术外包服务业更为印度的 GDP 增长做出了巨大贡献。

最后,现代服务业是推动产业结构升级的关键。现代服务业的发展,推动了技术、新生产模式在产业中的渗透。随着现代服务业成为服务业经济时代的支柱产业,产业结构实现了向技术密集型的转变,产品结构也呈现高技术化和高附加值化。产业组织在经历了工业时代跨国化后,在服务业经济时代正在出现全球化、网络化、虚拟化、协作化的新趋势。

(二)国际化大都市成为各国现代服务业发展的"领头军"

国际化大都市是经济全球化的产物,通常指那些在国际政治、经济、文化生活中具有较强影响力、较大人口规模和集聚扩散能力的特大城市,一般具有全球或地区经济活动控制、协调和指挥的作用。国际大都市在国际社会生活中占有重要地位,具有一个或多个突出功能,其影响力和辐射功能超越地区、国界,波及全球。

就产业发展而言,国际大都市在各个国家都扮演着关键角色。世界不少城市,如纽约、伦敦、东京、巴黎等在 20 世纪 70 年代或以前就完成了由制造型经济向服务型经济的转变过程。尤其是高端服务业在这些区域制造业减退过程中的快速发展,使国际化大都市成为现代服务业的"领头羊";并且,由于现代服务业的发展,进一步扩大了这些区域的辐射半径,其辐射力和影响力变得越来越强大。

目前,发展现代服务业已经成为我国经济保持持续快速发展的必然选择。而且,北京、上海等城市现代服务业的发展正在不断加速,向着国际化大都市迈进已经成为这些地区进一步发展的目标。

第四节 服务业的劳动生产率

一、服务业劳动生产率增长滞后

生产率问题一直是研究经济增长的经济学家们所关注的重点问题。早期,经济学家一直致力于对农业、工业,特别是制造业生产率的研究,而对服务业生产率的研究直到 20 世纪 60 年代,随着服务业占国民经济比重的不断增大才引起国外学者的重视。特别是进入 20 世纪 70 年代后,以美国为首的发达国家经济持续低迷、生产率增长十分缓慢,这个问题一直困扰着众多的经济学家。

经济合作与发展组织(OECD)的一项研究结果显示,包括美国在内的其中 18 个经合组织成员国年均全要素生产率从 1961—1973 年的 3.25% 下降到了 1974—1992 年的 1.09%,而劳动生产率则从 1961—1973 年的平均 4.41% 下降到了 1974—1992 年的 1.81%。据美国经济学家霍恩斯坦(Hornstein,2004)测算,1954—1973 年美国经济总量的全要素生产率增长率为年均 1.3%,1979—1993 年则下降到了 0.7%,几乎下降了一半。

美国经济学家富克斯早在 1968 年、1969 年就对服务业生产率问题进行了研究。在《服务经济学》一书中,富克斯以美国为例,分析了服务业就业人数增长状况及其原因。美国服务部门的就业人数占全美就业总人数的比例已从 1929 年的约 40% 增长到了 1965 年的 55%;仅从 1947 年到 1965 年,美国服务部门的就业人数就增加了 1300 万,工业部门只增加了 400 万,而农业部门还减少了 300 万。针对第二次世界大战以后美国服务部门就业比重急剧上升这一社会现象,富克斯首先假设可能有三个原因:一是对服务的最终需求的增长;二是对服务的中间需求的增长;三是服务业人均产出增长的滞后。富克斯认为,第三个原因是其中的主要原因。也就是说,富克斯认为服务业就业比重不断提高的主要原因并不是人们一直以为的来自需求,而是主要来自供给。

经过实证分析,富克斯发现,1929—1965 年间,美国工业产品和服务产品的收入弹性差别远不足以解释服务业就业的增长,而服务业人均产出增长缓慢则更具说服力,即第三个假设原因才是主要的。不过,富克斯将当时生产率进步最快的生产者服务业——交通、通信业,划在服务业的研究范围之外,因而从某种程度上说,他对服务业的狭义界定进一步凸显了服务业生产率低增长的特点。服务业劳动生产率增长滞后的现象并不单出现在美国,跨国的截面数据也支持这种现象存在的事实。

“服务业生产率增长缓慢是导致美国经济增长停滞的主要原因”的观点得到了大多数经济学家的认可。学者们试图从理论上对这一经济现象做出解释,为此,西方经济学界掀起了一股研究服务业生产率的热潮。以美国统计学家为首的西方经济统计学家在服务业产出计量方面的理论研究上投入了很多精力。统计学家发现了服务业的劳动生产率增长严重滞后,而劳动生产率增长严重滞后的服务业占整个经济的比重又越来越大,这两个现象的结果是西方国家整体生产率增长的趋缓。这不能不引起把生产率增长看作现代经济增长的唯一源泉的现代经济学家的高度关注。

随着相关研究的逐渐深入，大量的研究成果不断涌现。通过梳理这些研究成果，可以发现国外学者对服务业生产率增长缓慢的理论解释逐渐形成了两种完全不同的观点。以格里利谢斯（Griliches，1979）为代表的经济学家（主要是统计学家）认为，由于服务部门的"不可测度性"，服务业的产出与生产率核算存在误差。无论是美国经济分析局还是劳工统计局的统计方法均大大低估了服务业的产出和生产率增幅。而以富克斯和鲍莫尔为代表的学者则认为，服务业生产率增长缓慢是由服务业本身的性质所决定的，并非是计量误差导致了该行业生产率增长缓慢，其实服务产出被"低估"的影响是微不足道的。下面以这两派的理论解释为主线，系统介绍和阐述国外学者关于服务业生产率增长缓慢理论解释的研究现状及其争议的焦点问题。

二、对服务业统计误差的解释

（一）现行的统计体系难以准确测量服务的真实产出

美国著名统计学家格里利谢斯在1994年的美国经济学会主席演讲中，针对经济增长中难以解释的可以计量的产出越来越大于可以计量的投入的现象，提出了一个看法，即经济增长中严重的计量问题是由存在着"不可测度部门"引起的，所谓"不可测度部门"主要是服务业。格里利谢斯的主要论据是，按传统经济理论和方法计量的美国20世纪70年代至80年代生产率增长明显下降，而这段时期美国经济对服务业的固定资产投入增长最快，其中特别是计算机和其他通信设备的投入，这些投入的增长应加快美国服务业的技术进步和生产率的提高，但统计的结果却是服务业产出的增长严重滞后。他称这种现象为"计算机悖论（computer paradox）"。格里利谢斯认为，这个"悖论"说明对服务业进行固定资本投入所引起的技术进步没有在现行的国民经济计量方法中得到体现。

经济学家认为，现行的统计体系是在以实物（物质）生产为主体的经济上构建起来的，它适用于实物产出的计量，而难以准确测量服务的真实产出。美国经济学家曾对13个密集应用计算机的部门进行了实证研究，结果表明，在整个20世纪90年代的各个年份，由计量误差导致的非制造业部门劳动生产率被低估的程度高达0.5%以上。

比玛和格林沃德（Van Biema & Greenwald，1997）在《哈佛商业评论》上撰文指出，服务业生产率增幅远远小于制造业的根本原因之一就是生产率测度方法存在问题。运用传统的生产率测度方法测得的结果表明，1958—1996年美国服务业生产率一直呈下降趋势，而实际上，服务业的实际生产率是增长的。由此可见，传统的产出计量方法并不适合服务业。特别是对服务业中的某些部门来说更是如此。许多利用高新技术生产的产品和服务产出可能并未得到充分测度。这可能有助于解释许多高新技术密集型服务业生产率极低的原因。

我国学者许宪春（2000）曾经对服务业统计测度方面的影响作了阐述：第一，在现价统计方面，存在对工农业增加值高估和对服务业增加值低估的可能。第二，在不变价统计方面，工农业在计算价格指数时使用固定加权方法，价格因素剔除得不够，而第三产业价格指数使用环比方法,较好地剔除了服务业中的价格因素,两种剔除方法导致了对第三产业的相对低估。第三,1994—1995 年进行了全国第三产业普查,对我国常规统计体系统计不到的许多服务业领域进行了修正,并据此对 1993 年以前年度的数据做了调整,但此后的年度数据,仍然是以往年度统计口径,与调整过的数据相比存在低估。

(二)服务业本身的特性使服务产出难以计量

舍伍德(Sherwood,1994)具体罗列了在计量服务产出时通常会遇到的四种实际困难。

(1)难以分解复杂的服务包的组成成分。对于许多服务来说,交易单位往往包括错综复杂地交织在一起的系列服务,因而可将这种服务称为"服务包"。"服务包"的生产通常是联合或相互依赖的,其中的各种成分都有自己的特征,通常我们很难把系列服务中的单个成分区分开来。以零售业为例,当顾客进入超市购买商品时,商品的标价不但包括产品的成本,还包含超市为顾客提供各种服务的费用总和,如商品的采购、运输、展示费用,提供商品信息的费用,为顾客包装、送货的费用等。而这些费用却很难分开标明,有时也没有分开标明的必要,消费者只需支付单一的商品价格——包含超市提供各种服务的价格总和。

(2)难以确定产出的表现形式。由于服务产品的特性,服务只是一种表现形式,当一项服务完成以后通常看不到服务痕迹,也看不到产出。此外,某些服务行业没有明确的方法和充分的数据可供描述其服务产出或功能。因此,确定测定项目的类型和测定方法就成了一个十分棘手的问题。于是,研究者在计量时,只能通过各种假设来界定服务产出,其结果是实际上用结果衡量法取代了交易衡量法。以银行产出为例,银行活期存款量有时被当作银行产出(包括为顾客保管资金、记账、托收承付等)的一部分,有时又被当作银行投入的一部分,因为这是银行资金的来源。

(3)难以计量消费者在服务产品生产中的作用。服务产品生产具有生产和消费同时、消费者参与以及不可储存等特性,这些特性决定了消费者不仅提供了部分服务产出,而且还可通过影响需求的时空分布来间接影响服务的产出效率。简言之,消费者的活动可视为一种投入,即一项服务发生时消费者必须在一定程度上进行参与。正是服务消费同时又作为一种投入参与服务生产过程这个特点,加大了服务产出测量的难度,并为服务生产率的测定设置了诸多障碍。具体表现为以下几点:

①在某些服务中,消费者为服务生产提供了劳动。这样就难以区分消费者对服务产出的作用和服务提供者对服务产出的作用。如教练员对运动员的训练,双方都有付出,最后才得到成果。

②服务产出也取决于服务对象的数量和质量。如一个交响乐团在一个空无一人的音乐厅里演奏,由于没有观众,他们的演出是徒劳的,没有任何产出可言。又如教育服务,如果老师教的是一些智力平平的学生,那么老师无论怎样努力、敬业,学生终究难有突出表现,而老师也因此没有什么突出贡献。

③服务需求往往波动较大,而且难以预计,但是服务供给方还是要"严阵以待",有求必应。如零售店并不是一天 24 小时都生意火爆,就算在一天最冷清的时段还是要开门迎

客,店里设备照常运转,员工也不能随意离开岗位。在非生产时段,设备的运转和职工的参与自然要计入商店的产出,因为他们的存在是为了顾客的方便。

(4)难以认定服务的品质。大多数服务具有无形性和非标准性的特点,因而加大了测定服务品质的难度。而对于实物产品品质的认定,并不存在此类问题。如律师提供的法律服务是通过律师花费在某个案件上的时间来计算的。然而,这种服务的结果,即能否胜诉,是靠律师渊博的学识和在这方面所积累的经验来决定的,而不是花费在有关案件上的时间。

舍伍德总结为,正是由于服务产出难以量化,服务产出变化容易被低估,因此根据官方统计数据计算的服务业生产率增长率总是低于实际水平。

(三)在实证检验过程中,应当慎重考虑指标选择问题

蒂伊斯和罗纳德(Thijs & Ronald,2001)指出,简单地认为服务业生产率增长速度下降是不适当的。在实证检验过程中,应当慎重考虑指标选择问题。他们建议在计算生产率时,不能简单使用人均产出的概念,而应使用全要素生产率的概念。此外,还应该使用总量来衡量服务业的产出份额,因为只有这样,才能正确反映服务产品需求从最终需求向中间需求的转变。

(四)忽略服务产品的质量问题

还有一部分学者认为,忽略服务产品的质量问题是服务业产出被低估的重要原因之一。尽管质量问题导致国民生产总值低估的问题也存在于商品产值计量方面,但许多服务理论家认为,服务业这方面的问题更加严重。以工人炼钢和医生看病为例。以实际生产率计算,过去一个钢铁工人每小时能生产一吨钢,现在则能生产两吨钢,而且钢的质量也在提高。即使不考虑质量问题,我们也能清晰地看到钢铁工人的生产率提高了一倍。而一个医生过去每小时能看五个病人,现在可能还是只能看五个病人,显然,医生的生产率没有提高。然而,倘若医生的治愈率由过去的 50% 上升到了现在的 90%,尽管现在医生每小时仍只能看五个病人,但他治疗的"质量"显然比以前有了很大提高。那么,为什么不把这种"质量"的提高计入医生的服务产出呢?很显然,忽略服务产品的质量问题会导致服务产出在一定程度上被低估。

三、基于服务产品性质的解释

(一)服务业生产率增长率低是由服务业本身的特性所决定

以富克斯和鲍莫尔为首的另一些经济学家认为,服务业生产率增长率低是由服务业本身的特性所决定的,而并不像格里利谢斯等人所言,是由服务业产出被低估所致。

对于服务业生产率增长缓慢这一事实,富克斯从四个方面进行了具体解释:

(1)受服务需求易波动的影响,实际投入到服务业的工作时间要比工业少,也就是服务业的人均工作时间减少快于工业。富克斯指出,若按人均工时产值计算生产率,服务业与工业的差距会小很多。

(2)工业的劳动力素质提高快于服务业,或者说,服务业的人力资本增长较慢。

(3)由于多数服务产品的劳动密集度高于工业产品,因而工业部门的劳动力人均实物

资本也处于比服务业更有利的地位,即工业的资本密集度上升较快。

(4)大多数服务的定制化程度较高,因此它们的生产难以利用先进技术,于是服务业的技术变革速度、规模经济水平均落后于工业。也就是说,工业的技术进步要明显快于服务业,工业比服务业具有更大的规模经济。

鲍莫尔等人在 1967 年、1985 年和 1989 年对服务业生产率相对较低的问题进行了深入的研究。鲍莫尔认为,服务业中有许多部门由于它们的本质而不存在生产率提高的可能。

首先,这类服务(产品)就是劳动过程。而这样的服务劳动的机器替代性弱,排除了它们生产率提高的可能。而且相当多的服务个性化很强,也排除了使用机器进行标准化生产的可能。可以想象,面对各异的病人使用直接劳动提供各异处方与标准化地用机器生产同样的药片的劳动生产率的增长前景是不可同日而语的。

其次,服务业中的许多"停滞性个人服务"(stagnant personal services)是导致服务业生产率低增长的主要原因。这类服务本身就是劳动过程,要求服务提供者与服务消费者直接接触,因此劳动力节约型生产率增长方式对这类服务几乎没有意义。而且,这类服务作为交易品就是人的劳动过程,无法像商品生产那样通过生产过程的标准化和机械化来达到提高劳动生产率的目的,因此无法实现规模经济。鲍莫尔所举的这类服务业的"经典例子"就是莫扎特四重奏,也就是现场演奏,它需要的演奏人员和演奏时间与 200 年前毫无二致,在确保演出质量的前提下,任何旨在提高生产率的举措都是徒劳的,不可能导致投入需求的变化。

可以这样认为,从理论上说,服务业产出的计量问题的存在并不能抵消和否定服务生产的一些本质特征对服务业劳动生产率增长的拖累。从实践上说,在统计和市场最发达的美国,服务业的劳动生产率严重滞后的确是一个事实。当然也有经济学家认为,由服务的产品特征所引致的对服务的政府管制的过度运用,也是服务劳动生产率增长滞后的原因之一。他们呼吁应在服务生产的效率与管制之间求得一种平衡。

(二)服务业低生产率并非是不能改善的

鲍莫尔认为,并非所有的服务业生产率都很低。有些服务业如交通、通信业的生产率很高,增长也很快,几乎接近制造业的水平。通常这类服务行业不需要顾客的直接参与,而且有可能用资本来代替劳动力,其中的某些服务行业还可以实现自动化。电信业就是一个很好的例子。大约在 50 年前,绝大部分的电话接线工作是靠接线员手工操作来完成的,而如今的电话接线都通过自动交换机来完成。电信业的生产率增长是十分显著的。通话技术从无线传输、微波传输、同轴电缆传输发展到卫星传输,其成本正在逐年下降。另一些服务行业则如马歇尔所指出的那样,生产率几乎保持不变,如教育服务业、医疗服务业、法律服务业、旅馆业和社会服务业等。因此,笼统地认为服务业生产率增长缓慢是不正确的。

现代服务业的发展进入了一个新的阶段,尤其是移动支付、互联网金融、虚拟技术、智能机器人的大量应用,极大提高了一些服务部门的劳动生产率,引领了新的服务消费潮流,网络购物、物流配送、外卖送餐等服务的活动形式得到极大改善,并催生出诸如 ofo 小黄车这类的新服务模式。未来高劳动生产率服务行业的增多将带动整个服务业板块劳动效率的提升。

尽管国外学者对服务业生产率增长缓慢的理论解释仍然存在不少争议,但他们一致认为,应通过提高服务业的生产率来解决服务生产率低增长的困境。对于如何提高服务业生产率这个问题,国外学者并没有进行深入的研究,相关的研究成果也不多。目前研究者主要以统计学家和管理学家为主。统计学家主要致力于改进服务产出和生产率测定方法、减少计量误差与提高计量精确度等方面的研究。而管理学家则从企业微观管理层面出发,认为服务企业生产率的提高主要有赖于管理层的决策和行为。他们认为,出色的组织工作、有效的工作力法、管理层和普通员工之间的良好沟通、员工培训、团队合作以及分级负责制等,不仅有利于提高制造业生产率,也有助于提高服务业生产率。管理大师德鲁克曾预言,发达国家的管理者所面临的最大挑战是如何提高知识工作者和服务人员的生产率。在未来的数十年里,经理们将长期面对这一挑战。知识工作者和服务人员的生产率最终还将决定企业的竞争能力。毫无疑问,如何提高服务业生产率必将成为今后研究服务业生产率的一个重点领域。

☞ **重要概念**

服务;服务经济;服务业;消费者服务业;生产者服务业;分销服务业;现代服务业;服务业劳动生产率

☞ **思考题**

1. 试解析服务概念变迁的历史背景和演化逻辑。
2. 推动服务业发展的动力因素有哪些?
3. 服务业如何分类?
4. 辨析服务业与第三产业的概念。
5. 服务具有哪些自然属性与经济属性?
6. 结合实例,简述发展服务业的经济效应。
7. 结合实例,谈谈你对现代服务业的理解。
8. 如何理解服务业劳动生产率滞后问题?

第二章
服务贸易定义、特征与分类

☞ **内容提要**

在过去几十年里,运输、计算机及包括互联网和电子商务在内的电信技术方面的飞速发展使得企业能够利用更遥远的资源进行创造并能够为更大的市场提供服务。在此背景下,服务业在产业结构调整中的地位不断上升,目前全球 GDP 的 2/3 是服务业的贡献,以 BOP 口径衡量的国际服务贸易占全球贸易的比重也从 1980 年的 1/7 增加至目前的 1/5。本章是整个国际服务贸易篇章的第一章,共包括三小节内容。第一节概述服务是如何进行国际交易的,对服务贸易的四种供应模式、服务贸易特征进行了介绍。第二节重点介绍商业存在的特征及其全球发展概况。第三节从两个不同的角度分别介绍国际服务贸易的逻辑分类和统计分类。

☞ **学习目标**

1. 掌握国际服务贸易的四种模式。
2. 了解国际服务贸易的特征。
3. 掌握商业存在的特征。
4. 学会参照不同标准对国际服务贸易进行分类。

☞ **引导案例**

万达集团是一家起步于房地产业的企业。2016 年其服务业收入占比达 55%,历史上首次超过房地产收入,其中文化产业收入占集团收入的比重超 1/4,已成为集团支柱产业。万达集团在全球文化产业领域采用了"买买买"策略。2016 年 1 月 12 日,万达集团宣布以不超过 35 亿美元现金收购美国传奇影业公司 100% 股权,成为迄今中国企业在海外最大的文化产业并购案例。2016 年 3 月 3 日,万达旗下 AMC 院线宣布以 11 亿美元收购美国连锁影院卡麦克影业。2016 年 7 月 12 日,AMC 院线以 9.21 亿英镑(约合人民币 80.94 亿元)并购欧洲第一大院线 Odeon & UCI 院线。这一系列收购最终完成,万达将形成全球院线布局。拥有中国、北美、欧洲世界三大电影市场的万达,将成为全球最大的院线运营商。

第一节 服务贸易的定义与特征

虽然服务业作为一个传统的产业部门已经有数千年的发展史,但是"服务贸易"(trade in services)这一概念的提出相对于古老的货物贸易而言,则并不是一件遥远的事情。"服务贸易"作为经济学领域的一个新课题,让国内外经济学界经历了一个长期的探索过程。在1947年关贸总协定(GATT)成立以后相当长的时间里,服务贸易都并未作为一个单独的领域列入其管辖范围,这段时期服务贸易的存在方式多是被包含在其他贸易项下。1972年,经济合作与发展组织首次把"服务贸易"作为一个独立的经济学概念在文献中正式提出。直到1986年乌拉圭回合多边谈判之前,服务贸易只是作为一个概念和范畴在发达国家的有限范围内讨论,还谈不上作为国际贸易的普遍问题引起更多发展中国家的高度关注。1986年9月开始的关贸总协定乌拉圭回合谈判,首次将服务贸易列入谈判议题,从而引发了全球服务贸易研究大热潮。从1995年起,服务贸易作为一个独立于货物贸易的单独领域,成为世界贸易组织多边谈判的重要组成部分。

一、国际服务贸易的定义

(一)《服务贸易总协定》关于国际服务贸易的四种模式

乌拉圭回合谈判的最重要成果是1994年4月15日达成的《服务贸易总协定》(General Agreement on Trade in Services,GATS)。GATS没有常规化地对"服务贸易"直接下定义,而是采取了四种模式的表述。对于已经习惯了对专业名词做特定的概念化解释的人来说,可能会对这种不下具体定义的做法感到惊讶和怀疑。不过,考虑到前一章中各种文献对"服务"曾作的定义——无形的、不可存储的、生产和消费同时进行等,GATS的谈判者们早已发现,要为总协定中的"服务贸易"找到一个明确的定义是极其困难的。有鉴于GATT没有对"商品"下定义,这在过去并没有导致理解上的困难,从实用性角度来看,暂且搁置定义问题是明智的。GATS的谈判者们采用了开放式"服务贸易"分类,并将其定义为四种模式。

模式一:自一成员方境内向任何其他成员方境内提供服务,简称"跨境交付"(cross-border supply);

模式二:在一成员方境内向任何其他成员方的服务消费者提供服务,简称"境外消费"(consumption abroad);

模式三:一成员方的服务提供者通过在任何其他成员方境内的商业存在提供服务,简称"商业存在"(commercial presence);

模式四:一成员方的服务提供者通过在任何其他成员方境内的自然人存在提供服务,简称"自然人流动"(presence of natural persons)。

关于服务贸易的定义,GATS还有以下规定:

第一，服务贸易涉及的"服务"包括任何部门的任何服务，但"行使政府职权时提供的服务"除外。

第二，"行使政府职权时提供的服务"指既不依据商业基础提供，也不与一个或多个服务提供者竞争的任何服务。

第三，"服务的提供"包括服务的生产、分销、营销、销售和交付。

第四，"商业存在"指任何类型的商业或专业机构，包括为提供服务而在一成员方境内组建、收购或维持一法人，或者创建、维持一分支机构或代表处。

在"跨境交付"贸易模式中，服务的提供者与消费者都不移动。它又可以分为被分离服务（separated services）贸易和被分离生产要素服务（disembodied services）贸易两种类型。被分离服务贸易类型中的服务与货物一同在出口国生产，经过国际交易在进口国消费。银行和保险中的一些服务、远程教育服务、远程医疗服务、在线远程信息咨询服务、网络数据传送和许多离岸外包服务都是可以通过通信手段和其他有关手段进行的服务。在这些被分离服务中，可能有附加在货物上已被物化的出版物或光盘，因而就产生了区别服务与货物的困难（有些国家依照这类货物中的知识含量比重分辨它们的服务或货物的属性）。被分离生产要素服务贸易，又称缺席要素（absent factor）服务贸易。在提供服务时，并不需要所有要素都移动，可能有一种要素被称为"缺席要素"，如管理，服务提供者位于母国不动，但可以通过通信技术提供服务，以强化海外生产要素。

"境外消费"服务贸易是通过服务的消费者（购买者）的过境移动实现的，服务是在服务提供者实体存在的那个国家或地区生产的。常见的例子有旅游、教育、医疗服务等。

"商业存在"模式主要涉及市场准入（market access）和直接投资（FDI），即在一成员方内设立机构，并提供服务，取得收入，从而形成贸易。机构服务人员，可以来自母国，也可以在东道国雇用；其服务对象可以是东道国的消费者，也可以是第三国的消费者。投资国通过自己的生产要素（人员、资金、服务工具）移动到消费者居住地提供服务而产生贸易。"商业存在"服务贸易形式常见的有在境外设立金融服务分支机构、律师事务所、会计师事务所、维修服务站等。

"自然人流动"模式是指一成员方的自然人（服务提供者）跨境移动，在其他成员方境内提供服务而形成贸易。这里的服务消费者往往不是所在国的消费者。比如，A 国的医生到 C 国治疗来自 B 国的患者，在该服务交易中，由于患者要向医生居住国 A 国和手术进行国 C 国支付服务费用，所以采取三国之间交易的形式。很明显，如果患者是 C 国的公民，则贸易形式就变成了第三类。

需要指出的是，上述定义都很宽泛，有些互相交叉。这是因为当时的服务贸易谈判委员会在一些发达国家的要求下，尽可能多地把服务贸易纳入谈判内容。另外，服务的交易往往不是以一种方式完成的，而是几种方式的互相结合。

GATS 定义的四种服务贸易模式有时被归纳为两类模式，即需要实体接触（physical proximity）的服务贸易和无须实体接触的服务贸易。前者包括"境外消费""商业存在"和"自然人流动"，后者对应的是"跨境交付"。按照 WTO 的服务部门分类表（MTN.GNS/W/120），服务贸易部门分为 12 大类 155 个分部门。每一类服务都有其特定的一种或几种服务贸易模式。美国商务部对其服务业中的 18 个服务部门的国际贸易模式进行了归类。其中会计服务、广告服务、租赁服务、银行服务、法律服务等 8 个部门的贸易模式以"商业存在"为主,通信服务、计算机服务、建筑工程服务、教育服务、保险服务、健康服务等 8 个部门则是"跨境交付"模式和"商业存在"模式,运输服务等 2 个部门是"跨境交付"模式。

对于服务贸易的定义,"乌拉圭回合"中期评审报告曾指出,多边服务贸易法律框架中的定义,应包括服务过境移动、消费者过境移动和生产要素过境移动(主要指服务提供者过境移动)。它们一般要符合四个标准:服务和支付的过境移动性(cross-border movement of services and payments)、目的具体性(specificity of purpose)、交易连续性(discreteness of transactions)、时间有限性(limited duration)。这四种判别标准有助于理解服务贸易的含义。

(二)GATS 定义产生的渊源及背景原因

GATS 达成之前,在 1989 年生效的《美加自由贸易协定》中也曾出现过类似的服务贸易定义。《美加自由贸易协定》是世界上第一个在国家间贸易协议上正式对服务贸易定义的法律文件:服务贸易是指由或代表其他缔约方的一个人(包括法人或自然人),在其境内或进入一缔约方境内提供所指定的服务。这里的"指定的服务"包括:(1)生产、销售、营销及传递一项所指定的服务及其进行的采购活动;(2)进入或使用国内的分销系统;(3)奠定一个商业存在(建立分支机构,并非投资),为分销、营销、传递或促进一项指定的服务;(4)遵照投资规定,任何为提供指定服务的投资及任何为提供指定服务的相关活动。这里的"相关活动"包括:公司、分公司、代理机构、代表处和其他商业经营机构的组织、管理、经营、维持和转让活动;各类财产的接受、使用、保护及转让,以及资金的借贷。由此可见,GATS 承袭了《美加自由贸易协定》中对服务贸易的描述性定义方式。GATS 定义有其产生的客观原因。在传统的货物贸易中,一国既可通过跨境贸易向其他国家提供货物,也可通过在其他国家建立商业存在向该国提供货物,货物的跨境贸易与直接投资可以互为替代,因此,在 WTO 协议中并未对货物贸易的商业存在做出特殊的规定。而服务是一种特殊的产品,它具有无形性、生产与消费的同一性以及不可储存性,因而它不可能都采取传统的货物贸易的形式。一些服务贸易不需要服务提供者和消费者的移动即可实现跨境交付;另一些则要求服务供求双方同时同地出现,此时,或是服务的消费者进入提供者境内(如境外消费)或是服务提供者进入消费者境内(如商业存在和自然人流动)。所以,就某些服务而言,其跨境贸易与直接投资无法相互替代,商业存在是实现贸易的必要条件。此外,GATS 定义还有其产生的特殊背景。在经历 1979—1982 年经济危机后,美国经济增长缓慢,其货物贸易的赤字与日俱增。但美国在服务贸易领域却占据明显优势,连年保持顺差。以 1984 年为例,美国的货物贸易有 1140 亿美元的逆差,而服务贸易却有 140 亿美元的顺差。因此,1986 年"乌拉圭回合"发起之时,以美国为代表的发达国家强烈提议将服务贸易纳入新一轮的多边贸易谈判。在服务贸易谈判中,各国围绕服务贸易的定义和范围展开了激烈的争论。作为世界最大的服务贸易出口国,美国急切地希望打开其他国家的服务贸易市场,通过大量的服务贸易出口来弥补贸易逆差,推动其经济增长,而各国对服务贸易投资的不同程度的限制,成为美国推行全球服务贸易自由化的最大障碍。因此,美国要求把以商业存在形式提供的服务纳入服务贸易定义,其实质是将服务贸易投资问题纳入多边贸易体系。对此,许多发展中国家并不同意,但最终的结果是美国基本上实现了其意图。在最终达成的《服务贸易总协定》中,服务贸易的定义除包括跨境交付和境外消费这两种传统形式外还包括了商业存在,并且各成员方都就在其境内设立商业存在做出了具体承诺。

GATS 是 WTO 协定不可分割的一部分。WTO 的所有成员,无论是检查 GATS 的履行,还是进一步开展多边服务贸易谈判,都将基于 GATS 定义,都将运用 GATS 定义的服务贸易数据,因此,GATS 定义对服务贸易最直接的影响即是服务贸易统计体系。而在此之前,大多数国家和地区是以 IMF 1993 年《国际收支手册》第 5 版作为指导来编制服务贸易的统计数据的。

(三)其他概念与解释

1. 对服务贸易概念的学术性讨论

关于服务贸易,国内外研究文献从不同的角度给予了定义,但至今仍没有形成一致的和精确的定义。如表 2-1 所示,国外的研究文献主要基于服务的基本特征、服务贸易的提供方式和分类来描述服务贸易的概念,认为服务贸易是发生在居民和非居民之间的服务交易行为,既可以通过跨境实现,也可以在一国之内完成。与国外文献对服务贸易描述性的、非规范性的定义不同,国内学者试图从服务贸易的性质来定义服务贸易的概念。他们更关注理论层面的定义,但没有给出逻辑严密的一般性理论定义。

国外学者,如费克特库蒂(Feketekuty,1988)在其《国际服务贸易》一书中,将其阐述为"服务行业或部门的产出向其他国家居民(按照所在国法律,基于居住期、居所、机构或管辖机构所在地等具有纳税义务的自然人、法人和其他在税收上视同法人的团体)的出售"。国内学者,如薛荣久(1993)指出,"国际服务贸易是指国家之间相互提供的作为劳动活动的特殊使用价值"。陈宪(1995)认为,"服务贸易是国与国之间服务业的贸易往来","在无形贸易中扣除要素服务贸易即为通常意义的服务贸易"。杨圣明(1999)认为,服务贸易是指服务在国家之间的等价交换过程,或者说,服务在国家之间的有偿流动过程。

2. IMF 国际收支统计的服务贸易定义(以下称 BOP 定义)

按照 IMF 1993 年编制的《国际收支手册》第 5 版的规定,国际收支是指一定时期内一国居民与非居民之间经济交易的系统记录。国际收支平衡表包括经常账户、资本与金融账户、错误与遗漏账户。服务贸易被列入经常账户项下,是指一国居民与非居民之间服务的输出输入。居民与非居民的划分不是以国籍为标准,而是以交易者的经济利益中心所在地为依据,即从事生产、消费等经济活动和交易达一年以上的所在地。IMF 规定,企业、非营利机构和政府等法人以及自然人,不论其来自何国或地区,只要他们在所在国或地区从事一年以上的经济活动与交易,就是所在国的居民。

《国际收支手册》将服务贸易分为:运输、旅游、通信服务、建筑服务、保险服务、金融服务、计算机和信息服务、专有权利使用费和特许费、其他商业服务、个人与文化和娱乐服务,以及别处未提及的政府服务。与 GATS 的分类不同,BOP 包括政府服务。

表 2-1 有关服务贸易定义的研究文献

分类	作者	概念表述	文献来源
国外研究文献	巴格瓦蒂(1984)	服务贸易分为四类:(1)提供者移动、使用者不移动的服务贸易;(2)提供者不移动、使用者移动的服务贸易;(3)提供者和使用者都移动的服务贸易;(4)不需要两者移动的"远程"服务贸易。	Bhagwatti, J. N. Splintering and disembodiment of services and developing nations[J]. *World Economy*, 1984, 7(2):133-144.
	桑普森、斯内普(1985)	国际交易就是指一国居民与另一国居民之间的交易,从地理上说,该交易完全可以发生在一国之内。	Sampson, C. & Snape, R. Identifying the issues in trade in services[J]. *World Economy*, 2010, 8(2):171-182.
	格鲁贝尔(1987)	服务贸易分为两大类:(1)要求人、资本、公司或(货)物临时跨越国境;(2)非要素服务,即当包含这类服务的货物的国际贸易发生时,该类服务贸易就会发生。	Grubel, H. G. All trade in services are embodied in materials or people[J]. *World Economy*, 1987, 10(3):319-330.
	费克特库蒂(1988)	服务行业或部门的产出向其他国家居民(按照所在国法律,基于居住期、居所、机构或管辖机构所在地等具有纳税义务的自然人、法人和其他在税收上视同法人的团体)的出售。	Feketekuty, G. *International Trade in Services: An Overview and Blueprint for Negotiations*[M]. Cambridge: Ballinger Publishing Company, 1998.
	自由贸易协定(Tree Trade Agreement, FTA)(1989)	服务贸易是指由或代表其他缔约方的一个人,在其境内或进入一缔约方提供所指定的一项服务。	《美加自由贸易协定》第 14 章第 1 条(1401)
	GATS (1994)	除政府当局为履行职能所提供的服务之外的所有部门的一切服务,包括跨境交付、境外消费、商业存在和自然人流动等四种服务提供方式。	WTO《服务贸易总协定》(1994)
	IMF(1993)	服务贸易是指一定时期内一国居民与非居民之间的服务输出输入。	IMF《国际收支手册》(第 5 版)
国内研究文献	薛荣久(1993)	国际服务贸易是指国家之间相互提供的作为劳动活动的特殊使用价值。	薛荣久. 国际贸易[M]. 成都:四川人民出版社, 1993.
	陈宪(1995)	服务贸易是国与国之间服务业的贸易往来。	陈宪. 国际服务贸易[M]. 上海:立信会计出版社, 1995.
	杨圣明(1999)	服务贸易是指服务在国家之间的等价交换过程,或者说,服务在国家之间的有偿流动过程。	杨圣明. 服务贸易:中国与世界[M]. 北京:民主与建设出版社, 1999.

资料来源:笔者整理。

3.其他国际组织和区域贸易协定对服务贸易的定义

继1972年经济合作与发展组织首次提出"服务贸易"概念之后,1974年美国贸易法于第301条款中再次提出"世界服务贸易"概念。1989年,美国、加拿大两国签署的《美加自由贸易协定》。在此基础上,1992年,美国、加拿大和墨西哥正式签署了《北美自由贸易协定》(North America Free Trade Agreement),成为世界上第一个在国家间贸易协议上正式定义服务贸易的法律文件。《美加自由贸易协定》定义的"服务贸易"是一成员方在其境内或进入另一成员方提供所指定的一项服务(具体参见本书第45页)。联合国贸易发展会议(UNCTAD)利用过境现象阐述服务贸易,将国际服务贸易定义为:货物的加工、装配、维修以及货币、人员、信息等生产要素为非本国居民提供服务并取得收入的活动,是一国与他国进行服务交换的行为。这些重要的经济组织和区域贸易协定对于服务贸易含义的解释和概念的最终确立产生了重要的影响(杜玉琼,2013:90)。为方便起见,下文行文中"服务贸易"即指"国际服务贸易"。

4."服务贸易"与若干相近概念的区分

(1)服务贸易与货物贸易。服务贸易与货物贸易既有区别又有联系。两者的区别主要在于贸易标的不同。特别是服务贸易可以不跨越国境实现,而货物贸易一般要跨越国境才能实现。服务贸易的完成只需各生产要素——劳动力、资本、技术知识中的一项移动即可实现,货物贸易则需要其生产要素加工综合后的物质产品的移动才能实现。两者的联系在于部分服务贸易伴随着货物贸易的发生而实现,这部分服务贸易通常被称为"国际追加服务贸易"(International Additional Service Trade),最典型的如运输服务。

(2)服务贸易与无形贸易。广义上的国际服务贸易与无形贸易大致可以等同,但严格来说,无形贸易比服务贸易范围广,除包括服务贸易外,还包括国际直接投资收支、国际捐赠、国际赔偿、侨汇等无偿转移和知识产权贸易等。

(3)服务贸易与服务业。在消费者服务业、生产者服务业、分配服务业和政府服务业四类服务业标准分类中,政府服务业由国内提供,较少涉及国际贸易。其他三类服务业中,服务贸易是常见的。

(4)服务贸易与国际服务交流。国际服务交流除包括服务贸易,还包括不发生商业性收益的互派人员培训、合作、研究,劳务输出(在当地打工)等。

二、国际服务贸易的特征

与国际货物贸易和国际技术贸易相比较,国际服务贸易有其自己的特点,主要表现在以下几个方面。

(一)服务贸易的标的是无形的

国际服务贸易的标的是一种无形产品,通常而言,是以活动形式提供使用价值,不能存储,不能包装,也不能被反复转让,如金融、保险、运输、广告、律师、教育等服务。服务不能存储的特点,带来了服务出口者在进口国国内的"开业权"问题,也涉及劳动力的转移、移民政策、投资限制等一系列问题。尽管有些服务可以有自己的物质载体,如电子图书、软盘等,但服务本身与其物质载体是有所区别的,服务是内化于物质载体中的无形产品。贸易标的的无形性是国际服务贸易最基本的特征,是与凝结在货物商品中的物化劳动的本质区别所在。

(二)服务贸易的生产、消费和交易具有同时性

货物贸易中的商品一般具有较为明显的三个阶段,即生产阶段、交易阶段和消费阶段。而国际服务贸易的生产、交易和消费过程大多是同步进行的,即服务产品使用价值的创造过程和价值的形成过程,与服务贸易产品使用价值的让渡过程和消费过程以及价值的实现过程往往是在同一时间完成的。因此,服务贸易具有生产、交易与消费的同时性、非储存性和非转移性的特征。

(三)服务贸易具有异质性

货物贸易的商品是有形的,其外观、质量、性能等都可以设定和测量,进而可以规模化生产,且同种、同批次产品之间在品质上可以保证高度的一致性。服务则不同,服务的产出是以人为中心的,对于服务而言,不同批次的服务往往差异很大。服务的这个特性在国际服务贸易中也有体现。服务提供者的素质、能力,甚至工作状态都会对服务的质量产生影响,即使同一服务者提供的服务,不同时间、针对不同的服务接受者,其服务质量不可能完全相同。

(四)国际服务贸易对要素移动和服务机构境外设置有更多依赖

由于货物是有形的,它可以从出口国(地区)运往进口国(地区),或从产地运往销地被销售,因此生产者和消费者均无须离境。有一些服务也可以通过"运输"实现进出口。比如服务出口方可以在本国(地区)通过银行的计算机终端为这一服务的他国(地区)进口方处理某些业务,服务进口方无须移动就可以接受这一服务。其他通过电信手段而无须面对面就可完成的服务交易也都可以进行国际贸易。这类服务虽然不能像货物那样可以被储存,但可以被"运输",亦即服务进出口双方无须发生空间上的移动就可完成服务的国际贸易。然而,大部分的服务贸易因为具有交易过程与生产和消费过程的同步性以及交易标的与交易者的不可分离性的交易特征,要求供给者与需求者的空间接近。有些服务如旅游服务要求需求方向供给方接近,建筑劳务服务要求供给方即劳动要素所有者向需求方移动。但无论从理论上还是实践上看,依赖于集资本、技术、管理和人力资本等要素于一身的服务机构的境外设置,即以商业存在形式集中地向东道国消费者移动要素,以免除广大分散的需求者的跨国移动。这是国际服务贸易区别于国际货物贸易的特点。

(五)国际服务贸易具有更大的管理难度和复杂性

在国家宏观管理方面,国际服务贸易比货物贸易面临更大的难度和复杂性。国家对服务进出口的管理,不仅是对服务作为交易标的的"物"的管理,还要涉及人的管理,包括人员签证、劳工政策等。某些服务贸易如金融、通信以及文化、教育等,还直接关系到输入国的国家主权、安全与价值观念等极其敏感的政治文化问题。对于货物贸易,一国政府可以采用进出口税、进出口许可证、配额等非关税措施作为监管的手段。而服务贸易是无形

的，与跨越边境不存在必然联系，用以上管理货物的措施无法进行监管，一般只能通过国内相关立法规范来管理，如对服务提供者主体资格进行限制、股权的限制、经营范围的限制、税收歧视或补贴歧视等。另外，在统计管理方面，服务的跨境交易只占全部国际服务贸易的一小部分，更多的服务贸易是基于服务的消费者或是服务的生产者的跨境移动，根据《服务贸易总协定》的规定，这种跨境活动的统计数字很难反映在一国的国际收支平衡表上。当前，实践中仍然缺乏对国际服务贸易精确完整的统计方法与统计体系，海关统计不能完整体现服务贸易的规模。

(六)服务贸易自由化难度更大

与发展中国家相比，发达国家在服务贸易领域占据垄断优势地位，双方之间的差异较货物贸易发展水平相差更大。服务贸易自由化的主要问题不在关税壁垒方面，而是在一些更基本原则，如市场准入、最惠国待遇和国民待遇等问题上。一国服务市场开放往往还会涉及敏感度较高的人员流动政策、移民政策、劳工待遇，以及文化与意识形态、国家主权与安全等高度敏感问题，因此，较之货物贸易而言，服务贸易自由化涉及范围更广、问题更为复杂。乌拉圭回合到多哈回合服务贸易多边谈判的曲折历程，从一个侧面也证明了服务贸易的复杂性和特殊性。

(七)国际服务贸易保护隐蔽性更强

国际服务贸易保护的发展态势也不同于国际货物贸易，各国对服务贸易的保护往往不是以地区性贸易保护和"奖出"式的进攻型保护为主，而是以行业性贸易保护和"限入"式的防御型保护为主。这种以国内立法形式实施的"限入"式非关税壁垒，使国际服务贸易受到的限制和障碍往往更具刚性和隐蔽性。比较而言，货物贸易遇到的壁垒主要是关税，关税表现为数量形式，具有较高透明度，通过相互减让的方式消除障碍相对来说容易得多。服务贸易中遇到的壁垒主要是国内法规，难以体现为数量形式，也往往缺乏透明度，而且调整国内立法一般都比调整关税的难度大。

 专栏

国 际 服 务 贸 易 法

国际服务贸易法是调整国际服务贸易的法律规范的总和。其法律渊源亦由国际、国内两个层面的法律规范构成，包括有关的国内法、国际条约、国际惯例、国际组织的规范性文件、国际判例等。作为国际经济法的一个分支，国际经济法的基本原则通常也适用于国际服务贸易法。

国际服务贸易法具有以下几个方面的特征：(1)由于国际服务贸易本身的特性与特点，国际服务贸易法是国际经济法中出现较晚的一个分支。(2)国际服务贸易法在体系和结构上不完整，在《服务贸易总协定》之前，不存在统一的国际服务贸易法。(3)受发展水平的限制，国际服务贸易法有些内容比较原则化，实践中作用有限。(4)由于历史原因，在

《服务贸易总协定》中被界定为服务贸易的部门,已由其他法律部分调整,如国际货物运输已由国际货物运输法调整,国际借贷已由国际金融法调整,从而导致国际服务贸易内容比较单薄。

随着服务贸易多边谈判的持续推动,有关成员方就自然人流动、海运服务、基础电信和金融服务的市场准入限制越来越少,以 GATS 为代表的国际服务贸易统一实体法的内容将更加丰富。

资料来源:杜玉琼.国际经济法学[M].成都:四川大学出版社,2013:90.

第二节　商业存在的特征及其全球发展概况

一、商业存在及其他三种提供模式间的正向联系

与货物贸易只具有跨境交付一种提供模式不同,服务贸易具有跨境交付、境外消费、商业存在和自然人流动四种提供模式。多种服务贸易提供模式的存在为服务贸易政策的制定提供了较大空间,但由于四种提供模式之间会产生交互作用,这同时给服务贸易政策的制定带来了困难。因此,在服务贸易开放过程中,如果政府只针对其中一种服务贸易提供模式采取开放(或限制)措施的话,极有可能对其他服务贸易提供模式产生影响。

例如,对于海外教育服务而言,如果政府限制外国教育机构在本国设立(模式三),就可能会促使消费者更倾向于通过另外的提供模式来实现教育的目的,如到国外进行留学(模式二)或者通过网络远程学习(模式一)。又如,通用电气公司(GE)在美国、印度及中国三个国家进行投资建立研发机构(模式三),而分布在这三个研发机构的 2000 多名研发人员则各自承担着通用电气公司的研发外包服务(模式一)。

另一方面,商业存在提供模式与跨境交付提供模式也存在着替代效应,如亚马逊(Amazon)与淘宝(Taobao)公司所提供的电子商务服务(模式一)替代了在各国建立分销机构的必要(模式三)。很明显,当代快速的技术进步已使服务贸易提供模式之间的这种相互作用大大增强,因此,在服务贸易提供模式发生交互影响的前提下,政府应当以动态的角度来进行服务贸易政策的设计,如果政府对某个服务行业的开放(或保护)只考虑到其中的一种提供模式,而忽略了其他提供模式的影响,那么政策的实施结果将会是无效的或者是不可预知的。

在很多情况之下,服务贸易提供模式之间是正向链接的。例如,一个公司选择在外国建立一个分支机构,如果外国分支机构和总部之间人员可以相互流动的话,那么,会促进外国分支机构提供服务的效率。另外,目前公司内服务贸易已经成为一种普遍的现象,如位于外国 1 的一分支机构(或总部)专业从事研究服务,而位于外国 2 的另一分支机构(或总部)专业从事会计服务,两个公司进行彼此的服务交易后,会增加跨国公司总体的收益与效率。

总体而言,服务贸易提供模式之间的正向链接通常采取以下形式。

1. 服务贸易提供模式之间的促进性

服务贸易提供模式之间的促进性,即服务通过其中一种提供模式实现跨境交易时,有利于通过其他的提供模式实现交易。这方面的例子如:

(1)商业存在(提供模式三)促进跨境交付(提供模式一)。服务外包(提供模式一)的迅速发展是通过跨国公司在海外建立大量的分支机构(提供模式三)来实现的。例如,由于很多外国公司,如 GE、IBM、汇丰银行(HSBC)通过在印度进行投资,建立了大量的设计与研发中心,这样使得这些中心通过跨境交付方式把该服务出口到母国,最终使得印度在服务外包上发展迅速。

(2)商业存在(提供模式三)和跨境交付(提供模式四)之间相互促进。海外服务子公司的建立(提供模式三)有利于双边专业服务人员的流动,如法律、医疗、会计、审计等服务;另一方面,专业服务人员的跨国界流动(提供模式四)也有利于海外服务子公司在当地进行服务的提供(提供模式三),即两种模式间存在着相互促进性。

上述服务贸易提供模式之间的促进性的主要区别在于,前者之间的影响是同时发生的;而后者是依次发生的,一种提供模式的发生会导致另一种提供模式的发生。另外,值得一提的是,在服务贸易提供模式之间存在正向链接的情况下,对其中一种提供模式实施限制的政策会影响其他服务提供模式实现服务贸易的质量与贸易成本。因此,完全有效的服务贸易自由化需要对所有服务贸易提供模式完全开放。

2. 服务贸易提供模式之间的互补性

服务贸易提供模式之间的互补性,即一种或多种提供模式同时实现服务的跨境交易。这方面的例子如:

跨境交付(提供模式一)与自然人流动(提供模式四)之间的互补性。如对于海外分支机构而言(提供模式一),为了熟悉当地顾客的需求及对当地工作人员进行培训,公司往往会派遣一支管理与技术人员队伍到达顾客所在地(提供模式四)。而随着服务外包的个性化需求和服务复杂性的增加,上述两种提供模式的互补性会越来越强。因此,对公司而言,一个服务外包工程是需要同时考虑多种相关的服务提供模式的。

二、商业存在及其他三种提供模式的统计现状

目前,世界上绝大多数国家未能按照服务贸易四种提供模式来进行分类统计。总体而言,绝大多数跨境交付及境外消费数据都可对国际收支平衡表上相对应的服务项目进行加总,大致反映这两种提供模式的贸易发展情况,但是对于商业存在与自然人流动的统计数据,则较难进行衡量。虽然存在全面度量服务贸易的参考框架,如 2002 年国际服务贸易统计机构服务工作组编写的《国际服务贸易统计手册》;在统计内容上,目前也有居民与非居民间的服务交易统计(见 BPM5)以及外国附属机构服务贸易统计(FATS);另外也提供了几种相关的服务分类标准的转换,如扩大的国际收支分型(EBOPS,IMF)、中心产品分类(CPC,UN)、服务贸易总协定分类(GNS/W/120 表,GATS,WTO)等,但因各国现有的服务贸易统计口径、制度与数据不够全面和科学,在全球层面尚缺乏系统的对外国分

支机构生产和销售的服务贸易统计(FATS)。

2008年末,IMF公布了第6版国际收支统计手册草稿《国际收支和国际投资头寸手册》(以下简称BPM6),与第5版国际收支手册(以下简称BPM5)相比,国际服务贸易统计有一些新的结构调整。这些调整包括:①BPM6明确了制造服务的概念,对于没有发生货物所有权转移的贸易,均列入服务贸易。加工贸易被定义为不涉及所有权转移的贸易,从货物贸易统计项下转移到服务贸易统计下。这意味着BPM6一旦实施,中国加工贸易中的来料加工贸易将不再属于货物贸易统计,改为隶属于服务贸易统计;而中国加工贸易中的进料加工,由于发生了所有权转移,仍隶属于货物贸易统计。②BPM6将维修货物从货物贸易统计转移到服务贸易统计。③对于转口贸易统计,BPM5将其归在服务贸易统计中,而新版的BPM6认为转口贸易发生了货物所有权转移,因此将转口贸易列入货物贸易统计。④BPM6将保险服务扩展为保险和养老服务。⑤BPM6将特许与许可证费改为知识产权使用费。⑥BPM6将通信服务、计算机信息服务两项合并为一项,统称通信、计算机和信息服务。BPM6与BPM5相比在服务贸易统计结构上做了改进,但是依然没有从根本上解决统计数据与服务贸易模式不匹配的问题。

Francois等人(2008)在仔细分析了包括IMF、经济合作与发展组织(OECD)、欧盟统计局(Eurostat)以及奥地利中央银行(OENB)在内的能提供各种服务贸易数据的主要数据库之后,总结了GATS各种服务供应模式的数据来源及测量的可行性,指出在当前国际服务贸易数据统计中,以国际收支平衡表为基础的数据有很大改进空间。

从表2-2我们可以看到,通过模式一的服务贸易交易额比重变化不大,而通过模式四交易所占比重至今依然很小(Deardorff & Stern,2005)。

表2-2　按服务提供模式统计的世界服务贸易量

GATS下服务贸易四种模式		1997年		2006年	
		价值/ 10亿美元	在服务贸易中 的比重	价值/ 10亿美元	在服务贸易中 的比重
模式一	跨境交付	890	41.0%	2000	41.2%
模式二	境外消费	430	19.8%	750	15.5%
模式三	商业存在	820	37.8%	2000	41.2%
模式四	自然人流动	30	1.4%	100	2.1%

目前以服务贸易四种提供模式进行分类统计的方法未能得到真正广泛的实施,因此,造成了以下结果:①服务贸易流量和规模被严重低估;②对商业存在和自然人流动的统计支离破碎;③不利于进行跨国或跨地区的比较;④在制定服务贸易政策和进行谈判时缺乏实用性,甚至产生误导。因此,近年来各国对服务贸易统计工作进行了较多的关注。

从目前的实际情况来看,经过国际货币基金组织在国际收支统计指导方面的多年努力,各国国际收支平衡(BOP)项下的服务贸易统计已经具备比较好的基础,目前已有140多个国家(地区)定期向国际组织报告国际收支项下的服务贸易统计数据。但FATS统计却是一项新事物,因此有必要对目前全球 FATS 统计的现状进行阐述。

三、中国金融业商业存在模式的发展

据服务贸易总协定中服务的提供方式,金融服务贸易分为跨境交付、商业存在、境外消费和自然人移动四种方式。商业存在是外国金融服务提供商在东道国境内通过设立代表处、分支机构以及子公司的方式提供金融服务的贸易方式。

(一)外资金融业在华商业存在概况

根据中国银监会 2014 年年报,截至 2014 年年底,15 个国家和地区的银行,在华设立了 38 家外商独资银行(下设分行 296 家)、2 家合资银行(下设分行 3 家)和 1 家外商独资财务公司;26 个国家和地区的 66 家外国银行,在华设立了 97 家分行;另有 47 个国家和地区的 158 家银行,在华设立了 182 家代表处。截至 2014 年年底,在华外资银行资产总额 27920.88 亿元,占全国银行业金融机构资产总额的 1.62%;负债合计 24831.79 亿元,占全国银行业金融机构负债的 1.55%。

证券机构方面,截至 2014 年年底,我国共有 11 家外资参股类证券公司,46 家外资参股的基金管理公司,3 家外资参股的期货公司,127 家境外证券类机构在华设置了代表处。

保险机构方面,截至 2014 年年底,共有 15 个国家和地区的保险公司在我国设立了 56 家外资保险公司,外国保险机构在华设立代表处 140 家。2014 年,外资保险公司总资产 6646.7 亿元,占保险业总资产的 6.5%。从就业人数来说,2014 年外资保险公司的职工人数为 44109 人,占当年保险系统职工总数的 4.9%。

(二)中资金融机构在国外商业存在概况

2014 年,我国发布的《国务院关于进一步促进资本市场健康发展的若干意见》明确提出,要"鼓励境内证券期货经营机构实施走出去战略,增强国际竞争力"。这实际上就是在鼓励商业存在形式的金融服务出口。

在经济一体化、金融全球化的大背景下,中国金融机构也积极通过对外直接投资,在全球设立自己的商业存在以拓宽自己的业务领域。根据中国银监会 2014 年年报,截至 2014 年年底,20 家中资银行业金融机构在海外 53 个国家和地区设立了 1200 多家分支机构,总资产 1.5 万亿美元。

其他金融机构方面,"走出去"战略最早的表现大多是在中国香港特区设立分支机构,截至 2014 年年底,内地有 23 家证券公司、6 家期货公司、22 家基金管理公司在香港特区设立分支机构。而最早实施国际化投行战略的中金公司,目前已形成覆盖中国内地及香港特区、纽约、伦敦、新加坡的全球化网络,在全球设立了 23 家分支机构。近几年来,内地的多家证券公司更是通过合资成立证券公司或海外并购等方式加速了其全球化布局。

保险机构方面,截至 2014 年年底,共有 12 家内地保险机构在境外设立了 32 家营业机构,其中包括 10 家资产管理公司。共有 4 家内地保险机构在境外设立了 7 家代表处。

近年来,从投资规模量上看,我国金融业对外直接投资额比吸引的直接投资额规模更大。但对外直接投资额并不稳定,波动强。相比而言,虽然同时期我国吸引的外商直接投

资额也存在波动,但并不剧烈,而且持续增长的趋势十分显著。随着我国市场准入限制的逐步取消,在华设立商业存在提供金融服务的外国金融机构必将越来越多。

(三)金融服务商业存在发展动因

进入中国的外资金融机构大都来自发达国家或地区,由于具有管理优势、创新优势、人力资本优势和规模经济优势等,必然会积极向外扩张。而中国由于经济贸易的迅猛发展,金融需求不断增加,市场潜力巨大,自然成为发达国家金融服务企业设立商业存在的目的地。

而我国商业存在形式金融服务出口的动因,可能有跟随客户、战略利益和人民币国际化推动等。

一是跟随客户的动因。中资金融机构通过在国外设立商业存在形式提供金融服务最主要的动因是为了跟随本国的客户。随着中国经济的腾飞,越来越多的中国企业开始通过"走出去"战略进行跨国经营,实现企业的整体发展目标。在这个过程中,金融服务企业也通过对外直接投资的方式跟随中国的跨国企业走出国门,将境内的优势向境外延伸。

从地区角度来分析,除了个别年份,中国内地对中国香港特区的直接投资净额和存量一直都占到中国内地对外直接投资净额和存量的一半以上。根据《2013年度中国对外直接投资统计公报》,中国内地在香港特区设立的直接投资企业达7000多家,占境外企业总数的28.2%,是中国内地设立境外企业最多、投资最活跃的地区。与此相对应,2013年,我国内地金融业对香港特区的投资为126.77亿美元,占同年我国内地金融业对外投资净额151.05亿美元的83.9%,也就是说,在内地企业向香港特区加大投资的同时,金融机构也在大规模地向香港特区投资。这其中缘由,除了有香港特区作为国际金融中心便于开展业务的考虑,更重要的因素应该就是为了跟随客户为客户提供金融服务。

二是战略利益的动因。中国的金融企业实施"走出去"战略,建立自己的商业存在形式,除了跟随客户提供服务的动因之外,很大程度上并不是因为经济因素,而是为了获取一定的战略利益。战略利益可以体现在先进经营理念的学习、国际化人才的培养、国际化经营经验的积累、管理水平的提升等方面。首先,无论在境外设立何种商业存在形式,均可以使中国内地的金融企业实际接触和融入当地的经济氛围中,可以近距离地了解到当地的经济发展态势以及当地甚至国际金融市场的发展动态和变化趋势。其次,设立商业存在形式进行经营,有助于企业国际化、专业化金融人才的培养。随着经济贸易的迅猛发展,中国内地的金融企业急需有国际化视野又精通相关业务的高层次金融人才。为了满足自己的用人需求,以往金融企业只能通过优厚条件来吸引具有国际金融机构从业经验的金融人才,而现在,拥有了境外的商业存在形式之后,金融企业可以将自有员工派驻到境外工作,通过具体的实践来培养出自己的国际化人才。另外,通过设立商业存在形式,中国内地的金融企业还可以积累国际化经营的经验。最后,中国内地的金融企业通过设立商业存在,增加了对国际市场的熟悉度,学习到了先进的金融和管理理念,培养出了既熟悉企业具体情况又具有国际化经营经验的高层次金融人才,进而使企业整体的管理水平也得以提升。这样的金融企业必定会有更大的发展空间。

三是人民币国际化的动因。自 2009 年中国启动跨境贸易人民币结算试点以来,人民币国际化已经取得显著进展。2015 年 11 月 30 日,IMF 正式宣布将人民币纳入 SDR。这意味着人民币的影响力获得了各方认可。同时,根据环球银行金融电信协会的报告,2015 年 11 月人民币在全球支付中的占比升至 2.28%,稳居第五位。一般而言,来自国际货币发行国的金融机构将比其他竞争者更具有先天的优势,在人民币国际化的进程中也是如此。人民币国际化进程中,以人民币计价流通的金融产品会逐渐在市场上增加,境外机构或居民对人民币计价产品的需求也会越来越多,同时建设人民币离岸市场、完善人民币境外清算网络等,均需金融企业介入其中,而来自内地的金融企业在从事人民币相关业务时,具有先天的优势。

第三节　国际服务贸易分类

一、服务贸易的逻辑分类

(一)以服务对象为标准

按服务对象是生产者还是消费者,国际服务贸易可分为国际生产者服务和国际消费者服务。如果服务能够像一般商品那样被区分为资本和消费品的话,那么生产者服务无疑对应着作为资本品的服务,消费者服务则对应着作为消费品的服务。

国际生产者服务在其理论内涵上,是指国际交换的市场化的非最终消费服务,亦即作为其他产品或服务生产的中间投入的服务。在我国,生产者服务又被称为“面向生产的服务”或“生产性服务”。在外延上,国际生产者服务是指直接或间接为他国生产过程提供中间服务的服务性活动,它涉及信息收集、处理、交换的相互传递、管理等活动,其服务对象主要是商务组织和管理机构,其范围主要包括仓储、物流、中介、广告和市场研究、信息咨询、法律、会展、税务、审计、科学研究与综合技术服务、工程和产品维修及售后服务等。

国际消费者服务在其理论内涵上,是指国际交换的市场化的最终消费服务。对于以服务最终消费的消费者服务来说,在外延上,消费者服务是指相关的具体消费性服务产业与贸易。国际消费者服务业包括商贸服务业、旅游业、餐饮业等。

(二)以要素密集度为标准

沿袭货物贸易中密集使用某种生产要素的特点,有的经济学家按照服务贸易中对资本、技术、劳动力投入要求的密集程度,将服务贸易分为:

(1)国际资本密集型服务。这类服务包括航空运输、通信服务等。

(2)国际技术与知识密集型服务。这类服务包括金融、法律、会计、审计、信息服务等。

(3)国际劳动密集型服务。这类服务包括旅游、建筑、维修、消费服务等。

这种分类以生产要素密集程度为核心,涉及产品或服务竞争中的生产要素,尤其是当代高科技的发展和应用问题。发达国家资本雄厚,科技水平高,研究与开发能力强,它们主要从事资本密集型和技术、知识密集型服务贸易,如金融、银行、保险、信息、工程建设、技术咨询等。这类服务附加值高,产出大。相反,发展中国家资本短缺,技术开发能力差,技术水平低,一般只能从事劳动密集型服务贸易,如旅游、建筑业及劳务输出等。这类服务附加值低,产出小。因此,这种服务贸易分类方法以生产要素的充分合理使用及各国把生产要素作为中心进行竞争力分析为基础,是有一定价值的。不过,现代科技的发展与资本要素的结合更加密切,在商品和服务中对要素的密集程度的分类并不是十分严格,也很难加以准确无误地区别。

(三)以服务在货物贸易中的属性为标准

关税与贸易总协定乌拉圭回合服务贸易谈判期间,1988 年 6 月谈判小组曾经提出依据服务在商品中的属性进行服务贸易分类:

(1)以商品形式存在的服务贸易。这类服务以商品或实物形式体现,如电影、电视、音响、书籍等文化产品。

(2)对货物贸易具有补充作用的服务贸易。这类服务对商品价值的实现具有补充、辅助功能,如商品储运、广告宣传等。

(3)对商品实物形态具有替代功能的服务贸易。这类服务伴随有形商品的移动,但又不像一般的货物贸易那样实现了商品所有权的转移,只是向服务消费者提供服务,如技术贸易中的特许经营、设备和金融租赁及设备的维修服务等。

(4)具有商品属性却与其他商品无关联的服务贸易。这类服务具有商品属性,其销售并不需要其他商品补充才能实现,如通信、数据处理、旅游、旅馆和饭店服务等。

这种分类将服务与商品联系起来加以分析,事实上,人们应该从理论上承认,"服务"与"商品"一样,既存在使用价值,也存在价值,与商品一样能为社会生产力的进步做出贡献。服务的特殊性就在于它有不同于商品的"无形性",但是,这种"无形性"也可以在一定形式下以商品形式体现。

(四)以是否伴随有形货物贸易为标准

在第三种分类基础上,可以进一步将服务贸易分为国际追加服务和国际核心服务。

1.国际追加服务

国际追加服务指服务是伴随商品实体出口而进行的贸易。对消费者而言,商品实体本身是其购买和消费的核心效用,服务则是提供或满足某种追加的效用。在科技革命对世界经济的影响不断加深和渗透的情况下,这种追加服务对消费者消费行为的影响,特别是所需核心效用的选择是具有深远影响的。

在追加服务中,相对较为重要的是国际交通运输和国际邮电通信。它们对于各国社会分工、改善工业布局与产业结构调整、克服静态比较劣势、促进经济发展是一个重要因素。同时,不断发展的科学技术,使交通运输和邮电通信发生了巨大的变化,缩短了经济活动的时空距离,消除了许多障碍,为全球经济的增长日益发挥着重要作用,也成为国际服务贸易的重要内容。

2.国际核心服务

国际核心服务指与有形商品的生产和贸易无关,由消费者单独购买的、能为消费者提供核心效用的一种服务。

根据消费者与服务提供者的距离,国际核心服务可分为:

(1)面对面型服务。它是指服务供给者与消费者双方实际接触才能实现的服务。实际接触方式可以是供给者流向消费者,可以是消费者流向供给者,或是供给者与消费者双方的双向流动。

(2)远距离服务。它不需要服务供给者与消费者实际接触,一般通过一定的载体实现跨国界服务。例如,以通信卫星为载体进行传递的国际视听服务,其中包括国际新闻报道、国际文体活动和传真业务等。

二、WTO 对国际服务贸易的分类

实务层面使用更多的是世界贸易组织的服务部门分类(MTN. GNS/W/120)方法,它将服务贸易分为12个大部门和160多个分部门。这也是 GATS 下各成员具体承诺的部门和分部门的划分方式。12个大部门如下所述,并见表2-3。

1. 商业服务

商业服务是指在商业活动中涉及的服务交换活动,既包括个人消费服务,也包括企业和政府消费服务。服务贸易谈判小组列出以下6类服务:

(1)专业服务(包括咨询)。主要包括:法律服务,会计审计服务,税收服务,建筑服务,工程设计服务,城市规划服务,医疗和牙医服务等。

(2)计算机及相关服务。主要包括:计算机硬件安装的咨询服务,软件开发与执行服务,数据处理服务,数据库服务及其他相关服务。

(3)研究与开发服务。此类服务包括:自然学科的研究与开发服务,社会人文学科的研究与开发服务,交叉学科的研究与开发服务。

(4)不动产服务。此类服务包括:对自有或租赁的房地产所提供的服务和基于收费或合同的房地产服务。

(5)设备租赁服务。此类服务主要包括:交通设备(如汽车、卡车、飞机、船舶等)和非交通运输设备(如计算机、娱乐设备等)的租赁活动,但不包括其中可能涉及的操作人员的雇用或所需人员的培训服务。

(6)其他商业服务。主要包括:广告服务,管理咨询服务,技术测试和分析服务,与农业、林业、狩猎和渔业有关的服务,相关科学技术咨询服务,近海石油服务,陆上石油服务,摄影服务,包装服务,会议服务,口译和笔译服务,市场调研与民意测验服务,调查与安保服务,设备维修服务(不包括船舶、飞机及其他运输工具),建筑物清洗服务,印刷与出版服务等。

2. 通信服务

通信服务是指所有有关信息产品及其操作、储存设备和软件功能等的服务,由公共通信部门、信息服务部门、关系密切的企业集团和私人企业进行信息转接和提供。通信服务主要包括:邮政服务、快递服务、电信服务(包括基础电信、增值电信服务)、视听服务等。

3. 建筑服务

建筑服务是指工程建筑从设计、选址到施工的整个服务过程。建筑服务主要包括：工程建筑设计服务、工程建筑施工服务、安装与装配工程服务、建筑物的修饰与装潢服务、其他建筑服务等。

4. 分销服务

分销服务是指产品销售过程中发生的服务交换，主要包括：代理机构服务、批发服务、零售服务、特许经营服务、其他销售服务。

5. 教育服务

教育服务主要包括：高等教育服务、中等教育服务、初等教育服务、学前教育服务、继续教育服务、特种教育服务以及其他教育服务（如互派留学生、访问学者等）。

6. 环境服务

环境服务主要包括：污染物处理服务、废物处理服务、卫生及其相关服务、其他环境服务。

7. 金融服务

金融服务是指与银行和保险业有关的金融服务活动。主要包括以下两大类：

（1）银行及相关服务。此类服务主要包括：存贷服务；金融租赁；各种支付与汇划业务；担保与承诺；自行或代客进行的各种金融工具的交易服务；与证券市场有关的金融服务，包括参与各种证券的承销、经纪业务，有价证券的管理；附属于金融中介的其他服务，包括贷款经纪、金融咨询、外汇兑换等服务。

（2）保险及相关服务。此类服务主要包括：货物运输保险，包括海运、航空运输及陆路运输中的货物运输保险等；非货物运输保险，具体指人寿保险、养老金或年金保险、伤残及医疗费用保险、财产保险服务、再保险服务和与保险有关的辅助服务（包括经纪和代理）。

8. 健康与社会服务

此类服务主要指医疗服务、社会服务、其他与人类健康有关的服务等。

9. 旅游及相关服务

此类服务主要包括：宾馆、饭店提供的住宿餐饮服务，导游服务，旅行社及其他服务。

10. 娱乐、文化与体育服务

此类服务指不包括广播、电影、电视等视听服务在内的娱乐服务，新闻机构服务，图书馆、档案馆、博物馆及其他文化服务，体育及其他娱乐服务等。

11. 交通运输服务

交通运输服务主要包括：货物运输服务，如航空运输、海洋运输、铁路运输、管道运输、内河和沿海运输、公路运输服务；航天发射服务；船舶服务（包括船员雇用）及附属交通运输服务（如报关、装卸、仓储、港口服务，起航前的检查服务等）；各种运输设备的维护与修理服务等。

12. 其他服务

其他未被纳入分类的服务。

表 2-3　GATS 对国际服务贸易的分类

1. 商业服务	专业服务	法律服务、会计审计服务、税收服务等 11 个项目
	计算机及相关服务	与计算机有关的硬件安装咨询服务、软件开发与执行服务等 5 个项目
	研究与开发服务	自然学科、社会学科和交叉学科的研究与开发服务
	不动产服务	对自有或租赁的房地产所提供的服务和基于收费或合同的房地产服务
	设备租赁服务	交通设备和非交通运输设备的租赁活动等 5 个项目
	其他商业服务	广告服务、管理咨询和市场调研活动等 16 个项目
2. 通信服务	邮政服务	
	快件服务	
	电信服务	声频电话服务、数据传输服务、用户电报服务、电传服务等 15 个项目
	视听服务	
	其他通信服务	
3. 建筑服务	工程建筑设计	
	工程建筑施工	
	安装与装配	
	修饰与装潢	
	其他建筑服务	
4. 分销服务	代理机构服务	
	批发服务	
	零售服务	
	特许经营服务	
	其他销售服务	
5. 教育服务	高等教育服务	
	中等教育服务	
	初等教育服务	
	学前教育服务	
	继续教育服务	
	特种教育服务	
	其他教育服务	

续表

6.环境服务	污染物处理服务	
	废物处理服务	
	卫生及其相关服务	
	其他环境服务	
7.金融服务	与银行有关的服务	公共存款、所有类型的贷款、金融租赁、担保与承兑等12个项目
	与保险有关的服务	人寿、意外和健康保险服务、非人寿保险服务、再保险服务等
	其他金融服务	
8. 健康与社会服务	医疗服务	
	社会服务	
	其他与人类健康有关的服务	
9. 旅游及相关服务	住宿餐饮服务	
	导游服务	
	旅行社及其他服务	
10. 娱乐、文化与体育服务	不包括广播、电影、电视等视听服务在内的娱乐服务	
	新闻机构服务	
	图书馆、档案馆、博物馆及其他文化服务	
	体育及其他娱乐服务等	
11.交通运输服务	海洋运输服务	客运、货运、船舶包租和海运支持服务等6个项目
	内河运输服务	同上
	航空运输服务	客运、货运和包机出租等5个项目
	航天发射服务	
	铁路运输服务	客运、货运、推车和拖车等5个项目
	公路运输服务	客运、货运和包车出租等5个项目
	管道运输服务	燃料运输和其他物资运输
	运输的辅助服务等	货物处理服务、存储与仓库服务、货运代理服务和其他辅助服务
12.其他服务		

资料来源:世界贸易组织秘书处网站。

　　值得指出的是,以上对服务的分类并未穷尽所有的服务门类,也并不意味着有关的分类固定不变。随着科学技术和社会经济的不断发展,社会分工将会不断扩大和深入,进而会产生更多新的服务贸易种类,有关的服务贸易分类可能需适当调整。例如,对网络远程教育服务的分类,有的成员方将其归为电信服务,有的成员方则将其归为教育服务。

☞ **重要概念**

　　国际服务贸易;跨境交付;境外消费;商业存在;自然人流动;国际核心服务;国际追加服务;商业服务

☞ **思考题**

　　1.《服务贸易总协定》(GATS)是如何定义服务贸易的?

　　2.在服务自然属性制约下,服务贸易表现出哪些特征?

　　3.逻辑上,服务贸易有哪几种分类?

　　4.《服务贸易总协定》(GATS)如何对服务贸易进行分类?

　　5.列举一些知名的跨国公司,指出这些公司的具体服务内容,并指明该公司在 GATS 十二大分类下所属的类型。

第三章

国际服务贸易统计

☞ **内容提要**

　　本章对国际服务贸易两种不同的统计体系和不同国家或地区的服务贸易统计实践予以详细介绍,对服务贸易统计数据来源和获取渠道进行简要介绍。

☞ **学习目标**

　　1.了解国际服务贸易领域两种不同统计体系之间的关系。

　　2.掌握国际服务贸易 BOP 统计原则与方法。

　　3.掌握国际服务贸易 FATS 统计原则与方法。

　　4.了解国际服务贸易统计数据获取途经。

☞ **引导案例**

　　成功开展服务贸易统计的国家或地区,都是在法律、制度的保障下有效地开展服务贸易统计工作的。美国国会于 1985 年通过了《国际投资和服务贸易调查法》(International Investment and Trade in Services Survey),授权美国商务部经济分析局(BEA)为美国服务贸易的首要统计机构和首要发布机构,并授权 BEA 进行各行业服务交易的强制性调查以及国际直接投资的强制性调查,从而保障了美国服务贸易统计工作的顺利进行。

　　长期以来,由于缺乏服务贸易统计制度和服务贸易统计归口管理部门,中国的服务贸易统计工作明显落后于发达国家(地区)。"十一五"规划明确了中国服务贸易发展的战略目标,对服务贸易统计工作也提出了迫切需求。在此背景下,商务部与国家统计局遵循国际标准,并结合近年来中国服务贸易的发展情况和特点,联合制定了《国际服务贸易统计制度》,于 2007 年 11 月联合发布(商服贸发〔2007〕464 号),并自 2008 年 1 月 1 日起正式实施,以科学、有效地组织中国的服务贸易工作,为国家制定服务贸易政策提供数据信息服务。其主要内容如下:

　　第一,法律依据。《国际服务贸易统计制度》以《对外贸易法》和《统计法》及相关规定为依据。

　　第二，遵循的国际标准。《国际服务贸易统计制度》规定，中国的服务贸易统计遵循联合国等国际组织编发的《国际服务贸易统计手册》和世界贸易组织《服务贸易总协定》的有关标准，并与联合国《国民经济核算体系》（System of National Economic Accounting）的有关标准相衔接。

　　第三，服务贸易统计内容。主要包括服务进出口统计、外国附属机构服务贸易统计和自然人流动统计三个方面。

　　第四，统计数据的采集方法。包括全数调查、抽样调查、重点调查、典型调查等，并充分利用行政记录等资料。

　　第五，统计数据的发布。服务贸易统计数据实行定期对外发布制度。商务部以《中国服务贸易统计》和《中国服务贸易发展报告》的形式对外发布年度中国服务进出口、外国附属机构服务贸易和自然人移动等统计数据。

第一节　国际服务贸易统计体系

　　国际服务贸易统计就是对国际服务贸易的总体数量规模、服务贸易下属各分类数量规模、国别规模及进出口流向、发展状况和趋势的定量化描述。由于国际服务贸易统计牵涉到各国自身原有的统计制度，所以为世界各国所普遍采用的统一的国际服务贸易体系并没有形成。目前，较为成熟并且很有可能成为以后统一的国际服务贸易统计体系以国际收支统计（BOP 统计）为主、外国附属机构统计（FATS 统计）为辅。国际服务贸易统计近年来的发展主要反映了适应经济全球化和《服务贸易总协定》需要的特点，主要目的是提供满足国家间谈判需要的具有国际可比性、更详细的服务统计数据。

一、国际收支统计（BOP 统计）

　　国际服务贸易 BOP 统计的依据是国际货币基金组织的《国际收支手册》（第 5 版）（Balance of Payments Manual，BPM5）。国际收支统计反映的是一国对外贸易和资本流动的状况。由于国际收支统计由来已久，方法比较成熟，同时和国际上大多数国家的统计体系相匹配，所以成为世界公认的标准化的国际贸易统计体系。

　　国际收支统计的对象包括服务贸易和货物贸易，并且侧重于货物贸易。交易跨越国境是纳入国际收支统计的基本原则。国际服务贸易 BOP 统计就是将服务贸易中有关跨境贸易的实际数据进行重新汇总、整理和记录，形成一套针对国际服务贸易的专项统计。

　　BOP 中经常项目下的"服务"指的是居民与非居民之间的过境服务贸易。其对"居民"的定义为：①在居民国境内居留一年以上的自然人，外国在境内的留学生、就医人员、外国驻居民国使（领）馆外籍工作人员及其家属除外；②居民国短期出国人员（在境外居留时间不满一年）、在境外留学人员、就医人员及居民国驻外使（领）馆工作人员及其家属；③在居民国境内依法成立的企业事业法人及境外法人的驻居民国机构；④居民国国家机关、团体、部队。

由于在相当多的国际贸易中,货物贸易和服务贸易是相连的,其价值无法分列。因此实践活动中对是否属于服务贸易提出了两个判断标准:①在整个贸易价值中,服务与货物哪一个所占比例大。如果服务大,则整个交易作为服务贸易;反之,作为货物贸易。②申报者的习惯做法。进行这样的处理,从表面看,有些服务贸易的数据会被忽略,而有些数据会被夸大,但是考虑到当数据集中处理时,这些误差会相互抵消,所以最终得到的数据误差不会太大。

BOP 统计总体上采用问卷调查汇总、相关统计数据参考、经济指标推算的方法。建立在居民与非居民交易基础之上的 BOP 统计涵盖了跨境交付和境外消费的全部以及严格来说的商业存在和自然人流动非常小的部分,无法反映 GATS 服务贸易的全貌。这是因为,商业存在形式的服务交易双方均是法律意义上的同一国居民(外国附属机构在东道国注册)。另外,BOP 和 GATS 的分类标准存在很大差距,无法反映 GATS 下新的服务贸易分类方法统计的需要。

二、外国附属机构统计(FATS 统计)

随着跨国投资和经济全球化的发展,以"商业存在"方式提供的服务贸易,即外国附属机构服务贸易越来越重要,并且已超过 BOP 口径的服务贸易。由此,外国附属机构服务贸易统计(FATS 统计)在国际服务贸易统计中的作用也越来越重要。

(一)FATS 统计体系的建立

1994 年,联合国统计委员会批准由来自经合组织、欧共体统计局、国际货币基金组织、联合国统计司、联合国贸发会和世贸组织的专家建立国际服务贸易统计机构间工作组,以加强各国际组织之间的合作,探索国际服务贸易的概念、定义和分类,提高服务贸易统计数据的质量、可获得性和国际可比性。1996 年,工作组开始起草《国际服务贸易统计手册》(Manual on Statistics of International Trade in Services,MSITS,以下简称《手册》),力求与现行国际服务贸易统计体制在保持一致的基础上有所创新,该手册于 2002 年出版。

《手册》尽可能发展现行的统计标准,尤其是 IMF 1993 年《国际收支手册》第 5 版,而不是对其做出修改,同时又特别重视 GATS 对服务贸易统计数据的要求。于是《手册》对国际服务贸易做了广义的解释。它将居民与非居民之间的传统服务贸易扩展到在一国之内设立外国附属机构提供的服务,后者正式表述为外国附属机构服务贸易(Foreign Affiliates Trade in Services,FATS),目的就是在现行机制内找到基本满足 GATS 定义的统计途径,以满足各国政府、商贸界和研究人员在指导其贸易谈判和监督协议的履行中对服务贸易数据的需求。

FATS 统计反映了外国分支机构在东道国境内的服务贸易情况,包括与投资国之间的贸易、与东道国居民之间的贸易,以及与其他国家之间的贸易。但其核心是非跨境贸易,即与东道国居民之间的贸易。因此,FATS 统计可以提供全部的商业存在和一部分自然人流动的统计数据。FATS 统计根据编制方法的不同可以分为内向和外向两个方面。别国在东道国的分支机构的服务贸易统计称为"内向 FATS 统计"(相当于服务进口),东道国在别国的分支机构的服务贸易统计称为"外向 FATS 统计"(相当于服务出口)。

(二)统计范围、对象、内容

从统计范围看,FATS 统计包括外国服务机构的全部交易——跨境交易和非跨境贸易,其核心是非跨境贸易,及企业的国内销售。

从统计对象看,《手册》吸收了《国际收支手册》和 GATS 的精神,即以"直接投资者拥有直接投资企业中 50%以上表决权"作为划定 FATS 统计范围的标准,也即外国股权比例高于 50%的企业才能被列入 FATS 的统计范围。根据《国际收支手册》的统计准则,外商直接投资企业指外商在该企业中拥有不低于 10%的普通股或表决权(就法人企业而言)或等值权益(就非法人企业而言),其中外资占有 50%以上股权的为子公司,占 10%~50%股权的为联营公司,外商单独或联合拥有的非法人企业为分公司。FATS 没有明确定义商业存在所有权的标准,但就其对法人的定义可以推断,FATS 倾向于多数股权(绝对控股)标准。原因在于,FATS 是投资基础上的贸易统计,它不仅反映投资状况,更重要的是能够获得贸易利益,只有外国投资拥有并控制该企业,才可能决定贸易过程并获得贸易利益。

从统计内容上看,FATS 统计既包括投资的流量和存量,也包括企业经营状况和财务状况及其对东道国的影响,但其主要内容是企业的经营活动状况。FATS 统计的中心内容是:外国服务机构作为东道国的居民,与东道国其他居民之间进行的贸易。

(三)统计指标

FATS 统计指标在《手册》中被称为"FATS 的经济变量",对变量的选择主要根据它们在 GATS 的执行中和经济全球化现象的分析中的可利用性和可获得性。《手册》提出了两组变量。第一组为基本变量,包括 FATS 的销售额、营业额和/或产出、雇员人数、增加值、货物和服务的进出口额和企业的数量。它们被用来采集有关服务贸易的基本信息。第二组为补充变量,可用于做相关的对比分析,包括资产、员工报酬、净值、固定资本积累总额、所得税、研究和开发支出。外国附属机构是 FDI 企业中的一种,这些指标可以在现行机制中由关于 FDI 的统计中获得。

(四)FATS 的国别归属

国际直接投资的投资国和东道国之间的关系可能仅一环,也可能是多个环节所形成的投资关系链。在后一种情况下,究竟如何处理 FATS 的国别归属,作为内向 FATS 可以有两种考虑,一个是直接投资国,另一个是最终受益国。前者以外国母公司所在国家为内向 FATS 的国别,后者以最终受益的所有者(Ultimate Benefited Owner,UBO)所在国家为内向 FATS 的国别。通常情况下,外国母公司和最终受益的所有者是同一家公司,但也有可能两者不是同一家公司。《手册》建议把最终受益的所有者作为确定 FATS 的国别归属的第一选择,并作为详细编制估算数的依据,但也鼓励各国提供按第一阶母公司作为国别归属准则的数据。

(五)统计实践

FATS 统计有广义和狭义之分。按照 WTO 的规定,外国服务机构的当地服务销售属于国际服务贸易,从而一般把非跨境服务销售的 FATS 统计称为广义国际服务贸易统计。这被认为是对外国直接投资统计的进一步深化,也是对商品贸易统计的有益补充。因此,当 FATS 统计应用于贸易统计时,一般出现在广义的国际服务贸易统计中。

从统计作用来看,FATS 统计弥补了商品贸易统计、跨境服务贸易统计和外国直接投资统计的不足,更为全面地反映了外资企业的生产和服务提供对贸易流动的影响以及由此产生的利益流动。

FATS 统计也有自身缺陷,如统计过程中调查反馈率低、调查覆盖面不均、统计方法创新性不足等。

三、FATS 统计和 BOP 统计的关系

BOP 的统计对象是一国居民与非居民之间的服务贸易,它反映国际服务贸易的规模、结构。FATS 的统计对象是外国投资服务企业提供的服务贸易,它反映一国服务业市场的开放程度。这两种统计相互补充,共同反映国际服务贸易的全貌。但是 BOP 统计与FATS 统计不能简单相加,主要原因在于,两者统计的范围、内容和记录原则不尽相同。

FATS 与 BOP 都涵盖了服务贸易的几个基本特点——贸易性、服务性和国别性,都是指一国服务提供者与另一国服务消费者之间的服务贸易,但 FATS 与 BOP 在判断服务交易者归属国的标准上是不同的。FATS 倾向于国民原则,它立足于生产要素所有者的角度来判断服务交易者的归属国,认为国际服务贸易是一经济体拥有所有权的单位与其他经济体的单位之间的交易。BOP 倾向于居民原则,它立足于服务交易者的常住性来判断服务交易者的归属国,认为国际服务贸易是一经济体的常住单位与非常住单位之间的交易,界定常住性的依据是经济利益中心所在地,而不是交易单位的所有权。

理念的差异导致了对国际服务贸易统计范围界定的不同,尤其对以商业存在形式提供的服务的处理方式不同。例如,当 A 国的服务提供者在 B 国设立商业机构,向 B 国的消费者提供服务时,在 BOP 定义下,如果 A 国的服务提供者在 B 国从事经济活动在一年以下,则 A 国的服务提供者是 B 国的非居民,此笔服务贸易属于国际服务贸易,若在一年以上则不属于国际服务贸易;而在 FATS 定义下,只要 A 国的服务提供者是设立在 B 国的商业机构的所有者,此笔服务贸易即属于国际服务贸易,而不论 A 国的服务提供者在 B国从事经济活动的时间长短。这样,服务贸易定义的内涵由 BOP 的"居民和非居民之间的跨境服务贸易"扩展到 FATS 东道国居民的"外国商业存在同东道国其他居民之间的贸易",即居民与居民之间的贸易。

理念的差异还反映了其考察国际服务贸易的目的不同。BOP 统计的对象是一国居民与非居民之间的服务贸易,它反映国际服务贸易的规模、结构定义,偏重考察不同国家服务产品的流向及随后的资金流向。FATS 统计的对象是外国投资服务企业提供的服务贸易,它反映一国服务业市场的开放程度,可以全面反映一国围绕服务贸易,通过包括贸

易与投资在内的各种途径所获得的全部收益。这两种统计互为补充,从不同侧面反映国际服务贸易的全貌。

FATS 统计是作为 BOP 统计的补充而出现的,但两者决不可简单相加,因为两者有部分内容相重叠。BOP 统计涵盖了跨境交付、境外消费方式的全部和商业存在、自然人流动方式的一部分,FATS 统计涵盖了全部的商业存在和一部分的自然人流动。2002 年出版的《手册》对如何将四种提供方式分配给 BOP 统计和 FATS 统计提出了初步的解决方案,详见表 3-1。

表 3-1　按照提供方式的服务贸易统计比较

提供方式	BOP 统计	FATS 统计
跨境交付	运输(大部分)、通信、保险、金融、特许使用权、版权许可费,(部分的)计算机和信息服务,其他商业服务,个人、文化和娱乐服务	
境外消费	旅行(旅行者购物除外),在外国港口修理船只(货物),部分运输(在外国港口对船只进行支持和辅助服务)	
商业存在	部分建筑服务	ICFA 的各项服务
自然人流动	部分计算机和信息服务,其他商业服务,个人、文化和娱乐服务	外国人在外国附属机构中就业

注:ICFA 指联合国《全部经济活动的国际产业标准分类》(ISIC)的外国附属机构类别分组。

资料来源:世界贸易组织秘书处网站和国际货币基金组织《国际收支手册》(第 5 版)。

建立符合 GATS 定义的服务贸易统计体系是一项复杂而庞大的工程,它不仅需要国际社会在观念和方法论方面取得共识,同时还取决于各国贯彻实施的具体条件。国际服务贸易虽然发展很快,但是其统计却相对滞后和不完善。积极推进 BOP 与 FATS 统计体系的调整和修正,使之与 GATS 体系相统一已成为当今社会的必然选择。《国际服务贸易手册》作为这一努力目标的第一步,只是大致提出了一个对应方案,还有待于在实践中进一步改进和完善。

 专栏

对统计体系的一些质疑

随着全球化生产的迅速发展,资源在全球范围内进行优化配置,一个产品从原料到最终成品,生产链条有可能跨越好几个国家和行业,现行的通过贸易总额计算各个国家的贸易增加值会存在重复计算的情况。经济合作与发展组织专家纳蒂姆·艾赫迈德(Nadim Ahmad)在讲话中同样提出了贸易增加值数据库统计问题,他通过列举中国在增加值方面不断地向上迁移的同时,进口比例不断地上升,其他国家对中国的出口也不断地上升,说明现行的国际服务贸易统计通过计算贸易总额代替世界的贸易增加值的方法是不可取的,存在多次重复计算。另外,他认为当前整个世界出口中服务的内容变得越来越重要,成为全球价值链增长的一个重要的驱动因素,而按照现行国际服务贸易的统计方法会影响贸易收支平衡,如拉大中美贸易顺差、中日贸易顺差等。世界贸易组织专家安德里亚·毛雷尔(Andreas Maurer)认为,现有的 BOP 统计框架下对服务贸易的统计没有区分服务贸易的模式,而《国际服务贸易统计手册》要求按照 GATS 所定义的服务贸易的四种模式分别统计,因此如何在 BOP 统计框架下分离出四种模式的服务贸易所占的份额,是国际服务贸易统计中的困难之一。他还认为,当前国际服务贸易的统计数据缺乏可靠性,尤其是 FATS 的统计数据比例很小,导致统计缺乏可靠性和可比性。目前新西兰已经在着手进行相关的修改工作,联合国统计委员会也在进行一些相应的技术支持工作。

资料来源:WTO。

 拓展阅读

《国际服务贸易统计手册》(Manual on Statistics of International Trade in Services)是由联合国、欧共体、国际货币基金组织、经济合作与发展组织、联合国贸易和发展会议、世界贸易组织六大国际组织于 2002 年共同编写的。它标志着国际公认的国际服务贸易统计基本框架的形成。自此,世界各国以该手册为基准,开展或加强服务贸易统计数据的采集与发布。美国、欧盟等发达国家已较为成功地开展了服务贸易统计。已有 140 多个国家(地区)定期向国际组织报告国际收支项下的服务贸易统计数据,并有 20 余个国家(地区)开展了外国附属机构服务贸易统计。中国于 2007 年 11 月 21 日制定了《国际服务贸易统计制度》。《国际服务贸易统计手册》共有 4 章及 7 个附件,章节包括《手册》的基础、一般引言和概述、编制国际服务贸易统计所采用的概念框架、居民和非居民间的服务贸易、国外分支机构服务贸易统计。《国际服务贸易统计手册》的国际服务贸易统计基本原则是,遵循《服务贸易总协定》关于服务贸易的定义,确定以四种供应模式,即跨境交付、境外消费、商业存在和自然人移动作为服务贸易统计的内容。

资料来源:魏建国.服务贸易 100 问[M].北京:中国商务出版社,2014:90-91.

第二节　世界主要国家服务贸易统计实践

一、发达国家的统计实践

由于 BOP 统计体系相对重视服务贸易完成后的资金流,同时其对服务贸易出口与进口的界定较为直观,所以目前大多数国家(地区)和国际经济组织公布的国际服务贸易统计数据基本来源于 BOP 统计。目前国际货币基金组织(IMF)与世贸组织(WTO)这两大国际经济组织对服务贸易的统计数据也都来源于各国的 BOP 统计,但两者提供的数据并不完全相同。其区别主要在于,IMF 的统计包括政府服务,而 WTO 的统计不包括这项内容。虽然目前国际上对各国服务贸易的统计中,BOP 统计发挥着不可替代的作用,但从国际服务贸易的发展趋势来看,BOP 统计仍然存在着不足之处。目前,世界上已有 150多个国家(地区)定期向国际组织报告国际收支项下的服务贸易统计数据,并有包括中国在内的 26 个国家(地区)开展了 FATS 统计。从世界各国(地区)的情况看,除美国的服务贸易统计较为成熟之外,其他多数国家(地区)均处于探索之中。

附属机构服务贸易(FATS)的统计根据国际资本流动方向的不同,又分为内向 FATS统计和外向 FATS 统计。FATS 数据的采集、分类与汇总在各国都是统计的难点。由于两者针对的是不同的群体,因而统计方法与数据获取手段上存在差别。其中外向 FATS统计是针对一国母公司在国外的分支机构所开展的服务活动进行调查,因而信息获取的难度更大。

(一)美国

美国作为服务贸易自由化的积极倡导者和世界上服务贸易额最大的国家,其国际服务贸易的发展速度已经超过货物贸易。为满足对统计数据的不同要求,美国商务部经济分析局建立了 BOP 统计和 FATS 统计两套统计体系。目前,美国是世界上能同时按BOP 和 FATS 两套统计口径提供服务贸易统计数据的极少数国家之一。从世界范围讲,美国的服务贸易统计也是世界上最先进、最完备的。有关要点概括如下:

(1)美国国际服务贸易分类以 BOP 中关于服务贸易的分类为基础,同时也和经济合作与发展组织及欧盟统计处共同制定的分类系统相对应。应该说美国的服务贸易分类在具体细分上比 BPM5(IMF 的 BOP 统计手册第 5 版)更加详细。如在私人服务中,美国将旅游项目中的留学生费用提出单列。

(2)在对服务贸易进行统计时,美国根据服务贸易类别又将整个服务贸易分成三大部分:选择性服务、专项服务、运输服务。

(3)美国国际服务贸易 BOP 统计和 FATS 统计主要由美国商务部经济分析局负责,以问卷调查汇总、相关统计数据参考、经济指标推算的方法实现数据采集、加工。在调查方法上,采取基准调查(调查对象为年营业额在 50 万美元以上企业)和目录抽样调查相结合的方式,不对服务贸易开展专项进度调查,各月公布的初步数据是在上年年度调查的基础上,以本年度国民经济发展有关统计指标为参数测算出服务贸易的主要指标数据。

(4)美国的外向 FATS 统计主要通过"美国跨国公司统计"来实现,内向统计则主要通过"外国直接投资调查"来实现。自 1977 年起,美国就开始对 FATS 统计数据进行连续采集。FATS 统计调查采取强制报告与自愿报告、基准调查、季度调查、年度调查相结合的形式,基准调查每五年进行一次,年度调查在非基准调查年度进行,并定期发布统计数据。有关跨国贸易数据,在首次发布一年后进行初步修订,过一年后再次修订。FATS 数据在首次发布两年后初次修订,过一年后再次修订,以后不再修订。

(二)加拿大

加拿大的 FATS 统计开发是比较成功的,但是,尽管加拿大统计覆盖了加拿大拥有的具有多数股权的国外附属机构(不包括银行)的货物、服务、雇用人数数据,即所谓外向 FATS 统计,却不包括加拿大境内外国拥有的附属机构的相关指标,就是说它不进行内向统计。加拿大 FATS 统计的领域包括由加拿大常驻单位拥有多数股权或投票权大于 50% 的国外附属机构,但不包括加拿大公司的国外分公司。在进行 FATS 统计时,加拿大统计部门一般对国外附属机构发放 BP59 问卷。此问卷被用来收集国外直接投资的数据,以满足加拿大 FATS 统计的要求。大约有 1800 家企业填报 BP59 问卷,其中大约一半每年调查一次,另外一半是每三年调查一次。这个调查被认为覆盖了 100% 的目标。此项问卷调查是强制性的,数据直接来自被调查企业或者其他调查。在统计数字的质量评估方面,在发布之前,最终的结果要与修正之前的进行比较,任何显著的差异都要进行研究,当修正或估计过程的结果不可以接受时,可以做必要的修正。

(三)英国

英国服务贸易统计的涵盖范围非常广泛,主要包括金融服务(如银行、保险、抵押等)、商业服务(如广告、房地产、人员招聘等支持性服务及后勤保障服务)、专业服务(如各类管理咨询、律师事务所、会计师事务所等)、旅游以及餐饮服务等。英国服务贸易统计由英国国家统计局归口管理,不同行业分别提供数据,由国家统计局统一对外发布统计公报。初次公布的服务贸易统计数据一般会进行修正,最终统计数据通过年度红书公开出版。英国国家统计局对提供商业服务的公司的国际贸易进行调查,取得的数据用于编制国际收支平衡表。英国国家统计局对服务贸易的统计分类遵循基本的分类标准,但结合本国服务业实际情况进行了微调,主要包括运输、旅游、通信、建筑、保险、金融、计算机和信息、版权和专利费、其他商业、私人文化及娱乐、政府等 11 个类别。

(四)其他发达国家和地区

日本 FATS 的统计主要依靠海外商业活动调查(外向调查)和国外附属公司商业活动趋势调查(内向调查)两种方式获得。这两项调查都由日本经济产业省(METI)负责,以调查问卷的方式每年进行一次。

欧洲经济区(EEA)于 2007 年 6 月 20 日颁布了"国外附属机构统计规定基本法律"(716/2007),欧盟统计局发布了 FATS 建议手册,在手册中介绍了适用于 FATS 汇编的一般方法体系,以确保欧盟各成员国FATS数据彼此协调。欧盟成员国以及候选国每年须向欧盟统计局提供FATS的相关统计数据。

 专栏
....

国际服务贸易统计体系在不断完善

自2002年《国际服务贸易统计手册》出版以来,在国外附属机构服务贸易统计(FATS)方面出现了一系列重要的进展,对这项统计的政策关注度不断提高。首先,2005年出版了经合组织《经济全球化指标手册》,而原有的2002年《手册》第4章是根据《经济全球化指标手册》出版前的初稿拟写的。其次,2007年6月欧洲议会和欧盟委员会关于国外分支机构架构和活动统计规章获得批准。2007年欧统局还发布了关于编制国外分支机构统计数字的建议手册。再次,2008年年中定稿的经合组织《外商直接投资基准定义》(以下简称《基准定义》)第4版草稿中有一章涉及外商直接投资和全球化问题,并列载关于多国企业活动统计问题的建议,其中包括国外分支机构服务贸易统计。

(国际服务贸易统计)工作队关注的是如何确保《手册》中经修订的国外分支机构服务贸易章节与上述其他文本保持一致,为此一直在设法影响经合组织对此的定义。《手册》特别关注GATS和通过国外商业存在提供服务的问题。虽然上述每个文本的重点略有不同,但是都应该采用关于多国企业及其国外分支机构活动统计基本框架中所包含的信息,而且应尽量具备国际可比性。从这一基本目标出发,经合组织在美国经济分析局的大力协助下编写了一个文本草案,这与经合组织《基准定义》第4版关于外商直接投资和全球化的第8章最新草稿相吻合,而《基准定义》第4版反过来又与经合组织《经济全球化指标手册》和原有的《手册》第4章密切吻合。《手册》的该章保留了关于服务贸易的具体内容,为进一步讨论确定了一系列问题。

工作队对继续将"拥有过半股权"作为FATS标准的问题进行了讨论。欧统局国外分支机构统计规章采用的是"控股"概念,即被控股的分支机构由某一方拥有过半股权。这也是经合组织全球化指标手册喜欢采用的概念。控股可以沿着所有权链条进行传递,条件是在每个环节(即对于每个中间分支机构)都拥有过半股权。这一问题在经修订的《手册》第4章进行了论述。根据经合组织全球化指标手册和经修订的《基准定义》,拥有过半股权指的是拥有半数以上普通股或投票权。工作队支持对《手册》文本增加拟议的内容,以强调国际汇总的必要性,同时又不对出口FATS进行双重计算。为此,如果对某些外向国外分支机构而言,报告国也是最终控股机构的居住国,就需要确定这些公司的子集。

关于国际标准行业分类国外分支机构统计类别问题,工作队仍需做进一步的工作。关于就业计量问题,工作队讨论了采用受雇人员或同等全职人员人数的利弊问题,现已商定必须与国民账户等其他有关框架取得一致。有人建议应该列出按性别分列的就业情况。2007年10月举行的IMF国际收支统计委员会会议认为,在进行国际服务贸易分析时，需要就国外分支机构统计数据的使用问题进行更多的教育。为此，会议建议经合组织和欧统局联合撰写一篇相关方面的文章。

资料来源：WTO。

二、中国的统计实践

中国服务贸易统计符合世界服务贸易发展的方向。中国的服务贸易统计，旨在以《国际服务贸易统计手册》为依据，结合中国实际国情，探索形成在数据收集、加工和发布方面稳定的服务贸易统计体系，为中国政府在 WTO《服务贸易总协定》的框架下参与服务贸易国际事务管理并争取国家利益服务，为中国服务业发展和对外服务贸易竞争提供数据信息服务。

（一）统计实践的基本原则和具体做法

中国服务贸易统计涉及中国以及同其他国家（地区）发生的服务交易，遵循《国际服务贸易统计手册》，统计范围涵盖全部四种提供方式，即跨境交付、境外消费、商业存在和自然人移动。

从数据基础考虑，中国服务贸易统计体系包括两个主要组成部分和一个次要组成部分。鉴于目前的可行性，中国服务贸易统计主要着眼于两个主要组成部分。其中，居民与非居民间的服务贸易统计是服务贸易统计的一个主要组成部分，主要对应第一、第二两种提供方式，也会涉及第三、第四两种提供方式。通过外国附属机构的服务贸易（FATS）统计，是服务贸易统计的另一个主要组成部分，主要对应第三种提供方式。通过自然人移动的服务贸易统计，属于第四种提供方式，从发生规模以及资料的基础完备性看，属于服务贸易统计的次要组成部分。将上述范围和统计组成部分结合起来，构成如表 3-2 所示的关系。

表 3-2　中国服务贸易统计的组成部分

提供方式	居民和非居民间的服务贸易统计	通过外国附属机构的服务贸易统计	通过自然人存在的服务贸易统计
跨境交付	√		
境外消费	√		
商业存在	√	√	
自然人流动	√		√

资料来源：笔者整理。

在内容上，中国服务贸易统计与《服务贸易总协定》相衔接，以支持中国有效参与国际贸易与投资协议的谈判、协商与监测；在方法上，以《国际服务贸易统计手册》为依据，建立与国际规范相一致的统计体系；在具体指标及资料来源设计上，以中国国际收支统计、中国 FDI 统计以及中国官方其他统计体系为基础，力求这些统计体系间的相互衔接。

目前中国的服务贸易统计主要包括两大部分：

一部分是国际收支服务贸易统计，也就是 BOP 统计。它是由国家外汇管理局按照国际货币基金组织《国际收支手册》第 5 版的要求汇总编制的，包括分国别和分省统计。这是目前中国唯一能全面客观收集到全国服务贸易收支数据的统计体系。其主要特点是：以银行间接申报为主、企业直接申报为辅，独立于行政管理部门统计，涵盖了中国所有涉外经济领域。此外，由于所采用统计概念定义、统计原则、统计口径、数据加工方法等符合《国际收支手册》的基本规范，有较强的国际可比性。

另一部分就是 FATS 统计。在 FATS 统计上，中国虽处于起步阶段，但也取得了一定的进展，已经建立流入流出双向 FDI 统计。FDI 统计包括吸引外商投资（FDI 流入）统计和对外直接投资（FDI 流出）统计两个方向。商务部已经分别为中国外商投资（非金融类）、中国对外直接投资（非金融类）建立了相应的统计制度，可以提供包括外国直接投资流量和直接投资企业经营状况的基本统计资料。此外，商务部和国家统计局遵循国际标准，结合中国服务贸易的发展情况和特点，共同制定了《国际服务贸易统计制度》，于 2007 年 11 月联合发布，并于 2008 年 1 月 1 日正式实施。踏实的中国服务贸易统计工作在与国际服务贸易统计标准接轨的基础上进一步规范化和制度化。

（二）中国服务贸易 FATS 统计

国际上，附属机构服务贸易统计数据普遍存在较长时滞的现象，许多国家目前仅发布了 2014 年的 FATS 统计数据。商务部 2017 年 6 月首次发布中国服务贸易附属机构服务贸易（FATS）统计，时效性较强，走在了许多国家的前面。

1. 中国 FATS 统计数据发布的意义

FATS 统计数据的发布标志着中国服务贸易统计监测制度日益完善。随着中国服务贸易的迅速发展以及服务业国际投资规模的扩大，进行全面系统的服务贸易统计显得尤为必要。初期，中国服务贸易统计只局限于国际收支（BOP）项下的服务进出口项目，无法提供与 GATS 对接的国际服务贸易统计数据。为建立符合国际规范的服务贸易统计体系，科学、有效地开展服务贸易统计监测工作，2007 年，商务部与国家统计局联合发布了第 1 版《国际服务贸易统计制度》，开始着手建立包含服务进出口（BOP）以及附属机构服务贸易（FATS）数据的服务贸易统计制度。根据该制度，外国附属机构服务贸易的统计包括内向附属机构服务贸易和外向附属机构服务贸易，其中内向附属机构服务贸易指外国或地区的企业通过直接投资方式控制（直接投资者拥有 50% 以上的股权）的中国关境内企业在中国关境内实现的服务销售；外向附属机构服务贸易指中国关境内的企业通过直接投资方式控制（直接投资者拥有 50% 以上的股权）另一国或地区企业而在该国或地区关境内实现的服务销售。企业行业分类主要执行《国民经济行业分类》，接受调查的企业需填报销售收入总额、服务销售收入、从业人数、利润总额等指标。外向附属机构服务贸易的调查还需填报投资目的国所在地。2017 年 6 月，商务部在前期开展调查收集数据的基础上，首次发布附属机构服务贸易统计数据，标志着中国服务贸易"BOP＋FATS"统计体系制度逐步走向成熟。

　　附属机构服务贸易(FATS)统计数据的发布为研判形势与制定政策提供了更为全面的决策依据。此前,中国对外公布的服务贸易统计数据仅包括基于国际收支(BOP)的服务进出口数据,不能全面反映中国提供国际服务的能力和水平。2016年,中国服务业利用外资占利用外资总额的比重达到70.3%,服务业对外投资占对外投资总额的75%,商业存在形式的服务贸易总额已远超国际收支(BOP)统计口径下的服务进出口额。服务贸易为中国外贸平稳增长、经济结构转型升级做出了重要贡献。发布系统全面的服务贸易统计数据,为相关主管部门研判发展形势、预测未来前景、制定发展战略和政策奠定了基础,也可为服务贸易企业开拓业务市场提供依据与引导。

　　2.FATS统计中的中国服务贸易特点

　　此次发布的数据滞后两年,为2015年统计数据。此数据与服务进出口统计相结合,能更全面反映中国内地服务贸易发展状况。2015年,中国内地附属机构服务贸易数据具有如下特点:

　　第一,内向附属机构服务贸易明显高于外向附属机构服务贸易。2015年,中国内地内向型服务企业(外资控股50%以上)数量达99589家,销售收入86550亿元,利润总额6832亿元,年末从业人数超过521万人,其中外方人员14.6万人,占从业人数总额的2.8%。外向型服务企业(中国内地方控股50%以上)数量达13775家,销售收入50241亿元,年末从业人数55万人,其中中国内地方人员32万人,占从业人数总额的58.2%。内向附属机构服务贸易无论从服务销售收入、利润总额,还是企业数量、从业人数等关键指标方面均明显高于外向附属机构服务贸易。

　　第二,行业领域集中分布于商贸流通与计算机、电信服务等相关行业。中国内地国际收支统计口径下的服务进出口主要遵从《国际服务贸易统计手册》以及WTO关于服务贸易的分类,其中旅行服务、运输服务、专业管理和咨询服务位居服务进出口额前三名。与之不同,中国内地附属机构服务贸易的企业行业分类标准主要执行中国《国民经济行业分类》。其中内向型服务企业(外资控股50%以上)销售收入排名前五位的分别为批发和零售业,租赁和商务服务业,信息传输、计算机服务和软件业,房地产业,交通运输、仓储和邮政业。上述五类服务行业销售收入合计77918亿元,占内向型服务企业销售收入总额的90%;利润合计6461亿元,占内向型服务企业利润总额的95%。外向型服务企业(中国内地方控股50%以上)销售收入排名前五位的分别为批发和零售业,租赁和商务服务业,房地产业,交通运输、仓储和邮政业,居民服务、修理和其他服务业。上述五类服务行业销售收入合计46634亿元,占外向型服务企业销售收入总额的93%。

　　第三,中国内地附属机构服务贸易的主要伙伴集中在发达国家与地区。从统计数据看,中国内地内向附属机构服务贸易的主要对象为中国香港特区,以及日本、英属维尔京群岛、新加坡和美国。2015年,来自上述五个国家和地区的在华服务企业(外资控股50%以上)销售收入合计64332亿元,占内向型服务企业销售收入总额的74%;利润合计6477亿元,占内向型服务企业利润总额的95%。中国内地外向附属机构服务贸易的主要对象为中国香港特区,以及新加坡、英国、英属维尔京群岛和美国。2015年,中国内地在上述五个国家和地区投资的服务企业(中方控股50%以上)销售收入合计45691亿元,占外向型服务企业销售收入总额的 91%。

3. 内向 FATS 具体情况

2015 年,外来控股 50% 以上的服务业企业 99589 家,实现销售收入 86550 亿元,实现利润总额 6832 亿元,年末从业人员超过 521 万人,其中外方人员 14.6 万人。从行业看,外来控股 50% 以上的服务业企业销售收入排名前五的行业为批发和零售业,租赁和商务服务业,信息传输、计算机服务和软件业,房地产业,交通运输、仓储和邮政业,分别实现销售收入 4.4 万亿元、1.4 万亿元、8174 亿元、7504 亿元和 4903 亿元。从国别(地区)看,外来控股 50% 以上的服务业企业销售收入排名前五的国家(地区)为中国香港特区,以及日本、英属维尔京群岛、新加坡和美国,分别实现销售收入 4.4 万亿元、7286 亿元、5706 亿元、4364 亿元和 3110 亿元。

4. 外向 FATS 具体情况

中国内地在扩大开放的同时,支持各类企业在境外开展合资合作,由此带动了外向附属机构服务贸易的发展。2015 年,中国内地方控股 50% 以上的服务业企业 13775 家,实现销售收入总额 50241 亿元,年末从业人数 55 万人,其中中国内地方人员 32 万人。从行业来看,中国内地方控股 50% 以上的服务业企业销售收入排名前五位的行业为批发和零售业,租赁和商务服务业,房地产业,交通运输、仓储和邮政业,居民服务、修理和其他服务业,分别实现销售收入 2.7 万亿元、1.7 万亿元、1584 亿元、1138 亿元和 551 亿元;从国别(地区)看,中国内地方控股 50% 以上的服务业企业销售收入排名前五的国家(地区)为中国香港特区,以及新加坡、英国、英属维尔京群岛和美国,分别实现销售收入 3.3 万亿元、8481 亿元、2181 亿元、1335 亿元和 748 亿元。

第三节　国际服务贸易统计数据来源与发布

一、国际服务贸易统计数据来源

国际服务贸易统计工作队自 2006 年开始出版工作队统计通讯,每年两期。每期统计通讯将刊登最新的国际服务贸易数据来源。此外,应世界银行的要求,2006 年 3 月 WTO 经济调查和统计部编写了名为《服务贸易测量》(*Measuring Trade in Services*)的培训资料。该资料也对目前国际组织提供的主要服务贸易数据进行了归类。见表 3-3。

表 3-3　国际组织提供的 BOP/EBOPS 服务贸易数据

OECD 国际服务贸易统计卷 1:包含 1970—2005 年 OECD、EU 成员国的 EBOPS 数据。数据由 OECD 和欧盟统计局(Eurostat)联合出版。数据形式为书、光盘和在线数据,http://www.sourceoecd.org。

续表

OECD 国际服务贸易统计卷 2：包含 1999—2005 年 28 个 OECD 成员国、EU、中国香港特区和俄罗斯按伙伴国（地区）分类的 EBOPS 数据。数据形式为书、光盘和在线数据，http://www.sourceoecd.org。

WTO 2007 年国际贸易统计：包含更新至 2006 年所有国家按伙伴国（地区）分类的 EBOPS 数据、汇总数据和分析。数据形式为书、光盘和在线数据，http://www.wto.org/english/res_e/statis_e/its2007_e/its07_toc_e/htm。

UN 国际服务贸易数据库：包含所有国家（地区）自 2000 年以来按伙伴国（地区）分类的 EBOPS 年度数据。数据形式为在线数据，http://unstats.un.org/unsd/servicetrade/。

IMF BOP 统计数据库：包含 IMF 成员自 1994 年以来的 BOP 和 EBOPS（自愿向 IMF 提供）年度数据，数据形式为书和光盘。

Eurostat 数据库：包含自 1995 年以来按伙伴国分类的 EBOPS 数据，国家范围为 Eu_25 和 Eu_15 内部及外部，加拿大、美国和日本。数据形式为书、光盘和在线数据，http://epp.eurostat.ec.europa.eu。

注：EBOPS 是 Extended Balance of Payments Services Classification 的简称，即扩展后的服务贸易国际收支统计分类。

资料来源：http://unstats.un.orgunsdtradeserv/TFSITS/newsletter.htm，Newsletter of TFSITS，No.3，December.

对 FATS 数据，Eurostat 和 OECD 采用统一的 FATS 调查表，要求其成员国提供进口和出口 FATS 信息，分别按《全部经济活动的国际标准产业分类》（ISIC 第 3 版）的 37 种活动分类，以及按投资的来源和去向提供数据。见表 3-4。

表 3-4 国际组织提供的 FATS 服务贸易数据

FATS 数据来源：

OECD Measuring Globalization：the Role of Multinationals in OECD Economies，2001 edi.，Vol.II：Services. http://www.sourceoecd.org.

Eurostat Statistics in Focus Series and New Cronos Reference Database. http://epp.eurostat.ec.europa.eu.

UNCTAD. World Investment Report. http://www.unctad.org.

FDI 数据来源，作为 FATS 的补充：

IMF BOP 统计，包括 FDI 头寸、流量和收入（未按行业和伙伴分类）。

Eurostat New Cronos Database 和 OECD International Direct Investment Statistics：按行业和国家分类的出口和进口 FDI 存量、流量和收入数据. http://epp.eurostat.ec.europa.eu 和 http://www.sourceoecd.org.

UNCTAD 的 FDI 数据库，http://www.unctad.org.

资料来源：Measuring Trade in Services，a Training Module for the World Bank. WTO，March 2006. http://unstats.un.org/unsd/tradeserv/TFSITS/training.htm.

最后,GATS 模式四——自然人存在的统计来源为 BOP 统计、FATS 统计、迁移统计、其他可能的来源,见表 3-5。

表 3-5　模式四——自然人存在的统计来源

BOP 统计:
BPM5(部分组成):计算机和信息服务、其他商业服务、个人文化和娱乐服务以及建筑服务;
BPM5(补充信息):与劳务有关的流量(如雇员报酬、工人汇款);
BOP 统计数据来源见表 3-3。
FATS(补充信息)
外国人在国外分支机构就业;
FATS 统计数据来源见表 3-4。
迁徙统计:LLO International Labour Migration Database. http://www. ilo. org.
国外边境劳动者;
从国外来该国的访问者、外国商业旅游者;
移民工人,其中包括季节性移民工人、合同工人、项目专用工人和临时移民工人。
其他有关的统计来源:
工作许可证统计资料(按期限和职业分类的当前有效的许可证数量和类型数据);
来自政府管理的社会保障体系和国家健康保险计划的相关统计信息。

　　资料来源:Measuring Trade in Services,a Training Module for the World Bank. WTO,March 2006. http://unstats. un. org/unsd/tradeserv/TFSITS/training. htm.

二、国际服务贸易统计数据发布

衡量国际收支统计和外国附属机构统计数据质量的一个重要标准是公众对数据的可获得性。国际和地区组织接受报告和主动收集由各国(地区)提供的服务贸易统计数据,使得公众能够迅速接触具有国际竞争力的服务贸易数据及其提供的有效信息。

(一)依照 BPM5 的报告

依照 BPM5 的原则和框架,国际收支平衡表应能提供相对完善和被普遍接受的服务进出口数据。表 3-6 给出了对 BPM5 概述部分和补充项目进行报告的国家(地区)数目,有 145～160 个国家(地区)报告了各自运输、旅游、通信、保险以及其他商业服务的出口数据,有95～130 个国家(地区)报告了它们在建筑、金融、计算机和信息以及特殊权使用费和特许费方面的出口数据。

表 3-6　报告 BPM5 部分内容的国家(地区)

服务类型	1997 年 10 月的报告	2008 年 12 月的报告
通信服务	39	90
建筑服务	21	58
保险服务	61	87
金融服务	26	68
计算机及信息服务	11	66
特许权使用费和特许费	32	59
其他商业服务	92	91
商业、专业和技术服务	44	76
法律、会计、管理咨询和公共关系	8	43
广告、市场研究及公众调查服务	10	38
研究和开发服务	7	25
建筑、工程及其他技术服务	8	30
农业、采矿和现场处理服务	4	24
其他服务	28	61
个人、文化及娱乐服务	14	59

资料来源:世界贸易组织秘书处网站和国际货币基金组织国际收支统计年报。

(二)BOP 统计数据的发布

表 3-7 概述了国际收支统计数据的发布信息,欧盟统计局、国际经合组织、国际货币基金组织和联合国目前正在按照服务产品和服务业分类,为其各个成员收集和传播服务贸易的国际收支统计数据。

表 3-7　有关机构发布服务贸易统计数据信息汇总

数据来源	涉及国家(地区)及组织	分类标准	合作伙伴
IMF 国际收支平衡表数据库;美国国际贸易委员会	国际货币基金组织成员	BPM5 和 EBOPS	无
欧盟统计局 New Cronos 数据库	欧盟成员国、欧元区国家、欧盟候选国	EBOPS	115 个经济伙伴
国际经合组织服务贸易 I 统计	国际经合组织成员	EBOPS	115 个经济伙伴
联合国 COMTRADE 数据库	190 个经济体	EBOPS	115 个经济伙伴
WTO 国际贸易统计数据库	所有经济体	EBOPS	无

资料来源:笔者整理。

（三）FATS 数据的可得性

目前,FATS 统计正处于发展的初级阶段。不过,鉴于这一领域的交易活动迅速增多,欧盟统计局、国际经合组织和联合国对 FATS 的重视程度日渐提高,已经开始尝试合作进行数据的收集、整理和开发,提高数据的一致性,避免重复计算和减轻各国的报告负担。

欧盟统计局和国际经合组织按照投资行为及其母国、东道国进行分类,使用 FATS 统计问卷获取成员的服务进出口信息。表 3-8 列出了国际经合组织多数成员及若干其他国家或地区 FATS 流入和流出数据的可得性。

从总体上看,外国直接投资数据的收集和传播者是欧盟统计局、国际货币基金组织、国际经合组织以及联合国。欧盟统计局和国际经合组织使用常见的问卷调查方法收集按照投资母国和东道国划分的资本流入和流出数据。国际货币基金组织收集外国直接投资的地理分布数据。

表 3-8　国际经合组织多数成员及若干其他国家或地区 FATS 统计数据的可得性

国家或地区	资本流入			资本流出		
	雇员数量	流量/产出	增值	雇员数量	流量/产出	增值
澳大利亚	✓		✓	✓	✓	
奥地利	✓	✓	✓	✓	✓	
比利时	✓	✓		✓	✓	
保加利亚	✓	✓	✓			
加拿大				✓	✓	
塞浦路斯	✓	✓	✓			
捷克	✓	✓	✓		✓	
丹麦	✓	✓	✓			
爱沙尼亚	✓	✓	✓			
芬兰	✓	✓	✓	✓	✓	
法国	✓	✓	✓		✓	
德国	✓	✓		✓	✓	
希腊	✓	✓		✓	✓	
中国香港特区	✓	✓	✓			
匈牙利	✓	✓	✓		✓	
爱尔兰	✓	✓	✓			
以色列	✓	✓	✓		✓	
意大利	✓	✓	✓		✓	
日本	✓	✓	✓	✓	✓	✓

续表

国家或地区	资本流入			资本流出		
	雇员数量	流量/产出	增值	雇员数量	流量/产出	增值
拉脱维亚	√	√	√			
立陶宛	√	√	√			
卢森堡	√	√				
荷兰	√	√	√			
新西兰	√	√	√			
挪威	√	√	√			
波兰	√	√				
葡萄牙	√	√	√	√	√	√
罗马尼亚	√	√	√			
斯洛伐克	√	√	√	√		
斯洛文尼亚	√	√	√			
西班牙	√	√	√			
瑞典	√	√	√	√		
瑞士	√			√		
特立尼达和多巴哥		√				
英国	√	√	√			
美国	√	√	√	√	√	√

注:"√"表示该国或地区的该项数据可得。

资料来源:笔者根据国际经合组织和欧盟统计局数据整理。

☞ **重要概念**

BOP 统计;FATS 统计;内向 FATS;外向 FATS

☞ **思考题**

1.BOP 经常项目下的"服务"指的是什么? 其对"居民"的定义是什么?

2.BOP 对服务贸易统计的缺点是什么?

3.BOP 统计和 FATS 统计的关系是什么?

4.比较 BOP 与 FATS 在服务贸易统计方面原则与方法的不同。

5.结合实例,比较服务贸易统计在西方发达国家和中国的实践差异。

第四章
国际服务贸易理论基础

☞ **本章提要**

　　本章介绍国际服务贸易理论基础，分三个部分展开。首先介绍的是传统贸易理论针对服务贸易领域的适用性问题，涉及三派观点——适用派、非适用派和调和派。国际贸易格局的变化，尤其是国际贸易中的产业内贸易的迅速发展，令传统贸易理论受到质疑，完全竞争和规模收益不变的假设不断得以放松，形成了新贸易理论。国际经济学界自20世纪90年代以来开始以新贸易理论为基础来探讨服务贸易模式、格局及利益所得。本章继传统贸易理论是否适用服务贸易领域的讨论后，重点介绍新贸易理论关于服务贸易活动的解释。最后，从服务贸易模式之一的"商业存在"出发，探讨服务业对外直接投资的理论。

☞ **学习目标**

　　1. 了解学术界关于传统贸易理论在服务贸易领域适用性的三派观点。
　　2. 掌握服务贸易活动对比较优势理论的挑战。
　　3. 掌握国际服务贸易理论研究特点以及当前存在的不足。

☞ **引导案例**

　　作为新兴国际贸易方式，国际服务贸易的发生、方向和得失是否适用传统货物贸易理论，国内外学术界存在不同的看法。一种观点认为，国际贸易原理不适用于服务贸易。R. 迪克和 H. 迪克(Dick & Dicke,1979)是最早尝试运用国际贸易原理来解释服务贸易模式的学者。1979 年，他们在一篇论文中运用"显示性比较优势(RCA)"来检验知识密集型服务贸易现实格局是否遵循比较优势原理。菲克特库迪(Feketekuty,1988)认为，服务与商品相比具有许多不同的特点，这些特点决定了国际贸易原理不适用于服务贸易。服务贸易的这些特点包括：(1)服务贸易是劳动活动和货币的交换，不是物品和货币的交换；(2)服务的生产和消费同时发生，不能储存；(3)服务贸易在各国海关进出口和国际收支表上没有体现。桑普森和斯内普(Sampson & Snape,2010)认为，由于以生产要素不能国际流动为基本前提，因此，传统的要素禀赋理论不足以解释国际服务贸易。

另一种观点则认为，国际贸易原理完全适用于服务贸易，没有必要把服务贸易与一般国际贸易区别开来。持这种观点的学者很多。例如，1981 年，萨皮尔（A. Sapir）独立或者和鲁兹（E. Lutz）合作进行了一系列著名的服务贸易的实证研究，其主要结论是："传统贸易理论不仅适用于货物贸易，也适用服务贸易，要素禀赋在货物贸易和服务贸易模式的决定上都具有重要作用。"1986 年，拉尔（Lall，1986）通过对发展中国家的实证研究，也得出了相似的结论。美国著名国际经济学家理查德·库伯（R. Kumpe）坚持认为："作为一个简单的思想，比较优势论是普遍有效的……对传统比较优势论的依赖是基于一个简单的命题——每个团体所专注的共同利益正是自身效率更高的那项活动所带来的。"

第三种观点介于前两种观点之间，它既肯定国际贸易的基本原理对于服务贸易的适用性，同时也承认具体理论在解释服务贸易上的缺陷，主张在利用国际贸易理论来解释服务贸易时，必须对传统理论进行若干修正。

第一节　传统贸易理论与国际服务贸易

长期以来，服务业被认为只是经济发展的结果，服务部门不能带动经济增长。目前这个思想已经发生重大改变，人们愈来愈认为，在经济发展过程中服务部门的产出是关键性的投入性要素之一。谢尔普（Shelp，1984）指出，"农业、采掘业和制造业是经济发展的'砖块'，而服务业则是把它们粘合起来的'灰泥'"。由于人们现在已经认识到服务部门对经济增长的重要性，也由于各国政府对这个部门的明显干预，所以这个问题引起了全世界的重视。

一、国际服务贸易理论研究的兴起

20 世纪 60 年代以前，由于交通运输能力有限，通信技术落后，再加上各国政府对国内服务业市场严加保护，大多数服务被认为是不可贸易的。与此相应，服务贸易总量偏小，规模有限，在国际贸易中居于次要地位，因此长期以来服务贸易理论研究工作一直被经济学家和贸易学者们所忽视。主流国际贸易理论体系中没有专门论述服务贸易的内容，服务贸易理论研究一直处于空白状态。

一般而言，凡是服务生产和消费同时进行，且需要提供者和消费者面对面地进行交流的服务为不可贸易性服务；反之则为可贸易性服务。提供者和使用者相互交流部分产生的成本占总成本比重越小，某种服务的可贸易性越强。并非所有服务都是可以异地贸易的，有些服务只能在供应的"固定"地点消费或购买。随着时间的推移，上述情况发生了根本性的改变。特别是第三次产业革命的爆发和服务贸易自由化国际性制度安排的推进，使影响服务商品不可贸易性的两个因素发生了重大变化。信息技术、运输技术的发展以及政府管制的减弱都在不同程度上延伸了服务的交易空间，从而使许多不可贸易的服务具有贸易性。国际服务贸易因此得以快速发展,其增长速度已经超过商品贸易的增长速度。

西方理论界自 20 世纪 70 年代中期开始关注服务贸易领域的研究,开始从理论上解释这一国际贸易发展的新局面,服务贸易理论研究由此开始。20 世纪 80 年代中期以前,西方学者主要研究的重点是服务与服务贸易的内涵与外延,从经验实证分析方面评价服务贸易与增长的关系,之后西方学者逐渐转向商品贸易理论在服务贸易领域的适用性研究。关于比较优势学说是否适用于服务贸易领域,目前,学术界的普遍观点是既肯定比较优势理论基本原理对服务贸易的适用性,同时也认为该理论在解释服务贸易时存在局限,主张对比较优势理论进行修正与拓展。

二、比较优势理论在服务贸易领域的演化

严格地说,国际服务贸易并未形成自己独立的理论体系,服务贸易理论的核心是要分析服务贸易产生的动因、格局及福利效应。围绕这一核心,如何构建相对完整的服务贸易理论体系,理论界存在两种选择:其一,依据国际服务贸易的实践和特点,借鉴相关学科领域的研究成果,发展出相对独立的服务贸易理论;其二,将传统的商品贸易理论加以延伸,扩展到服务贸易领域,用相应的逻辑和概念来阐述服务贸易,从而实现商品贸易理论和服务贸易理论的对接。

从已有国际贸易理论的产生和发展过程来看,自资本主义经济制度建立后,工业化扩张的道路催生了古典贸易理论,在其后两百多年的不断探索中,才形成了今天具有完整体系的国际贸易理论。服务贸易现象尽管有着比较悠久的历史,但服务贸易的大规模发展还只是 20 世纪 60 年代以来的事。服务贸易发展过程的短暂,给建立独立的服务贸易理论带来了困难,更为重要的是当试图建立相对独立的服务贸易理论时,理论界无法处理与传统的商品贸易理论的关系。于是,以服务贸易发展的现实为指导,在改变假设条件下,将传统商品贸易理论的有关原理运用于服务贸易,以此构建服务贸易理论体系,就成了理论界的现实选择。

但是,当运用传统贸易理论的相应概念和逻辑来阐述服务贸易时,服务贸易作为一种新兴的国际贸易方式,其产生的原因、福利的大小和政策的选择是否与传统贸易理论相一致,则成了一个颇具争议的问题。目前学术界存在三种观点:完全不适用的观点、完全适用的观点和不完全适用的修正论观点。

1. 传统贸易原理不适用于服务贸易

最早尝试从实证分析角度运用传统贸易理论来解释服务贸易现象的是 R. 迪克和 H. 迪克(Dick & Dicke,1979),他们运用经济合作与发展组织(OECD)1973 年"知识密集型"产品和服务的出口资料来验证传统贸易理论是否适用于服务贸易,认为比较优势理论和要素禀赋理论均无法解释 OECD 国家部门之间的服务贸易模式。他们认为,"如果不考虑贸易扭曲,要素禀赋在服务贸易中没有重要的影响"。

美国经济学家菲克特库迪(Feketekuty,1988)认为,与商品相比,服务具有以下三个特点:

(1)服务贸易是劳动活动和货币的交换,不是物品和货币的交换。

(2)服务的生产和消费同时发生,不能储存。

(3)服务贸易在各国海关进出口和国际收支表上没有体现。

这些特点决定了国际贸易原理不适用于服务贸易。同样,桑普森和斯内普(Sampson & Snape,2010)也坚持这一观点,他们认为,生产要素不能在国际流动,而服务贸易通常要求服务提供者与需求者在物理上接近,因此,传统的要素禀赋理论不足以解释国际服务贸易。

此外,"不适用论"的坚持者还从其他方面阐述了这一观点。目前用于解释货物贸易的理论,如要素禀赋理论、规模经济假设、技术差距论、生命周期理论等是否适用于服务贸易有待进一步讨论。而决定服务业优势的因素尚不明确,因此,比较优势理论的建立缺乏基础。

2.传统贸易原理完全适用于服务贸易

这一观点认为,比较优势理论的逻辑对服务贸易具有完全的适用性,没有必要把服务贸易与一般的商品贸易区分开来。

萨皮尔和鲁兹(Sapir & Lutz,1981)选择了部分发达国家和发展中国家1977年货运和客运服务、保险和再保险服务行业的贸易数据进行了实证研究,结果显示,"服务贸易尽管受到保护主义影响,一系列经济数据确实显示了比较优势的决定性作用。比较优势原理不仅适用于货物贸易,同样也适用于服务贸易"。萨皮尔(Sapir,1982)还进一步指出,服务贸易的比较优势是动态的,发展中国家逐渐成为服务出口的潜在主体,这对现实中的服务贸易有一定的解释作用。拉尔(Lall,1986)对海运和技术服务贸易进行的实证研究也表明,比较优势原理适用于服务贸易。亨德利和史密斯(Hindley & Smith,1984)认为,尽管服务与货物之间的重大差异值得认真注意,如政府出于各种目的对服务业实行特别管理、限制外资进入服务业、拒绝开放国内服务业市场,但是"比较优势理论完全适用于服务贸易,比较优势理论的强大逻辑超越了这些差异"。

3.传统贸易原理不完全适用于服务贸易:修正论观点

一种较为折中的观点认为,服务贸易作为国际贸易的一种形式,国际贸易的基本理论是可以适用于服务贸易的。但是服务贸易有独特的实践特征,我们应该认识到具体商品贸易理论在解释服务贸易时存在缺陷,在运用以商品贸易为实践基础的传统国际贸易理论来解释服务贸易时,必须对传统理论进行适当修正或扩充。这种需要对传统贸易理论加以修正后才可以适用于服务贸易的观点的理由来源于以下几个方面:第一,传统贸易理论在服务贸易领域应用的检验结果表明,服务贸易领域同样存在比较优势的合理内核,但服务贸易的特征使传统贸易比较优势的某些特征被扭曲或改变,如由于货物与服务的相互关系,使比较优势难以获得,更难以将之合理地与服务产出相关联。第二,与货物贸易相比,服务贸易比较优势具有明显的短暂性,这种短暂性表现为服务提供与消费的同时性带来的比较优势的短暂性,以及自然人移动中知识与技能服务的短暂性。第三,传统要素禀赋理论中假定生产要素在国家间不能自由流动,限制生产要素的跨国界移动,将限制服务的国际提供,尤其是自然人移动这种形式的服务贸易将根本无法展开。为此,已有研究认为,可在以下几个方面对传统贸易理论进行修正,以使之对服务贸易具有更强的解释力度:第一,服务具有明显的异质性特征,在传统贸易理论中需加入更多的需求及供给面的异质性内容;第二,将传统贸易理论中的技术外生性修正为技术内生性,这样可以更好地解释知识、技术密集型服务贸易的动因、格局与利得;第三,将传统贸易理论中的静态比较优势修正为动态比较优势,以契合缺乏服务贸易比较优势的国家短期内通过教育、培训和医疗条件的改善,较快地获得比较优势;第四,适当放松传统贸易理论中的要素不能流动假设。

美国经济学家迪尔多夫(Deardorff,1985)曾建立了一个"一种商品、一种服务"的理论传统要素禀赋理论模型,分析了国际贸易理论适用于服务贸易时的局限性。他认为,至少有三个特征可能会导致比较优势理论失灵:第一,一些服务的需求仅仅是货物贸易理论的派生需求,不存在贸易前价格;第二,许多服务涉及要素流动;第三,某些服务要素可以由国外提供。前两个特征不影响比较优势理论在服务贸易中的运用,但第三个理论特征会导致比较优势理论原则不成立。在改变标准 H-O 模型的个别约束条件后,迪尔多夫理论较成功地解释了国际服务贸易是如何遵循比较优势原则而运作的。塔克和森德伯格(Tucker & Sundberg,1988)也认为,传统的比较优势原理不能充分解释服务贸易,但如果能根据服务贸易在市场结构和需求方面的特点,对其加以适当修正,比较优势理论将足以适用于服务贸易。他们主张,在运用国际贸易原理来分析服务贸易时,需要更多地关注服务商品的市场结构和需求特征。伯格斯(Burgess,1990)运用修正过的 H-O-S 模型,探讨了服务贸易、服务技术出口对于贸易双方的影响,认为服务贸易理论自由化和服务技术出口一般会提高出口国的经济福利水平。伯格斯指出,国际贸易理论是可以用来解释服务贸易的,如果把标准的 H-O-S 模型做简单的修正,就可以得到理论解释服务贸易的一般模型。

总之,自 20 世纪 70 年代中后期以来,国外学者对传统国际贸易理论,特别是比较优势理论对服务贸易的适用性问题进行了相当数量的规范研究和实证研究,取得了丰富的成果,达成了较为一致的共识,即服务贸易作为国际贸易的一种形式,国际贸易理论是可以适用的。对比较优势理论适用于服务贸易的研究,归根结底是探索服务贸易比较优势的形成和作用。现有研究基本沿着两条不同的路径展开:第一,考察服务的微观属性和厂商行为,将服务和货物的比较优势统一起来;第二,摒弃衡量货物商品比较优势的标准,从服务的特性出发,利用差异化方法解释服务生产各自的比较优势。由于服务贸易具有许多货物贸易所不具备的特征,在运用传统国际贸易理论来解释服务贸易时,必须对之进行适当的修正。这些成果一方面加深了人们对服务贸易的了解和认识,有助于推动双边、区域和多边的有关服务贸易议题的磋商和谈判,有力地推动了服务贸易的发展。

三、小结:服务贸易对比较优势理论的挑战

由于服务贸易和货物贸易存在着很大的差别,因此建立在货物贸易基础上的比较优势理论来指导服务贸易实践时受到了一定的挑战。比较优势理论不能直接套用到国际服务贸易领域,主要原因是,与货物贸易相比较,服务贸易具有一定的特殊性。

一是生产要素在区域或国家之间具有流动性。传统比较优势理论采用静态分析的方法,假定生产要素不能跨国流动,而国际服务贸易要求其动态化。国际服务贸易中消费的时空一致性要求服务提供者与服务接受者直接接触,所以要放弃比较优势理论中"国家间生产要素不能自由流动"这一基本假设,即假定在各个区域或国家内部,生产诸要素是完全自由流动的,在区域和国家之间也能够自由流动。传统比较优势理论在高度抽象的前提条件下推理,并非是理论的不足,而是模型的需要。内部要素的流动性保证了在一国内部各部门之间具有相同的工资率和资本收益率,外部要素的非流动性则排除通过要素流动的方式来消除要素在各国盈利差别的可能性。

二是不完全竞争和规模经济成为服务贸易产生的现实动因。传统的国际贸易理论有个重要的假设前提,即"完全竞争"和"规模报酬不变",而现实经济大量存在的是"不完全竞争"(主要是垄断竞争)和"规模经济"(规模报酬递增),规模经济往往要求并导致一个不完全竞争的市场结构,这种状况在服务贸易领域表现得更为明显。因而在分析服务贸易理论时,应更重视在不完全竞争和规模报酬递增条件下,分析国际服务贸易的产生以及各国在国际服务贸易中所获得的收益。

三是国际服务贸易的成本由供给和需求双方的因素共同决定。传统的商品贸易理论重点强调的是供给方的生产成本优势,而服务贸易不仅取决于服务要素的生产成本,更强调需求因素所导致的成本增量或消费者的选择性,如运输成本、信息成本、消费者收入及其偏好、系列服务质量(包括售后服务和购买环境)等因素都构成了服务的贸易条件。当贸易的生产函数和主要要素投入相结合时,任何国际服务贸易将依赖于需求因素而非生产成本。对于服务贸易问题不仅要从资源禀赋角度分析,更需要从服务贸易流向、相关市场结构以及需求特征角度来进行讨论。

四是对服务贸易管制的政策广泛存在。传统的国际贸易理论假定不存在政府干预,经济运行完全依靠市场的自发性力量,而现实中对服务贸易的管制政策却大量存在。这是因为:首先,服务产品的无形性决定了服务贸易壁垒以非关税壁垒为主,表现为一国对服务业进行管制的各种措施,如对专业服务的资格认证和许可条件、对电信服务市场所实施的竞争规则等。其次,服务业的市场结构(寡头垄断市场结构)在世界范围内普遍存在,这会破坏贸易自由化的收益,因此需要政府对服务业进行管制。最后,服务市场的交易面临着高度的信息不对称,在一些情况下,严格的管制政策可以降低信息不对称现象的发生,从而降低交易成本。

五是技术是影响服务贸易的一个内生变量。在现代发达国家中,服务尤其是生产者服务大多是资本和技术密集型的,如果将技术作为无形资产归入资本,生产者服务的资本密集型将更加明显,所以,应该将假设条件改为假定服务为资本和技术密集型部门,把技术作为一种内生变量,不仅研究技术怎样影响贸易及其增长,同时把技术发展作为科研、投资、贸易和经济增长的一种结果,研究技术变动、国际服务贸易与经济增长相互间的关系。

四、要素禀赋理论在服务贸易领域的演化

要找到与货物商品统一的衡量服务比较优势的理论和方法很不容易。更多坚持传统贸易理论适用于服务贸易的学者把目光投向要素禀赋理论,因为该理论基于产品生产的要素特征,故其对货物和服务没有本质区别。

1985 年,迪尔多夫成功地利用传统的 H-O 模型探讨了服务贸易的比较优势理论。他指出,服务贸易不存在贸易前价格,许多服务贸易涉及要素流动,这两个特性不会影响到比较优势理论的解释力;而某些服务要素可以由国外提供的特性会使比较优势理论原则不成立。琼斯(Jones,1990)认为,导致这一矛盾的原因在于迪尔多夫隐含地假定两国管理者在两国生产中提供的服务质量存在差异。迪尔多夫的解释是两国理论工资差异没有完全体现技术差异,由此迪尔多夫对标准 H-O 模型中的个别要素做了改变,比较成功地解释了国际服务贸易。1985 年,桑普森和斯内普以服务交易矩阵为工具说明,除了服务提供者和服务消费者都不移动的理论交易外,其他服务贸易在以 H-O 模型解释时,需要放弃生产要素在两国间不能流动的假设。1988 年,塔克和森德伯格提出,国际贸易理论、厂商理论和消费者理论均适用于对服务贸易的分析,但存在许多局限性,如当贸易服务的理论生产函数与主要的要素投入相结合时,国际贸易将依赖于需求而不是生产成本;许多服务通常作为中间投入出现在贸易与非贸易品的生产过程中,因而在生产中会出现服务生产函数和使用服务投入的商品生产函数两个阶段的函数。他们认为,由于存在上述缺陷,比较优势理论不能圆满地解释服务贸易,但是通过分析与服务贸易相关的市场结构和需求特征,可以适当地解释服务贸易比较优势。此后,学者们从各个角度对要素禀赋理论进行了修正和扩展,借以解释服务贸易的基础和动因,比较有影响力的模型包括伯格斯模型和萨格瑞模型。

1990 年,伯格斯(Burgess,1990)将服务和技术差异因素引入传统模型用于分析国际服务贸易,以主流贸易理论中的 H-O-S 模型为基础,但做了简单的修正,得到了诠释服务贸易理论的一般模型。该模型说明了服务提供者的服务技术差异如何形成比较优势,从而决定服务贸易格局。他认为,对标准的 H-O 模型做简单的修正,就能得到适用于描述服务贸易的一般模型。

模型的基本假定为:市场完全竞争;规模报酬不变;用资本 K 和劳动力 L 两种要素生产两种产品和一种服务;服务部门的产出作为中间投入参与最终产品的生产,且服务部门使用的要素可用于产品生产部门。如果经济保持分散化,则要素存量的任何变化只会导致部门产出的变化,而不会影响要素价格和国内服务价格的变化。并且,如果技术相同的两国商品可自由贸易(服务不可贸易),即使无一种要素能在国际上流动,两国的要素价格和国内服务价格的差异也会缩小。如果没有运输成本的话,这种价格差异则会完全消失。因此,在服务存在于消费者的效用函数而不是存在于厂商的生产函数内的情况下,商品贸易壁垒的减少,将降低市场参与者从事服务贸易的欲望。

按照伯格斯模型,一个厂商选择合约经营还是选择自身进行服务,取决于服务的市场价格与要素价格。若前者较高,生产厂商就较少依赖服务部门,但用于服务的支出将因要素替代程度的不同而升降。如果技术或政策壁垒阻碍服务贸易,那么提供服务的技术差

别将成为一国商品比较优势的重要决定因素。当然,对此做完整的分析存在困难,但考虑到作为各部门中间投入的服务需求,若两个部门的要素密集程度与两种产品的要素密集程度相反,且各国只在服务技术上存在差别,那么,具有服务技术优势的国家将获得相对昂贵的服务而不是相对低廉的服务。服务技术优势反映在较高的要素报酬上,这种较高投入成本的损失可能超过技术优势带来的收益,即使服务在技术先进国相对低廉,它们也可能不会给相对密集使用服务的部门带来比较优势。

事实上,较低廉的服务意味着服务密集部门相对于其他部门而言将会扩张规模,同时意味着那些大量使用服务部门中密集使用的要素的部门也将扩大规模。当然,这两种部门的扩张不尽相同。比如,如果服务部门只使用劳动一种要素,而技术符合里昂惕夫条件,即投入—产出系数不受投入价格的影响,那么无论哪种产品密集使用服务,服务部门的中性技术进步都将导致劳动密集型产品的增加和资本密集型产品的减少。如果技术符合柯布—道格拉斯函数(Cobb-Douglas function),即各部门的要素分配与投入价格无关,则相对其他部门的产品,密集使用服务部门的产品将会增加。

据此,伯格斯认为,即使服务部门的产品不可贸易,服务技术的国际扩散也会对收入分配和贸易条件产生影响。这一结论导致一个问题,即一国通过许可证贸易或免费向外国转让其具有优势的服务技术是否会削弱其竞争优势? 如果服务技术优势是服务贸易比较优势的唯一来源,或服务技术优势是加强其他决定服务贸易比较优势的因素,那么答案将是肯定的。相反,如果一国服务技术优势是抵消了其他更重要的比较优势的决定因素,那么,即使该国无偿转让技术,也可以通过这种转让改善贸易条件而获得某些收益。

如果具有服务技术优势的国家同时也是资本丰富的国家,且资本丰富就可提高资本密集型产品的比较优势,这样,如果服务部门密集使用劳动,且服务被密集使用于劳动密集型产品的生产中,那么服务技术优势将增强劳动密集型产品的比较优势。如果相对要素存量差别是比较优势和服务贸易的决定因素,且服务技术优势可无偿转让给外国,那么,外国劳动密集型产品的生产将会增加,资本密集型产品的生产将会减少,服务技术出口国的贸易条件将会得到改善。因此,服务技术的出口未必会损害服务出口国的比较优势。相反,由于服务是作为中间产品参与国际贸易的,服务贸易自由化可能会损害服务进口国的利益。

此外,萨格瑞(Sagari,1989)也将技术差异因素引入 H-O-S 模型,分析了国际金融服务贸易。他认为,国家之间的技术差异不仅存在,而且技术转移日益成为服务贸易的主要内容。萨格瑞将技术差异因素纳入 H-O-S 理论框架之中来分析国际金融服务贸易,在一定程度上克服了该理论假定技术要素无差别且相对不变所带来的局限性,使修正后的模型更加符合国际服务贸易的基本特征。另外,萨格瑞用最小二乘法分析了 1977 年世界 44 个国家的相关数据,进一步证明了技术差异和熟练劳动是各国金融服务贸易比较优势的来源这一命题。这一研究结果对发展中国家怎样增强国内服务业的优势和提高国际服务贸易的竞争力具有重要的理论指导意义。此后,克莱维(Kravis)、巴格瓦蒂(Bhagwatti)等人通过两要素一般均衡模型解释服务价格的国际差异,以分析服务贸易发生的基础,认为各国要素禀赋不同导致的服务价格差异可能是服务贸易产生的坚实基础之一。

第二节　新贸易理论与国际服务贸易

国际贸易格局的变化,尤其是发达国家产业内贸易的迅速发展,使得传统贸易理论受到质疑。因为新的贸易倾向既不能用资源禀赋来解释,也不遵循完全竞争理论和规模收益不变的假设。全球贸易 2/3 以上发生在要素禀赋相似的发达国家之间,产业内贸易在国际贸易中占据了很大的比重,而且,大量的产业内贸易是垄断竞争下的寡头厂商产品差异之间的交换。20 世纪 70 年代末,以美国经济学家克鲁格曼(Krugman,1979)为代表的学者指出,国家之间即使没有比较成本的差异,规模经济和不完全竞争相联系的国际产品差异也会引发工业国之间和相同产业之间的贸易,这种状况在国际服务贸易领域尤为明显。他们在以往研究的基础上,突破古典、新古典经济理论中关于完全竞争和规模报酬不变的不现实的假定,创建了一系列建立在不完全竞争市场结构中的贸易理论模型(他们称之为新贸易理论),以区别于以比较优势理论为核心的传统贸易理论。由于服务贸易的市场结构具有很强的不完全性,很多服务行业存在规模报酬递增的现象。国际经济学界自20 世纪 90 年代以来开始以新贸易理论为基础来探讨服务贸易模式、格局及利得的决定。其中,主要的代表性理论有马库森(J. Markusen,1981)建立的服务贸易不完全竞争理论、琼斯(Jones,1990)以及琼斯和凯茨考斯基(Jones & Kierzkowski,1988)的生产区段和服务链理论,以及弗朗索瓦等人(Francois et al.,2001)的服务贸易自由化理论。

一、生产区段和服务链理论

科技进步使服务生产成本趋于下降,服务价格变得越来越低廉。这一变化导致了服务生产的分散化、迂回性。将生产过程分散在不同地点,增加了生产方式的组合,从而导致对服务链更为强烈的需求。由此,国际服务链得到了更为频繁和大量的使用而成为生产过程不可缺少的组成部分。琼斯和凯茨考斯基为此提出"生产区段和服务链"(production blocks and service links)理论,来探讨企业产出水平的提高、收益的增加和要素分工的益处,以及三者如何促使企业转向通过服务链联结各个分散生产区段的新型生产方式。一系列协调、管理、运输和金融服务组成服务链,当生产过程逐渐分散到由不同国家的生产区段合作生产时,对国际服务链的需求就会明显上升,从而诱发国际服务贸易。

(一)生产过程的分散化

图 4-1 描述了生产过程的分散化过程。图 4-1 中的(a)表示单一生产区段,服务投入的影响在这一阶段并不明显,仅仅参与生产区段的内部协调和联结厂商与消费者的营销活动。假定生产分散化改变了固定成本和变动成本之间的比例,而且在生产区段之间增加投入大量固定成本可以导致较低的边际成本,这就是图 4-2 中的 bb' 线反映的情形。在该阶段中,服务业起了重要作用。

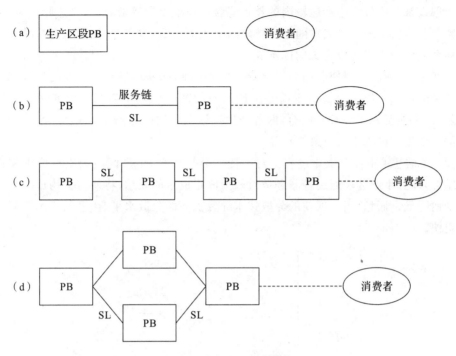

图 4-1 生产过程的分散化

随着生产的扩张,社会分工与专业化程度愈益加深,从而加速了生产区段的分离。图 4-1 中的(b)就反映这一情况。图 4-1(b)中的两个生产区段需要通过服务来协调和联结。这种协调和联结必然需要成本,如运输服务成本。由于生产区段的分散导致总成本中增加了联结生产区段的服务链成本,故新的成本—产出线应为图 4-2 中的虚线 cc'。在图 4-2 中这些服务成本与生产规模基本无关,因此线 cc' 与线 bb' 平行。即使服务链成本随着生产水平的上升而增大,也只需将线 cc' 画得比线 bb' 稍陡一些即可。但是,含有服务链的边际成本应低于相对集中生产(线 aa')的边际成本,否则,厂商将不愿意采用分散生产的方式。

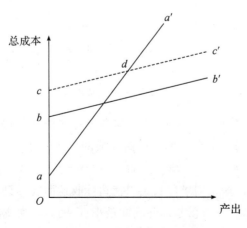

图 4-2 总成本和产出

　　若假设某厂商位于生产区段内的技术隐含着规模报酬递增效应,且边际成本不变,则在图 4-2 中,线 aa' 表示总成本随生产规模的扩大而上升,其斜率为边际成本,截距 Oa 表示厂商和其他与生产区段有关的固定成本。

　　事实上,工业的发展使劳动分工和专业化不断加深,从而导致分散度的提高和生产者服务贸易的增加。图 4-1(c)表示前一生产区段的产品可能作为下一生产区段的生产原料;图 4-1(d)则显示了一种新组合,即各个生产区段的同时运行,每一生产区段的产品在最后的一个生产区段组装成最终产品。

　　图 4-3 描述了上述分散化过程。对于任何分散水平,生产区段内固定成本和边际成本的结合,即各生产区段通过各服务链对较大固定成本的联结,将使得平均成本随着产量的增加而降低。而且,当一项新的分散技术导致更高的分散水平时,平均成本下降的速度将会更快。

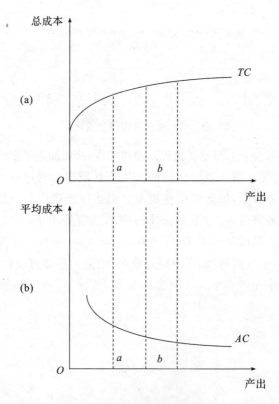

图 4-3　分散后的平均成本与产出

　　图 4-4 说明,随着生产的扩大,边际成本与产量的这种关系刺激厂商采用更为分散的生产技术。若假定生产仍停留在由单一厂商完成的生产区段,且市场需求弹性小于无穷大,则厂商将增加生产直至 $MC = MR$。然而一条既定的边际收益曲线可能与边际成本曲线相交于多个不同的点。如果需求增长足以使边际收益曲线移到 MR_1 处,则位于 b 点的边际收益等于边际成本,但 b 点仅是局部利润最小点,因为增加或减少某个微小产量都将增加利润。a 和 c 点更具竞争力。a 点处的利润显然大于 c 点。这就是说,若产量从 a 点

移到 c 点,那么较低水平的分散生产技术将导致边际成本超过边际收益;但如果采用更为分散的生产技术,从 b 点向 c 点方向的任何微小延伸都将使边际成本低于边际收益。

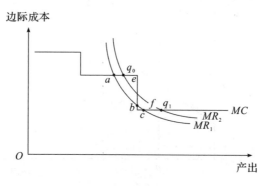

图 4-4　边际成本与产出

如果需求持续平稳增长,同时边际收益曲线外移至 MR_2 处,e 部分与 f 部分的面积恰好相等,厂商在 q_0 和 q_1 处生产没有差别。需求的平稳增加导致生产更为分散,使产量呈阶梯状上升。如果边际收益曲线或相应的需求曲线越富有弹性,则产量的阶梯状就越明显。

生产过程复杂程度的提高使垂直专业化和新厂商的出现成为可能。这时,每个独立的新厂商可能代表着一个新的生产区段和服务链,位于生产链中最下游的生产最终产品的厂商可能完全依赖市场来提供所需的中间产品或服务。如果不止一个部门或一个部门内不止一个生产不同产品的厂商能够利用各个生产区段和服务链,那么子公司抽资脱离母公司的可能性就会大大增加。如电信服务部门存在着固定成本高昂的自然垄断限制,新厂商需要在使用市场服务所带来的成本与直接投资该服务部门获得服务的成本之间进行权衡。许多新厂商往往选择前一种策略,即依靠市场获取电信服务。

(二)国际贸易中的服务链

假定在世界市场上交易的都是最终产品而非中间产品和服务,国内生产的商品反映其比较优势,人们重视规模报酬递增导致的集中化生产,那么与闭关自守状态相比,允许最终产品自由贸易带来的专业化分工能够增加贸易国的福利。同时,生产过程数量的减少使得剩下的生产过程可以更大限度地分散生产。如果一国在某种商品上具有总体比较优势,但并非国内每个生产区段和服务链的成本都比较低,那么,为了追求效率,厂商将在国内和国外分散生产。现实中生动的例子就是,世界汽车工业的发展推动着汽车零部件的国际贸易。

图 4-5 描述了外国服务链引入前后的成本变化,即在同一分散水平上由一条服务链联结的两个生产区段的比较优势结构。H 线代表两个生产区段均在国内时的固定成本和可变成本,H' 线增加了服务链成本。若国内和国外各有一个生产区段成本较低,则国内和国外组合生产之后的成本由 M 表示。假定固定成本仍与 H 相同,但联结国内和国外生产区段的服务链成本大于两个区段均在国内时的成本,即 $ca>ba$。那么,用于联结跨国生产区段的服务链成本将会把最优成本—产出曲线 beH',即 H' 线折成 beM。也就是

说，当产量大于 h 时，可以采用国内和国外相互结合的分散方式进行生产。

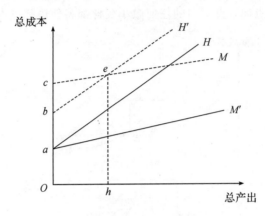

图 4-5　总成本和产量：外国服务链的影响

在上述模型中，生产区段位于不同地点，服务链可由一国以上的服务提供者提供。图 4-5 是假定国内外生产区段的固定成本相同，实际上也可以不同。如果国外生产区段拥有成本优势，那么，它不仅体现在可变成本上，也会体现在固定成本上。另外一个假定是联结跨国生产区段的服务链成本大于联结国内生产区段的成本，这也有例外情况。

以电信、运输和金融服务业为代表的现代服务技术的进步，已卓有成效地降低了国际服务链的相对成本。这使得跨国生产所需的最小规模变得越来越小，即图 4-5 中的 h 点逐渐左移，或者说，服务成本的降低使图 4-2 中的 cc' 线下移，拐点 d 也随之沿着 aa' 线向左下方移动。这样就极大地刺激了各生产区段跨国生产的积极性。在各厂商积极利用国际服务链进行高效率分散生产的过程中，国际服务贸易，特别是生产者服务贸易就获得了大幅度增长。这一理论也揭示了在国际服务贸易中生产者服务贸易比重持续上升的根本原因。

二、马库森理论

马库森（Markusen，1983）根据服务部门的柯布—道格拉斯生产函数和熟练劳动力生产的不变替代弹性生产函数，得出结论：生产企业和任何特定专业化服务的生产规模报酬不变，而服务业及其所提供的服务总量则呈规模报酬递增。马库森认为，服务部门产出虽处于竞争均衡，但并不是帕累托最优状态，因为它没有将规模效应考虑在内。他指出，服务贸易同样存在"先入者优势"，报酬递增规律会使率先进入服务业的厂商以较低成本扩展规模，阻止后来者提供同样的服务，结果必然会降低后来者的福利水平。同理，这一现象也使小国生产规模报酬递增的趋势萎缩，并遭受福利损失。因此，马库森的政策主张是适当的补贴，包括生产补贴和政府提供的公共收入，以使福利最大化。与此不同，凯茨考斯基（Kierzkowski，1987）则用寡头垄断的简单模型，解释国内取消管制的国际影响。该模型将规模经济和厂商的生产函数的范围经济结合起来，并应用古诺（Cournot）方法，把国际市场和国内市场分离，从而推断国内管制的取消可以使服务业在市场上更好地寻求规模经济进行国际竞争。因此，他主张政府应致力于创造不受约束的国内市场。

在后来的一篇文章中,马库森(Markusen,1989)再次对包含高度熟练劳动的生产者服务做了研究,发现相对于要求的固定成本,实际提供的服务的边际成本却较低。他认为,正是这种成本特征使得服务贸易与 H-O 传统贸易有所不同,并导致专业化程度提高和劳动的分离。借助垄断竞争的有关学说,马库森将生产者服务放到货物(或服务)的替代弹性不变生产函数中加以检验分析,得到四个结论:第一,只是单纯的要素禀赋经济也能从贸易中获利。第二,效果比大国竞争对手得到的好处更多,因为多种熟练劳动投入能够提高该部门的最终产出。这与其他的规模收益递增模型相反,后者认为小国由于在贸易前不能达到规模经济而处于劣势。第三,仅有商品贸易并不能保证生产的帕累托效率模式,因为有些专业化受限;而服务贸易则可使这种专业化达到最大并保证最优结果。第四,即使存在垄断理论,关税也未必会提高国民福利,而且关税降低了全球专业化潜力并削弱了最优关税的效率。

规模经济和不完全竞争解释了国际服务贸易发展的推动力,其存在使市场本身的运行处于次优境界。这就为适当的政府干预提供了依据,对发展中国家贸易政策的制定具有重要的借鉴意义。

三、弗朗索瓦理论

与马库森提出并强调的服务部门内部专业化(内部积聚)模型相反,弗朗索瓦(Francois,1990)强调服务在协调和联结各专业化中间生产过程中的(外部积聚)作用。弗朗索瓦通过一个具有张伯伦(Chamberlin)型垄断竞争特征的产品差异模型(一个部门、两个国家),讨论了生产者服务与由于专业化而实现的报酬递增之间的关系,以及生产者服务贸易对货物生产的影响,强调了生产性服务在现代经济发展中的重要作用。他认为,生产性服务可以满足与生产过程紧密联系的复杂的组织需求,实现规模经济,而服务贸易自由化会促进进出口双方企业的技术水平提升,进而可以提高生产过程的专业化水平并实现规模经济。服务部门的专业化导致规模经济效应的出现,专业化应用于生产过程的程度依赖于每个厂商的生产规模,而生产规模又受到市场规模的限制。服务贸易自由化导致服务产品种类增多,生产规模扩大,使服务进口国向更专业化生产方向发展,服务出口国或向专业化或向非专业化生产方向发展,并使与要素总收益相联系的制成品价格下降。随着本国厂商数量的减少,外国厂商数量逐渐增加,但留存下来的本国厂商的规模较贸易自由化前大。他认为,取消国内管制可以促使厂商为获取规模经济效益而进行国际竞争,因此政府最好的政策是创造自由的国内市场。

第三节　商业存在动因理论

一、传统对外直接投资理论在服务业的适用性

第二次世界大战后,对外直接投资的发展和跨国公司的扩张主要发生在制造业部门,

因此有关理论研究也一直集中于此。相比而言,对服务业对外直接投资的分析比较少。随着服务业在发达国家国民收入、就业和国际收支平衡等方面发挥的作用不断加强,服务部门的国内和国际地位迅速提高,对服务业跨国生产和经营的研究也开始发展起来。其出发点首先是对传统对外直接投资理论在服务部门适用性的讨论。通过对不同的传统理论观点在服务部门进行适用性检验,越来越多的经济学家相信,制造业对外直接投资理论经过修正,是完全可以用于分析服务业对外直接投资行为的。其中代表性的研究者主要有以下几个。

鲍德温(Boddewyn,1985)试图使用主流理论来解释服务业跨国公司的行为。他发现,服务产品的特殊性会引发一些问题,如对理论假设前提的违背、对服务产业特定优势区分的难度等。他认为,应该对这些问题进行进一步深入探讨,但不需要作特别的定义和理论解释,只需通过简单的条件限制和详细说明就能容易地运用现有的理论。

邓宁(Dunning,1989)将其在制造业发展起来的国际生产折中理论扩展到了服务部门,解释了服务业跨国公司行为的有关概念和理论问题,指出国际生产折中理论的基本框架是适用于服务业跨国公司的,并对原有的所有权优势、内部化优势和区位优势在服务企业的具体表现进行了阐述,还列举出一些特定服务行业对外直接投资所需要具备的优势。在邓宁的分析基础之上,恩德韦克(Enderwick,1989)又分析了该理论模型应用于服务部门时要特别注意的一些问题,如服务业很多部门是技术复杂性较低的行业,确定企业特定优势较难;又如跨国经营的非股权方式,如许可证、管理合同、特许经营等在服务业中的广泛使用,而这些以市场交换为基础的经营方式对于跨国公司理论中的内部化的作用有着重要的含义。

卢格曼(Rugman,1981)以银行业为基点分析了内部化理论的适用性。他认为,按照内部化理论,跨国公司通过创造内部市场来克服世界商品市场和要素市场的不完全性,同样地,跨国银行也可以实现交易内部化,从而克服国际金融市场的不完全性。与其分析基点相似,亚诺普勒斯(Yannopoulos,1981)、格瑞和格瑞(Gray & Gray,1981)以及佩克乔利(Pecchioli,1984)等也以银行业为分析对象,阐明了邓宁的国际生产折中理论在解释跨国银行业发展方面的合理性。不过,这些分析假定银行的外国子公司在国际金融市场实现运作。格瑞等指出,当一个银行选择在超国家的市场,如欧洲货币市场经营时,不必拥有相同的优势条件,因为在超国家金融市场,没有当地银行,不需要以所有权优势作为补偿优势。这实际上相当于重新定义了区位优势,将其范畴从某一特定国家扩展到了超国家市场,此时,区位优势具有更重要的意义。此外,上述分析指出,在银行业之外的一些服务部门,如国际饭店业、商业服务业、商业服务公司的外国机构等,所有权优势、内部化优势和区位优势也同样适用,只不过需要根据行业特点做一些限制和详细说明。

二、服务业对外直接投资的理论

目前涉及服务业对外直接投资的理论已有了一定的发展,比较典型的如巴克利和卡森(Buckley & Casson,1977,1981)的"内部化"理论。他们在原有"内部化"理论的基础上,说明服务企业也有内部化中间市场的优势。他们强调,服务消费中买者的不确定性是市场不完善的来源之一,将会导致较高的交易成本,从而使企业的对外直接投资成为一种必要。

作为对外直接投资理论的集大成者,邓宁(Dunning,1977,1980)在服务业对外直接投资方面也有比较系统的论述。他指出,服务业对外直接投资也应同时具备所有权优势、内部化优势和区位优势三个条件。相对而言,该理论体系比较完善,也最具代表性,因此本书将以此为基础,对服务业对外直接投资的基础和动因做出解释。

(一)所有权优势

服务业所有权优势可以理解为企业得以满足当前或潜在顾客需求的能力。一般有三个重要的评判标准:①服务的特征和范围,如服务的构思、舒适度、实用性、可靠性、专业化程度等;②服务的价格和成本;③有关售前、售中及售后服务。具体来讲,服务业跨国公司的所有权优势主要体现在以下几个方面。

1. 质量控制

由于服务一般具有不可储存性、异质性等特点,所以,保证服务质量对企业尤为重要。特别是随着收入水平的提高和企业之间竞争的加剧,质量日益成为影响消费者服务需求和生产者服务需求的更为重要的变量。在许多情况下,质量比价格更为重要,它可能是决定服务业跨国公司竞争力的一个最重要的变量。在一些行业中,企业创造和保持一个成功品牌形象的能力、企业在多个地区提供服务时实行质量监控的能力和降低购买者交易成本的能力,对于服务业跨国公司的质量形象及其竞争优势是至关重要的。

2. 范围经济

范围经济是指在地点和品种选择方面能满足顾客需要的程度。如零售商店提供的服务,如果零售商储存产品的范围越广,数量越大,就越能通过讨价还价方式以较低价格从供应商处获得商品,相应地,顾客的交易成本也会随之越低(消费者只要在一处就能买到几种商品)。连锁商店讨价还价能力的提高,也能使它们加强对其买卖的产品和服务质量的控制。另外,在航空公司、连锁旅馆、企业咨询等服务行业中,也不同程度地存在着范围经济。

3. 规模经济

服务业企业的规模经济和专业化与制造业企业相比并无二致。波音747飞机的运量与波音727飞机相比、大医院的医疗服务与小医院相比,前者单位成本都比较低。这些与汽车、药品等产品的大规模生产的规模经济并无区别。大型服务业公司还往往得益于优惠的融资条件和折扣等。至于规模经济和范围经济产生的分散风险优势,则在保险、再保险和投资银行业更为明显,而且,在这三个行业中,规模经济几乎是成功进行跨国经营的前提条件。

4. 技术和信息

在制造业中,衡量生产技术和产品知识成分的指数,通常是 R&D 占销售额的比重,专业人员、科技人员和工程人员在总就业中的比重,取得的专利数量等。在许多制造业中,发明新产品的能力、低成本生产的能力、提高产品质量及其可靠性的能力是关键的竞争优势。虽然服务业偏重于软技术,如管理、信息、经验等,但基本思路和原则与制造业是一致的。在一些服务业中,采用数据技术,从事获得、扩展、加工、储存、监控、解释和交换信息,并尽量降低成本的能力,是关键的无形资产或核心竞争优势。可以推断,以信息的获得、储存、加工和传输为主要内容的服务行业,情况尤为如此。然而,由于许多服务活动的数据技术含量都在不断提高,所以,如果依据信息密集度来划分服务业就变得日益困难了。就银行、保险、咨询来说,它们的增值活动大部分是信息的采集、解释和传输,因此,从这个角度看,它们基本上都是信息服务业。知识经济的出现、信息经济的持续发展和跨境交易成本的不断下降,导致知识密集型行业跨国公司激增。虽然,各种规模的企业都得益于数据技术,但因为数据技术需要昂贵的辅助资产、固定成本或基础设施,并且能为规模经济、范围经济以及垂直一体化提供机会,所以它们特别有利于大型的、经营多样化的跨国公司。

5.企业的信誉和商标名称

服务是典型的"经验产品",其性能只有在消费之后才能得到评价,而且由于服务的主体是人,其性能还往往呈现出多边性,因此信誉和商标这样的非价格因素往往是服务业企业向消费者传递信息的有力手段,也是企业主要的竞争优势之一。许多成功的服务业跨国公司,如所罗门兄弟、贝恩等,其卓越服务和优良品牌的扩散往往成为对外直接投资的先导。

6.人力资源

服务的施动者和受动者都是人,人力资源素质的提高无疑将使服务的质量和数量大大提升,有利于增强企业的优势。另外,在人力资源的使用过程中还普遍存在着"干中学"和"溢出效应"这样的动态效应,为服务企业优势的创造、保持和发展奠定基础。所以,人力资源对于服务企业来说尤为重要。

7.创新

在许多情况下,创新形成了跨国服务公司的竞争优势,如美国的沃尔玛、法国的家乐福等跨国零售企业在国外采取了超级市场的新概念,国际医疗服务连锁经营把现代管理方式运用到传统上一直缺乏商品敏感度的领域而取得了竞争利益。把商品和服务结合在一起进行创新,也可以得到竞争利益,如计算机辅助设计、数据传递、娱乐服务等。不断在生产、经营和管理等方面进行创新,是现代企业保持恒久竞争力的根源。

此外,所有权优势还可以表现在服务业企业利用诸如劳动力、自然资源、金融、数据处理和传送设备等投入进入产品市场的机会,进入信息、金融、劳动力国际市场的机会或对国际市场的了解程度等方面。这些对服务业企业尤为重要。

(二)区位优势

区位优势与所有权优势和内部化优势不同,它是东道国所有的特定优势,企业无法自行支配,只能适应和利用这种优势。区位特定优势主要表现在以下几个方面。

1.东道国不可移动的要素禀赋所产生的优势

不同的服务行业对外直接投资对区位优势的要求也不同。如旅游业服务点的选址显然与金融业大不相同,前者需要考虑气候、自然风光、名胜古迹等;后者则集中在商业中心。除了区位约束性服务外,跨国公司对东道国的区位选择主要受服务消费者需求的支配,因此东道国人口数量、人口素质、习惯性的消费偏好等因素也决定了跨国公司的对外直接投资行为。此外,东道国较大的市场规模、优越的资源质量、较为完善的基础设施以及地理相邻、语言相通、文化相近的地缘优势等因素,也构成了重要的区位优势。

2.东道国的政治体制和政策法规灵活、优惠而形成的有利条件

东道国政府在服务领域的政策干预可能会给投资者创造更好的竞争机会。如美国废除了对金融业混业经营的限制,这不仅有利于其境内的金融机构向大规模发展,也有利于外资金融机构扩大其在美的经营范围,从而有利于吸引外国投资。又如,我国台湾地区由于逐渐放宽了对服务业外资的限制,成为东南亚地区服务业直接投资流向的一个热点。

3.聚集经济也是一种区位优势

竞争者集中的地方,会产生新的服务机会,这种服务是针对市场发展需求而产生的。如国际银行在竞争者集中的大金融中心创立银行间市场、严重依赖专业信息来源和专门技巧的服务商大多选择同类企业相对集中的领域、保险和银行业常常会选择主要城市和中心商业区等。

区位优势的获得与保持往往是服务业对外直接投资的关键。当企业投资的产业选择与东道国的区位特色相融合时,会强化产业比较优势和区位比较优势,促进对外直接投资的发展;反之,则使两者的优势相互抵消、衰减乃至丧失。但应注意的是,区位优势因素直接影响跨国公司对外直接投资的选址及其国际化生产体系的布局,只构成对外直接投资的充分条件。

(三)内部化优势

内部化优势指服务业企业为了克服外部市场的不完全性和不确定性,防止外国竞争对手模仿,将其无形资产使用内部化而形成的特定优势。一般而言,与服务业跨国公司特别有关的内部化优势包括以下几个方面。

1.避免寻找交易对象并与其进行谈判而节约成本

服务业国际贸易的起始点是跨越国境寻求合适的客户资源,这其中必然会产生包括寻租成本、协商成本等在内的一系列交易成本。跨国公司通过将外部交易内部化,可以有效地降低交易成本,尤其是当跨国投资的启动成本低于外部交易成本时,对外直接投资就是有利可图的,企业也能因此取得竞争优势。

2.弱化或消除要素投入在性质和价值等方面的不确定性

由于服务产品的差异性较大,又具有量身制作的特征,而信息的不对称性使得买方对产品的了解程度远低于卖方,容易出现服务业的买方出价过低或卖方要价过高的现象。内部化可以克服以上弊端,消除投入方面的不确定因素。这对于中间性服务产品尤为重要。

3.中间产品或最终产品质量的保证

产品质量控制是服务业企业对外直接投资的主要动力之一。通过将服务交易内部化,服务企业可以用统一的衡量标准,实现在全球范围内对产品质量的监控,使其所有权优势得以保持和发挥。

4.避免政府干预

目前,对服务产品跨国交易的严格管制普遍存在,配额、关税、价格管制、税收差异等干预手段层出不穷。相对来讲,外商投资由于其在一国经济发展中所产生的积极影响而易于被东道国所接受。因此,通过跨越国境投资设厂可以降低服务业国际交易中的政策性因素干扰,而且能得到东道国的一些优惠性投资待遇,有利于企业在当地市场展开竞争。

邓宁认为,下列几种类型的服务业企业具有内部化开发利用优势和从事对外直接投资的强烈倾向:

(1)信息密集型的服务行业,如银行业和商业服务。这类企业以拥有的信息和知识为主要优势,这些知识带有默示性质,生产费用高、过程复杂且特征性强,但易于复制,只有在企业内部才能得到更好的保护和更有利的运用。

(2)以产品品牌或公司形象而著称的公司,如建筑、汽车租赁、广告和一些商业服务行业。当企业寻求质量保持和商誉维护时,就需要为服务产品建立严格的、直接的质量标准,此时就会出现水平一体化,因为内部化比外部市场交易对于质量标准的控制更加有效。

(3)以知识为基础的创新型服务企业。实现生产和消费的垂直一体化有利于新型服务产品的推广,这是因为在创造服务需求和普及服务产品时,需要指导购买者消费服务,而创新者对其产品所具备的知识使其成为最佳引导者。

(4)拥有商标和版权等无形资产的企业。这类企业会在国外建立保护其资产权利的分支机构。

(5)工业跨国公司拥有股权的服务业附属公司。这些公司旨在保证制造业公司以最优条件获得投入物,帮助母公司维持和发展生产、出口及海外市场。

邓宁的内部化优势理论源于巴克利和卡森等人的分析,但他认为,拥有无形资产所有权优势的企业,通过扩大组织和经营活动,将这些优势的使用内部化,可以带来比非股权转让更多的潜在或现实利益;然而,拥有所有权内部化优势的企业也可以扩大国内的规模,并通过出口来获得充分的补偿,并非一定要进行对外直接投资。所以,这两项优势只是企业对外直接投资的必要条件,而非充分条件。

三、发展中国家服务业对外直接投资的理论

邓宁的折中理论很好地解释了发达国家服务业对外直接投资的原因,但事实上发展中国家服务业对外直接投资也一直呈上升趋势。然而,严格来讲,它们的许多跨国公司并不具有邓宁所述的那种优势,因此在解释这部分对外直接投资时需要另辟蹊径。近年来出现了一些专门研究发展中国家对外直接投资动因的理论,其中一部分研究并未将服务业排除在外。下面将对其进行分析。

(一)市场控制理论

绝大多数商品经营都需要中间服务,但每一个中间服务者的服务能力有限,且只愿意为那些利润大风险小的商品经营者服务。因此,如果一个厂商的商品或服务不能给中间

商以高额利润,或者该厂商的生产经营风险较大,它就难以从中间商那里得到良好的服务。厂商往往需要在公众心目中树立自己特有的形象,以确定自己的市场地位,所以它有必要控制、影响中间商或自己直接与公众接触;而如果中间商不予合作或合作不好,厂商直接与公众接触就成为必要。

在以上两种条件下,只要具有经济、技术、法律上的可行性,只要对企业的总体发展有利,企业直接控制中间服务,把中间服务纳入自己的运行机制中,就成了理性选择。这里的直接成本并不起决定作用,相对优势也不是前提条件。当母企业在发展中国家,中间服务在发达国家时,母企业向发达国家投资,并在发达国家建立自己的商品服务中间机构——子公司、分公司,发展中国家进行直接投资就无可厚非了。

(二)国家利益优先取得论

从国家利益的角度看,多数发展中国家,特别是社会主义国家的企业进行对外直接投资有其特殊性。由于这些国家的企业,尤其是其服务企业,按优势论的标准来衡量,根本不具备跨国经营的条件,但在世界经济一体化浪潮的冲击下,国家会出面支持和鼓励企业进行对外直接投资,寻求和发展自身优势。这种性质的对外直接投资不仅使投资者能够保持资本所有权,并取得资本收入,还使投资者保持对资本运行和使用的控制权,从而获得远比货币收益更广泛的综合效益。主要包括以下几个方面。

1. 资源转换效用

投资国通过对外直接投资,可以直接从国外取得低成本的资源供给,享受东道国提供的基础服务,还能吸取和传输国外先进技术成果和管理知识。这是目前发展中国家鼓励和支持企业对外直接投资最根本的动因之一。

2. 产业结构调整效用

一般而言,东道国向国外进行"一揽子"要素转移的部门,往往是国内发展较为成熟、产品供给相对发达甚至饱和的产业部门。通过直接投资的方式进行生产的跨国界转移,既保证了现有资产的应有价值,又起到了调整和优化国内产业结构的作用。

3. 市场竞争效用

跨国经营企业数目的增多和规模的扩大,会对国内原有的竞争趋势产生不可忽视的影响。一些率先进行对外直接投资的企业,将会因为在国外取得了新的市场空间,或者取得了稳定的资源供给以及新的技术信息等,大大增强自身的竞争实力,给国内的竞争对手带来新的压力,迫使其效仿先行企业,或者采取对外直接投资方式,或者改进经营,加强研究与开发,提高服务产品质量等,以应付挑战。这些都会对投资国竞争水平的提高、经济活力的增强产生积极作用。

(三)小规模技术理论

竞争优势绝对化是邓宁折中理论的最大缺陷。美国经济学家威尔斯(Wells,1977)的小规模技术理论对其不足进行了弥补。威尔斯指出,发展中国家跨国企业的竞争优势来自低生产成本,这种低成本是与其母国的市场特征紧密相关的。

威尔斯主要从三个方面分析了发展中国家跨国企业的比较优势:

（1）拥有为小市场需要提供服务的小规模生产技术。低收入国家制成品市场的一个普遍特征是需求量有限,大规模生产技术无法从这种小市场需求中获得规模效益,而这个市场空档正好被发展中国家的跨国企业所利用,它们以此开发了满足小市场需求的生产技术而获得技术优势。

（2）发展中国家在民族产品的海外生产上颇具优势。发展中国家对外投资的另一个特征表现在鲜明的民族文化特点上,这些海外投资主要是为了服务海外同一种族团体的需要而建立的。一个突出的例子是华人社团在食品加工、餐饮等方面的需求带动了一部分东亚、东南亚国家和地区的海外投资。而这些民族产品的生产往往利用了母国当地资源,在生产成本上占有优势。

（3）低价产品销售战略。与发达国家跨国公司的产品相比,物美价廉是发展中国家产品最大的特征。当然,这一特点也自然成为发展中国家跨国企业提高市场占有率的有力武器。

（四）规模经济理论

对于很多商品或服务的生产经营者来说,随着生产技术、管理技术的进步和企业生产规模的扩大,与商品或服务的市场价值增加相比,企业商品或服务的生产经营成本有递减趋势。在实践中,这种趋势主要表现为大规模商品或服务生产效率的提高、同一商标的经济性、信息分享的经济性、市场影响与控制的经济性等。当具有规模效应的企业的商品或服务的生产具有可分性时,企业在国外设立子公司、分公司就有了可能,也成为企业实现规模经营的一种形式。在这里,只要规模经济效果大于设立子公司、分公司的成本,对外直接投资就是可取的。当市场或要素在发达国家,母企业在发展中国家时,发展中国家企业向发达国家直接投资就成了理所当然的事。

☞ **重要概念**

服务的可贸易性；伯格斯模型；萨格瑞模型；生产区段和服务链

☞ **思考题**

1.分析学术界对于传统的国际贸易比较优势理论在服务贸易中是否存在的适用性观点。

2.服务贸易的比较优势如何体现?

3.迪尔多夫分析服务贸易比较优势时着重分析了哪三个方面?

4.在服务链理论中,现代科学技术的进步如何影响国际服务链的成本?

5.马库森理论和弗朗索瓦理论的主要区别在哪里?

6.服务业跨国公司的所有权优势主要表现在哪些方面?

7.简述与服务业跨国公司特别有关的内部化优势。

8.简述制造业和服务业在选择跨国经营方式上的差别。

第五章
服务贸易自由化理论概述

☞ **本章提要**

本章分为三节。第一节介绍了服务贸易自由化的定义与内涵,重点是对服务贸易自由化的经济效应从规范和实证两个角度予以介绍。第二节介绍了服务贸易自由化的非经济效应,包括服务贸易自由化对国家主权、国家安全与环境的影响等几个方面。第三节对服务贸易自由化理论当前研究的不足予以了介绍。

☞ **学习目标**

1. 掌握服务贸易自由化的概念与内涵。
2. 认识服务贸易自由化的经济效应与非经济效应。
3. 认识服务贸易自由化与贸易保护的关系。
4. 认识发展中国家开发服务市场的条件与步骤。

☞ **引导案例**

“国产电影保护月”之说始于 2004 年。当年,为了保护国产大片,广电总局口头下达指令,在《十面埋伏》上映期间,不得上映其他进口大片,最终令该片创造了 1.6 亿元的票房佳绩。此后,“保护月”的做法保留了下来:每年的某一段时间,影院一般不会上映进口大片,而是以放映国产电影为主。在现在可以查到的相关官方文件中,确实未曾直接出现过“国产电影保护月”这个专属名词。具体地说,“国产电影保护月”这个名词是由媒体和业界共同创造的。国产电影保护月发展至今,具体起止时间每年都有所不同,但可以确定的是这段时间一般都会落在 6 月至 8 月,也就是观影人次出现高峰期的暑期档。国产电影保护月一经出现,关于它的争议就一直没有停歇过。

2017 年暑期电影市场中,国产电影佳作《战狼 2》一举拿下 54 亿元票房。从排片方面不难看出,同期与《战狼 2》形成竞争的都是在票房竞争力方面相比好莱坞电影略逊一筹的国产电影,不能不说,“国产电影保护月”在这部影片上成功发挥了作用。必须承认,这一做法有效地维护了我国电影的文化主权。中国电影需要有自己的文化特色,在好莱坞电影文化的冲击下,我国电影的文化主权形势严峻。"保护月"的出现,增加了国产电影的排片量,让更多融入中国特色电影文化的电影走进人们视野,给中国一些优秀导演更多的机会,让观众更多地接触到中国电影。

第一节　服务贸易自由化概述

一、服务贸易自由化的定义与内涵

贸易自由化(trade liberalization)是一个非常宽泛的概念,通常是指政府通过私营企业的更多参与而对经济实施更少的管制和限制。从技术上来说,贸易自由化即指减少关税和非关税壁垒,实施限制贸易的管制改革,以增加国家福利。贸易自由化包括货物贸易自由化(trade in goods liberalization)和服务贸易自由化(trade in services liberalization)两个方面。货物贸易自由化通过减少或消除货物贸易的关税和配额等来实现,而服务贸易自由化通过影响服务贸易的管制改革来实现。在此,仅针对服务贸易自由化的定义与内涵进行阐释。

GATS虽然倡导多边服务贸易自由化,却没有对服务贸易自由化予以明确的定义。国外学术界虽然围绕服务贸易自由化问题进行了大量研究,但也未对服务贸易自由化概念本身进行清晰的界定,多数解释是基于 GATS 对服务贸易定义基础上的技术性说明。例如,詹姆斯·霍治(2002)认为,"服务贸易自由化是指减少四种提供模式下都存在的、针对市场准入而设置的管制壁垒及歧视性的国民待遇"。这表明,服务贸易自由化即是放松跨境交付、境外消费、商业存在和自然人流动四种提供模式的市场准入和国民待遇的限制措施。

近年来,部分国内学者试图给出服务贸易自由化确切的、规范性的定义。范小新(2002)提出,"所谓服务贸易自由化,是指为实现自由服务贸易的贸易目标,提高经济效益、优化资源配置和经济福利最大化的经济目标,以及国家利益最大化的总体目标,各国(含国家集团)通过各种途径在本国并促使其他国家采取减少直至最终消除妨碍服务贸易自由、公平市场竞争的法律和规定,建立并维护服务贸易自由、公平的市场竞争规则的充满矛盾和冲突的曲折过程"。他从一国的贸易目标、经济目标和总体目标的角度来定义服务贸易自由化,指出服务贸易自由化包含了双边、区域和多边等三个层面,并说明服务贸易自由化本身是贸易自由和市场公平竞争的实现过程。

张汉林(2002)和黄建忠、刘莉(2008)对服务贸易自由化的定义则更为简练、规范。前者将服务贸易自由化定义为"一国政府在对外贸易中,通过立法和国际协议,对服务和服务有关的人、资本、货物、信息在国家间的流动,逐渐减少政府的行政干预,放松对外贸易管制的过程"。后者对服务贸易自由化的定义是"不断修改和调整管理服务商品流动、服务要素的市场准入的法律及规章制度,降低进行服务贸易的壁垒,从而创造出更开放和竞争程度更高的服务贸易的交易制度和环境的过程"。两者的定义如出一辙,都强调了服务贸易自由化是政府逐步放松管制、削弱限制的过程,是创造开放竞争的交易环境、实现最佳经济效益的过程。

从定义来看,服务贸易自由化应该包含以下几个方面的含义。

第一,服务贸易自由化是一个不断演进的动态过程。服务贸易自由化是一个发生、发展、演变的动态过程,它以世界市场经济的形成为前提,以生产社会化程度的提高和社会分工的深入为背景,以国际经济贸易行为为基础,以实现资源的合理、优化配置和获取最佳的经济效益为目的,是各国政府对服务贸易减少干预和限制、对服务贸易逐步放松管制的过程。但是,服务贸易自由化不是绝对的自由化,而是逐渐减少政府干预的一种状态,是向着自由化方向发展的一个过程。同时,服务贸易自由化也不可能是一蹴而就的,它要与各国的服务业和服务贸易发展水平相适应。一国只有具备了一定的服务行业竞争力、一定的国际化和开放程度,以及一定的人力资本和技术水平,才能有效地实施服务贸易自由化措施,参与国际竞争。对于发展中国家而言,由于服务业落后,人力资本匮乏,服务贸易处于比较劣势的状态,实施服务贸易自由化的难度很大。考虑到这些因素,GATS 提出,应采取渐进的方式,逐步实现多边的服务贸易自由化。GATS 第 19 条第 2 款写道:"自由化进程的进行应适当尊重各成员的国家政策目标及其总体和各部门的发展水平。个别发展中国家成员应有适当的灵活性,准许其开放较少的部门,放开较少类型的交易,以符合其发展状况的方式逐步扩大市场准入,并在允许外国服务提供者进入其市场时,对此类准入附加旨在实现第 4 条所指目标的条件。"除了多边层面的服务贸易自由化,还存在区域性的、双边的和一国自主的服务贸易自由化。但是,不论在何种范围内或层面上,服务贸易自由化只能是一个动态的、不断演进的发展过程。

第二,服务贸易自由化以政府对贸易的干预弱化、服务贸易壁垒减少和降低为重要标志。服务贸易自由化是各国通过减少服务行业的垄断经营,放宽对服务贸易市场准入的限制,给予外国服务和服务提供者国民待遇,从而赋予外国服务和服务提供者更广泛的参与权。但是,服务贸易的限制与货物贸易的关税限制不同,其更多地表现为一国的政策法规和规章制度等非关税壁垒,如对市场准入的管制措施和对非国民的歧视性待遇。这类壁垒形式与政府的干预密不可分,而服务贸易自由化需要政府减少干预和限制,对服务贸易放松管制,逐步削减和降低服务行业的准入门槛和贸易壁垒。GATS 明确规定,各成员方应通过连续不断的服务贸易谈判,逐步扩大各成员方承诺开放的部门范围、缩小限制领域、减轻限制程度,将服务贸易自由化推向更高层次。总之,服务贸易自由化是通过服务贸易壁垒的削减以及政府干预的弱化来体现的。

第三,服务贸易自由化不等于简单的撤销规则和解除管制。服务贸易自由化的发展一方面要求实施有效的管制;另一方面也要求从政策上推动有效的竞争,包括实施禁止服务提供者垄断行为的竞争政策。但是,服务贸易自由化常常被简单地理解为取消对服务行业的监管或解除管制(deregulation),这与 GATS 的要求是不相符合的。GATS 第 6 条第 1 款规定:"在已做出具体承诺的部门中,每一成员应保证所有影响服务贸易的普遍适用的措施以合理、客观和公正的方式实施。"GATS 的目标是逐步实现服务贸易自由化,而不是解除管制,它在倡导服务贸易自由化的同时,也赋予各成员方强化服务市场监管的权力,以保证现有的管制措施不会对市场上的外国服务和服务提供者构成歧视。通过必要和适度的管制,使服务贸易自由化符合各成员方宏观经济发展与经济安全及社会稳定目标的要求。马图和索维(Mattoo & Sauvé,2003)指出:"实际上,服务业的自由化常常需要管制,甚至强化管制,但是这种管制,无论为了实现经济目的,还是为了实现社会目的,都可以以更透明、更有效的方式加以设计、实施或者执行。"可见,服务贸易的自由化不但离不开管制,而且随着服务贸易自由化的深入,对管制规则的要求和标准还会逐步提高。

由此可以认为,服务贸易自由化是指各国以促进资源优化配置和维护国家利益为前提,通过多边谈判相互降低服务贸易壁垒,并形成公平、互利的多边贸易规则,促进服务产品和服务要素更加自由流动的一个过程。

需要强调的是,国际服务贸易自由化不是绝对的自由化,而是逐渐减少政府干预的一种状态,是向着自由化发展的一个过程。国际服务贸易自由化是在经济全球化、经济网络化、多边贸易自由化、跨国公司和服务业迅速发展等环境背景下开始发展起来的。服务贸易自由化是贸易自由化在服务领域的具体表现。

服务贸易自由化有其自身的一些特点。首先服务贸易自由化的前提是优化资源配置和维护国家利益。实现资源优化配置,提高资源的利用效率,促进经济的增长和国民福利的提高,是每个国家所要追求的目标。服务贸易自由化必须能够帮助这一目标的实现,而不是相反。但服务贸易自由化涉及范围比货物贸易自由化更广,包括运输、旅游、教育、金融、通信等行业。由此可见,服务贸易自由化会涉及敏感性行业和意识形态领域,因此在服务贸易自由化过程中强调国家利益是必需的。各国在参与服务贸易自由化时,不仅需要考虑经济利益,更重要的是考虑服务贸易自由化对国家安全、文化等方面的影响。其次,服务贸易具有开放性。对外开放本国的服务市场、提高服务贸易自由化程度是世界贸易组织提倡的原则,也是发展国际服务贸易必要的前提条件。由于在要素禀赋、管理制度、历史文化等方面存在差异,各国在服务贸易上具有不同的比较优势,客观上存在相互交流的潜在利益。但大量存在的专门针对服务产品和服务要素的贸易壁垒限制了国际服务贸易的发展。因此,各国只有彼此开放国内市场才能更好地发挥各自服务行业的比较优势,实现服务要素的合理配置和服务产品供给效率的提高。最后,服务贸易自由化是一个过程,不能一蹴而就。服务贸易自由化水平的提高有赖于各国对服务贸易壁垒减让程度的提高。但是各国在服务贸易壁垒的减让范围、程度、速度以及对服务贸易自由化的利益分配等关键性问题上存在很大差异,因此,服务贸易自由化只能逐步进行。

二、服务贸易自由化经济效应规范分析

目前进行跨境服务贸易的行业绝大多数都是生产性服务业,贸易对象都是能够用于中间投入的服务产品,因此服务产品进口增加不仅对国内服务业而且对其他行业也会产生影响。服务贸易自由化必然带来服务业跨国投资的增加,这样会改变国内服务市场的结构,不仅对服务业本身产生影响,并且通过产业间的联系,对其他行业也会产生影响。这些影响需要一定时间之后才会显现出来。从长期影响来看,服务贸易自由化对一个国

家的服务市场结构、管理制度和技术水平的改善和提高都有很大的促进作用。另外,与货物贸易自由化一样,服务贸易自由化也会对收入分配产生影响。总体而言,服务贸易自由化有利于各国经济效率的提高,主要体现在以下几个方面。

(一)静态经济效应

服务贸易自由化的静态经济效应是指通过服务贸易自由化能为参与方带来交换的利益。服务贸易自由化的静态经济效应主要是通过服务产品的跨境贸易实现的。当一方降低服务贸易壁垒,外方的服务产品和服务要素的进口就会增加,这样可以增加服务产品的数量和种类,同时降低产品价格,从而使消费者福利增加。特别是作为中间投入品的生产者服务的质量和数量的增加会对下游产业的发展起到明显的促进作用,这会增加生产者的福利。通过对消费和生产的综合影响,一般情况下,服务贸易自由化都会增加参与国的经济福利。

(二)动态经济效应

1.经济增长效应

资本效应和技术进步效应被认为是 FDI 影响东道国经济增长的最主要的两条途径。就国际投资对东道国的资本形成效应来看,促进资本形成历来被认为是国际投资对东道国(尤其是发展中东道国)经济增长的重大贡献。国际直接投资不仅能增加东道国的资本存量,也能为东道国当地资本市场提供具有吸引力的投资机会,动员当地储蓄,成为引发国内投资的催化剂。外资在资本形成方面的作用对发展中国家来说更为突出,这是因为资本对发展中国家来说是稀缺资源。

服务业 FDI 对东道国经济增长的效应也是通过资本投入和技术进步效应来实现的。服务业 FDI 的进入首先表现为给东道国带来了大量的资本,增加了相关东道国产业的资本投入。资本的积累是经济增长重要的直接推动力。但根据资本效用递减规律,FDI 投入资本对东道国的作用产生的是短期效应。FDI 对东道国经济增长的长期效应还要依靠技术进步效应来实现。服务业中所包含的技术组合不同于制造业,FDI 不仅是东道国服务业获得硬技术的主要途径,也是东道国服务业获得软技术的主要来源。

例如,在银行、保险和饭店等行业,投资方会对其子公司进行一系列的技能与知识培训;管理咨询公司通过培训逐步提高当地企业的专业服务能力等。服务业 FDI 软技术的输入所带来的不只是单纯的一种技能,也能不断改进东道国的服务环境。这是经济发展到工业化中后期,继续推动经济增长的主要力量。服务业 FDI 技术进步效应对东道国的作用既产生于服务业 FDI 自身较高的技术水平,也产生在与东道国服务业合作竞争过程中的技术溢出。

2.劳动就业效应

服务业相对于制造业具有较高的就业增长弹性,因此,服务业外国直接投资能创造出比制造业更多的就业岗位,带动更大程度的就业增长。当然,服务业外商直接投资的进入,在短期内由于存在一定的挤出效应,可能会引起就业量的暂时下降。这主要是由于外资企业的进入促使东道国本国一些竞争力较为薄弱的同类型服务企业的倒闭,跨国服务企业在接收或并购这些倒闭企业后一般都要进行裁员或者是削减公司组织结构等。但并不能因这种短期的挤出效应就对外资的进入做出全盘的否定：从长期来说，服务业外资的进入对东道国就业量的增加有积极作用，有利于缓解就业压力。

3. 竞争及淘汰效应

所谓竞争效应，是指由于服务贸易自由化，国内的服务业市场竞争加剧而产生的一种动态变化。无论是跨境服务产品贸易，还是通过商业存在、自然人流动完成的非跨境服务贸易，外国服务产品和服务贸易的参与必然会使国内的服务市场的供给量增加，竞争程度有所提高。对于国内的服务提供商来说，竞争效应有两方面的含义：

首先，竞争的促进作用。随着市场准入程度的提高，外来的产品和服务要素加入，逐渐打破了垄断的市场结构。在外来竞争的压力下，国内服务提供商不得不加快提高服务产品的质量和供给率。这对于国内服务商的竞争力提高是很有帮助的。此外，由于服务业具有依赖性强、渗透性强、价值链延展性强等特点，服务业对外直接投资对东道国的作用不仅仅局限在服务业自身，对东道国的第一、第二产业结构同样产生作用，尤其是服务业中的生产性服务业是第二产业价值增值的重要动力。

其次，竞争的淘汰作用。由于外来的服务产品或者服务商的竞争力会比较强，在竞争中会大量挤占国内服务商的市场份额。国内的服务提供商面对着利润下降、市场份额被挤占的状态，不得不开辟新的经营领域，但由于自身控制风险的能力较低，往往会造成更大的经营困难，有些规模和实力比较小的服务商会直接退出市场。

4. 制度创新效应

由于服务贸易自由化程度的提高，大量的外国服务企业和服务产品会进入国内服务市场，不仅服务业与其他产业的关系会发生变化，而且服务业内部各行业之间的关系也会发生很大变化。因此，参与国对本国的产业政策、竞争政策、国内管制制度等都要进行调整。

随着自由化程度的提高，国内管制制度一方面要放松对市场准入的限制，另一方面又要对可能造成的风险进行防范和监管，因此国内管制制度的改革和创新压力会增加。来自于不同管制环境下的企业和产品同时出现在东道国市场上，如何发挥它们的积极作用、抑制它们的消极作用是管制当局着力的重点。服务贸易自由化的程度越高，对于制度创新的刺激就越强。

服务贸易自由化能够刺激发展中国家去寻找更加有效的制度，但是制度创新效应能否为发展中国家找到一个适应本国的制度还存在很大的不确定性。发展中国家要引入一个新的制度，最简单的方法就是对国外制度进行模仿，学习国外成熟的制度。但是没有两个国家可以采用完全一样的制度。这种制度上的模仿必须经过试错和修正之后，才能真正适应本国的实际情况。随着服务贸易自由化程度的提高，留给发展中国家进行制度模仿、试错、修正的时间越来越短，或者说是试错、修正的代价越来越大。为了更快获得服务贸易自由化所带来的各种利益，有些发展中国家盲目地模仿发达国家的管制制度，迅速降低了对主要服务业的管制水平，结果造成国家对于国民经济的控制力下降，并在外力的推动下导致经济和社会的动荡。无论是在引发 1995 年墨西哥金融危机、1997 年亚洲金融危机，还是 2001 年阿根廷金融危机的原因中，盲目模仿发达国家管制制度，放松对金融业特别是对银行业的监管都是最直接的原因之一。

5.技术外溢效应

服务贸易自由化会使更多国外先进服务产品和服务企业进入国内,产生明显的技术外溢效应。外国服务企业的进入会带来先进的技术和管理,通过示范作用和人才的流动,外国服务企业会产生明显的技术外溢效益。从技术外溢的效果来看,与制造业的直接投资相比,服务业投资带来的外溢效应会更大一些。通过对外资服务企业的学习和模仿,东道国企业能够降低学习成本,尽快提高技术和经营管理水平。

在静态效应方面,服务贸易自由化和货物贸易自由化大体相似,都可以通过降低产品价格来提高福利。但是,在动态效应方面,服务贸易的要素流动可以带来知识和技术的外溢而促进经济增长,而货物贸易不具有这一效应,需要通过外国直接投资才能达到类似效果。此外,许多服务具有中间投入品的特性,其价格降低产生的福利影响,类似于货物中原材料和资本品价格降低带来的效应。

此外,服务业直接投资还可能带来四方面的风险:

(1)如果东道国政府管理控制不善,缺乏有效的规章制度,有可能在体制方面带来严重的本国经济动荡。

(2)如果在管理公用事业和私有化时缺乏有力控制,有可能导致私人垄断。

(3)因为各国在社会文化背景上差异极大,外资在这些领域的运作容易造成冲突和伤害。

(4)跨国公司往往凭借其资金雄厚的优势大规模收购当地同行业企业甚至龙头企业及其原有品牌,从而在当地形成技术、品牌、市场和产业垄断,对东道国相关服务行业造成严重冲击。不仅严重压抑民族产业的发展,而且在形成品牌市场垄断后还会侵害消费者权益,对东道国的经济和产业安全都构成严峻挑战。

三、服务贸易自由化经济效应实证分析

实现服务贸易自由化到底能在多大程度上促进经济增长,产生多少经济收益,这是各国关心的核心问题,也是各国实施服务贸易自由化的理论依据。西方学者主要通过可计算的一般均衡(Computable General Equilibrium,CGE)模型,包括不同版本的全球贸易分析项目(Global/Foreign Trade Analysis Project,GTAP/FTAP)模型来检验服务贸易自由化对经济增长的作用。西方经济学界通过对服务贸易自由化与经济增长的研究,得出以下不同的结论。

1.服务贸易自由化能够促进经济增长

从服务贸易自由化的总体分析来看,布朗、迪尔多夫和斯特恩(Brown,Deardorff & Stern,1996)在服务部门处于不完全竞争结构以及存在规模经济和产品异质性的假设下,将霍克曼(Hoekman,1995a)的服务贸易壁垒的频度指标转化成相应的税收等额,再运用CGE模型模拟削减25%的壁垒后发现,所有国家和地区都会从服务贸易自由化中获益,所有国家和地区在服务业上的贸易和产出规模都会相当于获得0.4%~2.1%的经济增长。模拟结果进一步显示,墨西哥促进经济增长最大(2.1%),其次是澳大利亚和新西兰

(1.9%),再次是东亚新兴工业化经济体(1%);在绝对数上,获得最多的是欧盟(287 亿美元)、美国(258 亿美元)和日本(125 亿美元)等发达经济体。Robinson,Wang & Martin (1999)的研究也表明,降低服务贸易壁垒的 25%,全球经济将增长 1.05%。Dee & Hanslow(2000)运用 FTAP 模型模拟了消除乌拉圭回合之后的服务业、农业和制造业中的所有贸易壁垒,结果显示,全球收益将会增加 2600 亿美元,其中农业增加 500 亿美元,制造业增加 800 亿美元,服务业增加 1300 亿美元。Petrie(1997)运用 CGE 模型考察了外国直接投资全面自由化带来的经济收益,结果表明,当所有亚太经济合作组织成员的货物和服务贸易壁垒都在国民待遇基础上削减 50%,将创造全球福利增加 2600 亿美元,其中新兴工业化国家和地区——亚洲"四小龙"和中国内地的获利会最多;如果只在亚太经济合作组织成员中进行优惠贸易安排和外国直接投资的自由化,增加的福利为 590 亿美元。

从服务贸易部门的自由化来看,King & Levine(1993)通过对经济增长的回归分析,说明金融服务部门与国内生产总值(GDP)增长存在明显的正向联系。Levine(1997)进一步分析了这一问题,并将金融服务部门的这一作用总结为其具有的五个方面的功能,即降低贸易风险、最优配置资源、监管管理行为、动员或集结储蓄资金、便利贸易和服务交易。Verikios & Zhang(2000)分别对电信和金融服务的自由化进行了模拟,发现如果电信服务实现贸易自由化,将带给全世界 130 亿美元的收益(约为当年实际收入的 0.05%);如果金融实现贸易自由化(包括保险和其他金融服务)则可增加收益为 35 亿美元(约为当年实际收入的 0.01%);如果两个部门同时实现贸易自由化,全球总收益可达 160 亿美元左右。Francois & Schuknecht(2000)通过构造贸易开放度、主要宏观经济指标、金融服务业的集中等变量与人均实际 GDP 之间的回归模型,证明了经济增长与金融服务部门的竞争程度存在密切的联系。Mattoo,Rathindran & Subramanian(2006)研究了基础电信和金融行业的开放度与经济增长之间的关系,通过实证表明,这两个服务部门的开放能使经济增长率相对其他封闭的经济体上升 1.5%。

从服务贸易提供模式来看,Hamilton & Whalley(1984)的研究认为,消除劳动力在国家间的流动限制将会使全球收益增加一倍,且对各国的收入分配产生较为显著的影响。Walmsley & Winters(2005)的研究认为,如果发达国家允许相当于国内劳动力 3%的外国服务提供者进入其国内市场,全球获得的收益可能会远远超过现在任何贸易形式的自由化所带来的收益,且发达国家和发展中国家能够共享这种福利的增加。同时,非熟练工的自由流动会产生更多的收益。

2. 服务贸易自由化不一定促进经济增长

Markusen(1986)指出,尽管从整体上来说服务贸易自由化可以增加全球的收益,但是,服务贸易同样存在"先入者"优势,规模报酬递增会使服务行业的先入者以较低的成本进行扩张,从而阻止后来者提供相同的服务。这无疑会降低后来者的福利。如果后来者是一个小国,其具有规模报酬递增的服务部门的生产将会趋于萎缩,经济发展受损。

Burgess(1995)认为,服务贸易自由化并不一定会给东道国带来好处,如果服务要素的流入对产品部门的特定要素具有互补作用,国民经济就会受益;如果服务要素的流入与产品部门特定要素之间具有相互替代关系,经济则会受损。他指出,如果服务贸易自由化导致了国内其他要素的流出，就有可能对参与国造成损害。

Francois(1990)认为，服务贸易自由化会导致服务产品的种类增加，扩大生产规模，使进口国的生产更加专业化，并提高进口国的福利；而对于出口国来说，存在两种可能，生产更加专业化或生产向非专业化方向转化，并导致与服务要素相联系的制成品价格下降，这样对出口国来说，服务贸易自由化就不一定能增加经济收益、扩大福利了。

Stephenson(2000)在总结拉丁美洲和东南亚地区的经验后指出，由于服务业发展水平低，对于发展中国家来说，在全球范围内做出较高的服务贸易自由化承诺存在较大的风险，发展中国家更适宜在区域内相互提高开放水平。这为发展中国家参与区域性的服务贸易自由化提供了理论依据。

3.服务贸易自由化对经济增长的效应与货物贸易自由化不同

Mattoo,Rathindran & Subramanian(2006)认为，服务贸易和货物贸易由于提供方式的差异，两者的自由化对经济增长的效应也存在一定的差异，如表 5-1 所示。

表 5-1　服务贸易自由化与货物贸易自由化促进经济增长的比较

	服务贸易自由化	货物贸易自由化
提供方式	对许多服务而言，跨境交付不可行，因而需要要素的流动才能实现国际交易；服务贸易的自由化意味着国内进口竞争部门的生产规模扩大，这是因为在更富效率的管制政策的支持下，外国要素的当地生产和国内提供者的竞争力都会增加。	货物贸易不需要要素的流动就能实现；货物贸易自由化意味着国内进口竞争部门的生产规模缩小。
静态效应	服务贸易与货物贸易自由化的静态效应相似：都可以降低价格，提高福利。事实上，服务具有中间投入品的性质，价格降低的福利增加效应类似于原材料和资本货物自由化的效应。	
动态效应	(1)要素流入带来的知识和技术外溢，将提高国内要素的生产率，从而增加国民生产总值(GNP)。(2)尽管国内生产规模(包括国外和国内要素的总和)可以扩大，然而国内生产要素的使用并不一定扩大。对 GNP 增加的影响还包括一个否定的要素效应和一个肯定的生产率提高效应。	(1)货物贸易自由化不具有这种效应，外国直接投资的自由化才有类似效应。(2)在进口竞争部门，生产规模缩小，但总体的均衡效应会导致其他部门的扩张。如果其他部门的生产具有内生增长的特性，那么货物贸易的自由化也会促进经济增长。

总的来说，至今还没有证据能够充分地证明服务贸易自由化绝对是"双赢"的，这恐怕成为各国尤其是发展中国家强调国内服务市场保护的重要理论依据之一。可以预见，对于服务贸易自由化的一场旷日持久的论战依旧在所难免。

第二节 服务贸易自由化非经济效应

服务业的种类庞杂,不仅包括金融、电信等与国家经济安全息息相关的基础性服务行业,也包括电视、报纸、出版等与意识形态密切相关的部分,因此服务贸易自由化不仅具有经济效应,而且存在着非经济效应。与货物贸易自由化相比,服务贸易自由化的非经济效应更加明显。服务贸易自由化的非经济效应主要体现在对国家主权、国家安全以及环境方面的影响。在参与服务贸易自由化过程中,发展中国家不仅要考虑其经济效应,更应该充分考虑服务贸易自由化的非经济效应。

一、服务贸易自由化对国家主权的影响

国家主权是一个国家对外独立的排他性权利,国家主权包括国家的政治、经济、文化、领土、军事等多项权利。服务贸易自由化主要是对国家的经济主权、文化主权产生冲击效应。

(一)服务贸易自由化对于国家经济主权的影响

首先,《服务贸易总协定》中的一些规定对于国家经济主权有一定限制。对于《服务贸易总协定》来说,它属于成员都接受的游戏规则,在此规则约束下,国家须让渡部分国家主权。如协定中第 3 条"透明度规定"、第 6 条"国内法规"规定,都对国家如何保证服务贸易自由化提出了具体要求,这样就使得国家在出台各项经济政策时要受到国际规则的限制。对于每个国家来说,国家经济主权的让渡,必要的前提是超国家组织有能力保护各成员方的利益。对于世界贸易组织以及《服务贸易总协定》来说,它们所具备的保护各成员方利益的能力都有待加强。尤其是对于实力较弱的发展中国家来说,按照共同的游戏规则让渡经济主权,对于自身利益的保护就显得比较薄弱。

其次,是对经济主权独立性的冲击。由于服务贸易自由化程度的提高,在国内服务业竞争力比较弱的情况下,大量跨国服务企业的进入会削弱国内服务业对市场的控制力,这对国家经济主权造成了冲击。由于各自的性质不同,东道国与跨国公司的利益并不完全一致。作为一个企业,跨国公司总是首先从公司的全球战略去考虑,不会主动顾及东道国的利益(除非两者的利益是一致的),并且它们会利用对经济的影响力去干预政策以维护自身的利益,这会破坏国家制定政策的自主性。例如,在 2001 年,阿根廷金融危机之初,国内出现货币急剧贬值,大量外汇流失,国家急需调整利率和汇率政策,防止事态扩大。但是由于外国银行对其国内银行业的控制,政府在制定汇率、利率政策时都要事先经过外国银行同意。而外国金融机构不愿意为阿根廷的经济危机承担成本,反对政府出台新的货币政策,致使金融危机不断加剧。

(二)服务贸易自由化对文化主权的影响

所谓文化主权,是指国家在思想文化的生产、经营、管理、传播、消费等方面的权利。

每个国家的文化都是世界文化的组成部分,文化的多元化是世界文化得以丰富和发展的基础。服务贸易自由化会对一个国家的文化领域产生较大影响。服务业中包括大量与意识形态密切相关的行业,如教育、文化服务、出版业、广播影视、报纸等,这些服务业的贸易自由化程度的提高会促进不同的生活方式、消费模式、价值观念的相互渗透、相互吸收,它有利于各国文化产业的交流,但也会对各国的文化主权方面形成不利的影响。

目前,国际竞争不仅表现在经济领域,而且也体现在意识形态领域,主要的表现就是文化的竞争。发达国家不但物质文明发达,而且在文化领域中也比较先进。随着全球化趋势的加强,西方发达国家在推行经济全球化的同时,也在积极推动文化的全球化,凭借强大的经济实力和高技术手段,通过电影、电视、广播、书籍、报刊、流行音乐等形式向广大发展中国家进行文化渗透。其中美国在文化领域表现突出。目前美国控制着世界75%的电视节目和60%以上的广播节目制作,文化产品是美国最大的出口品,每年的出口额达600亿美元,已经超过了航天航空和电子产品的出口额。文化的全球化中出现了对各国文化主权的挑战,特别是对发展中国家的文化主权形成挑战。发达国家文化产品的大量进入,使得西方的社会政治理念、价值观念、生活方式对发展中国家产生较大影响,发展中国家传统的价值观念、社会道德伦理发生变化。另外,发展中国家的民族文化受到挤压,很多国家的民族文化日趋衰落,发展中国家的文化主权受到较大冲击。文化服务贸易自由化程度的提高会加速文化的全球化,处于强势地位的西方文化产品和服务会进一步占领发展中国家的市场,发展中国家的文化主权会受到更大的冲击。

二、服务贸易自由化对国家安全的影响

服务贸易自由化对于国家安全的影响主要表现在国家经济安全、信息安全和国防安全上。

首先,国际经济风险的传递速度会加快,传播范围扩大。在服务贸易自由化发展中,金融服务的自由化发展最为迅速,各国金融市场一体化趋势明显。这种变化有利于全球的资源配置,但也使经济风险的传播速度加快、传播范围扩大。不仅主要国家的经济出现问题会影响到全球,即便是小国出现问题也会迅速引起全球的连锁反应。这对于抗风险能力较弱的发展中国家来说,经济安全受到更大的考验。

其次,国内经济风险会增加。来自不同管制环境下的服务企业的进入,增加了国内管制的难度。而且由于发展中国家普遍存在监管体系不健全、监管经验不足的缺陷,因此很容易产生一系列问题:①对于进入国内的服务企业的资质条件把握不准,使得一些高风险的企业进入国内市场。这样一旦企业出现问题,容易导致整个行业出现系统性风险,危及整个行业的稳定。这在金融业表现尤为明显,一家银行出了问题,就会使整个银行系统出现紊乱。20世纪90年代,由于英国分支机构出现财务困难而引发的国际信贷银行破产事件,就导致了世界范围内的金融恐慌。②由于监管制度和体系不完善,很难对外国服务企业进行有效监管。英国巴林银行新加坡分行的违规炒作期货,不仅导致巴林银行破产,而且还导致新加坡国际期货市场一度瘫痪。③服务贸易自由化程度提高还会加剧发展中国家国内的不平衡性,影响国内稳定。由于服务业投资具有明显的地域指向性,外国服务

企业出于利润的考虑,往往会选择经济比较发达、人口密度大、城市化水平高的地区进行投资,不会对经济落后的地区提供服务。这样对边远山区、经济落后地区提供电力、通信和金融服务等普遍义务就很难履行,就会造成发展中国家经济更大的不平衡。

服务贸易自由化会对国家的信息安全造成影响。所谓信息安全是指信息技术的控制权掌握在国家手中,国民经济中存在和发展的重要信息系统的正常运转不受破坏或有能力抵御来自系统外入侵、破坏和潜在威胁的一种状态。以电信和互联网为基础的信息系统成为国民经济运行的中枢系统,由于它的重要性和脆弱性突出,常常成为被攻击的目标。服务贸易自由化程度的提高,必然伴随着国际信息服务业交流的增多,国外公司对于本国信息系统的建设和运行参与程度会提高。由于发展中国家软件自我开发能力较低,难以独立完成对重要数据的维护,因此容易造成数据的外泄。另外,由于缺乏对信息网络的保护能力,发展中国家的信息网络容易受到攻击而造成系统瘫痪。

服务贸易自由化还会对国防安全造成影响。服务业中电信、航空、内陆运输都与国家军事安全有密切联系。目前,国家的军事安全已不仅仅是涉及国防工业、军事设施的问题,信息的顺畅交换和保密也是军事安全的内容。随着服务贸易自由化程度的提高,越来越多的外资企业进入电信、航空、内陆运输等行业中,这必然会对国防安全形成一定的影响,因此大多数国家都对与国防有关的服务业进行限制。

三、服务贸易自由化对环境的影响

随着环境压力的逐步加大,人们对于环境保护越来越重视,各国也开始关心国际贸易对环境的影响,但此方面的研究主要是针对货物贸易,很少涉及服务贸易对于环境的影响。由于不会像工业生产那样产生大量的"废气、废水、废渣",所以服务业常被形象地比喻为"无烟工业",甚至认为发展服务业和服务贸易不会对环境保护造成影响。这种认识具有片面性,实际上服务业也能造成严重的环境问题。服务贸易也有着巨大的环境影响,只不过其方式较为间接和隐蔽。

服务业包含的行业非常多。不同行业对于环境的影响是不一样的,大部分服务业的生产过程都不会直接产生大量的环境污染。这也是为什么很多人认为服务业是环保产业的原因。但是很多服务业通过购买产品和对能源的消耗产生污染;一些服务业也直接产生环境污染,如汽车运输、航空运输中排出大量的废气。随着世界航空业的繁荣,飞行中排出的废气已经成为影响空气质量的原因之一。塞尔兹曼(Salzman,1991)认为服务业对环境会产生直接和间接影响,并根据对环境影响的不同,把服务贸易部门分为烟囱服务业、累积性服务业和杠杆服务业。

所谓直接影响,是指该服务业本身直接对环境产生的影响。根据这种影响方式的不同,服务贸易可分为烟囱服务和累积性服务。所谓"烟囱服务",是指该服务对环境产生相当大的直接影响,如电力服务、航空运输、公路运输和医院等。这些服务的一个共同特征是生产过程中对环境产生很大的污染,如空气污染和废物污染。所谓"累积性服务",是指单个服务的环境影响可以忽略不计,而将这些服务提供者集合起来将产生巨大的环境污染,如快餐连锁店、汽车服务站、牙科诊所等。如一个地区拥有大量的汽车服务站,就可能对该地区的环境产生巨大的影响。尽管单个汽车服务站的储油罐渗漏、石油外溢、溶剂和其他危险物质的影响很小,但它们总体对环境的影响却很大。

间接影响是指服务提供者运用他们的市场地位对其消费者或供应者的环境行为施加影响。这种环境影响可以分为影响上游的供给和改变下游的投入,即上游影响和下游影响。具有这种影响力的服务业又被称为"杠杆服务"。所谓上游影响,是指服务提供者对其供应者的产品特性和环境实际产生影响。服务业在生产和供应服务时会采购大量的商品,采购时对商品特性的要求会对环境产生影响。如餐饮服务业不再为客人提供一次性餐具,会使得一次性餐具的生产减少从而有效减少对森林的破坏;干洗服务业对于干洗剂、洗衣粉含磷量的要求提高,就会影响日化企业的产品特性。所谓下游影响,是指服务提供者对其产品消费者的环境影响。这种环境影响通常与下游有关产品的消费者有关,如商店可以通过出售绿色产品使消费者选择有利于环境保护的产品。作为生产者和消费者的中间人,商业服务以其在市场中的特殊地位,在向生产者传递有关政府决策和消费者的偏好方面发挥极大的作用。商业企业向消费者提供环境友好的产品,或者提供他们有关购买决策的环境信息,可以帮助消费者改善其环境记录。这种划分上游和下游环境影响的方法使人们更进一步地理解人类行动对自然资源的影响,同时也为怎样利用某些部门的特征改善国内环境管理行为和决策提供了一个很好的工具。从总体来讲,服务贸易部门的环境影响是巨大的。

服务贸易部门的环境影响一方面是正面的、积极的,它们既可以通过上下游的影响使商品生产和消费更加符合环境的要求,也可以通过直接参与环境治理服务,改善环境质量。另一方面可能是消极的、负面的,一些所谓烟囱服务业随着服务贸易自由化的发展而逐步扩大也会增加环境的压力。在很多情况下,服务贸易对于环境的消极负面影响都需要累积到一定程度,或者是服务业达到一定规模后才会显现出来,因此很容易被人忽视。

第三节　服务贸易自由化理论评述与政策选择

服务贸易自由化理论的研究既是对传统贸易理论的继承,又在一定程度上发展了传统贸易理论。不过,经济学界对于服务贸易自由化理论的研究仍严重滞后于服务贸易自由化的实践,还没有形成独立的理论与方法体系,服务贸易自由化理论的研究在深度和广度上都有待进一步拓展。

一、服务贸易自由化理论对传统理论的继承与发展

传统的国际贸易理论体系建立在货物贸易的基础之上,随着服务业、服务贸易的巨大发展,以及全球性和区域性服务贸易自由化的兴起,服务贸易及其自由化的研究才逐步为国际经济学界所重视。迄今为止,服务贸易自由化理论的研究仅停留在借用与修正传统国际贸易理论的层面上。

传统的国际贸易理论涉及两个发展方向:一是比较优势理论的发展与完善,如比较优

势的动态化发展;二是新贸易理论的出现,但新贸易理论并没有否定比较优势理论,而是兼容了传统理论的正确结论并有新的发展,从本质上说,是将传统贸易理论的相对要素禀赋原则修正为相对要素禀赋和规模经济优势原则。传统贸易理论认为,相对要素禀赋的差异是国际贸易发生的根本原因;新贸易理论认为,相对要素价格差异和国家间经济规模的差异是国际贸易发生的根本原因。另外,比较优势理论认为技术是一种外生变量,从动态角度分析技术变动对贸易模式和各国福利水平的影响;新贸易理论则认为技术是一种内生变量,不仅分析技术变动对贸易模式和福利水平的影响,还分析技术作为科研、投资、贸易和经济增长的结果。随着世界服务贸易的迅速兴起,比较优势理论和新贸易理论都已被引入服务贸易自由化的理论研究。

Melvin(1989)利用扩展后的 H-O 模型证明了比较优势理论适用于服务贸易,说明服务贸易自由化可以提高每个参与国的福利水平。Jones & Ruane (1990)建立了一个扩大的李嘉图模型来分析服务产品和服务要素的自由化。他们假设存在两个国家和两种产业(制造业和服务业),两个国家的制造业和服务业之间的比较优势都是不同的,国家内部的制造业和服务业的技术优势也不相同,存在服务产品和服务要素两种贸易。模型分析表明,服务产品和服务要素的贸易自由化对于一国的福利都有正效应,但开放的次序不同会带来大小不同的福利;决定开放的次序不仅要看服务业的比较优势大小,还要结合一国的要素禀赋结构;在极端的要素禀赋和比较优势条件下,单独开放一个领域的服务贸易要比完全开放更能促进福利的增加;不论哪种形式的贸易自由化,产生的福利在国内并不是平均分配的,不同的要素所有者在不同的贸易自由化过程中福利的变化也是不一样的。

Francois(1990)采用新贸易理论来解释服务贸易自由化。他通过建立一个具有张伯伦垄断竞争特征的产品差异模型来讨论生产者服务与由于专业化而实现的报酬递增之间的关系。他认为,服务贸易的专业化会导致规模经济效应的出现,专业化应用于生产的程度依赖于每个厂商的生产规模,而生产规模又受到市场规模的限制,为打破市场规模的限制就应该进行服务贸易自由化。

二、服务贸易自由化理论研究的缺陷与不足

学术界对服务贸易自由化的研究尚处于起步阶段,还未形成如货物贸易自由化那样相对成熟而完整的理论体系,研究的深度与广度都有待拓展。目前,对服务贸易自由化理论的研究在内容上还需充实,在方法上还需创新。

从研究内容上来看,缺乏将制度、经济结构、国家安全利益等纳入服务贸易自由化理念的研究。首先,服务贸易自由化与制度是双向的互动关系,从制度的角度来研究服务贸易自由化可以补充传统研究的不足。服务贸易自由化过程既受到现有制度的影响与制约,也导致现有制度的改进与创新;服务贸易自由化会受到庞杂的服务贸易壁垒的限制,同时也会促进国内产业政策、竞争政策以及相关法律法规的调整变动;制度的改变既带来制度创新的收益,也会产生制度转换的成本。制度与服务贸易自由化的相互作用关系到底如何十分值得探讨。其次,从经济结构的差异性来分析服务贸易自由化的影响,可以更为全面地反映服务贸易自由化的效益,对发展中国家尤其重要。如果一国的经济结构不

太合理,资源配置扭曲,那么,实施服务市场开放和服务贸易自由化可能会改变资源配置的低效,但也有可能加剧资源配置的扭曲,从而阻碍经济结构的调整,加大经济风险。发展中国家由于经济结构不甚合理,服务业发展落后,管制制度不健全,经济抗击风险的能力很弱,如果盲目地开展服务贸易自由化未必就能真正获利。从经济结构角度来研究服务贸易自由化,增强对服务贸易自由化的认识,更有利于发展中国家参与服务贸易自由化。最后,除了经济因素,国家安全利益等政治因素也是服务贸易自由化的重要影响因素。将国家安全利益等因素纳入服务贸易自由化理论研究,对指导服务贸易自由化实践更具现实意义。与货物贸易不同,服务贸易牵涉的服务行业不仅涉及经济安全,更多还涉及文化安全、意识形态等敏感领域。金融、电信、运输等服务行业是一国的经济命脉,关乎经济安全;而视听、娱乐等服务行业又关系到一国的政治利益与文化安全。这些服务市场开放的范围与自由化的顺序都需经过审慎的思考和选择,并需与国家的制度和监管密切配合。

从研究方法上来看,对服务贸易自由化理论的研究多是借鉴传统的货物贸易自由化的理论与方法,然而,传统的货物贸易的理论与方法是否适用于服务贸易仍存在疑问。西方经济学界普遍认为,服务贸易与货物贸易存在本质区别,不能完全套用货物贸易自由化的理论与方法,需对传统的理论与方法进行修正。Tucker & Sundberg (1988)指出,传统的国际贸易理论适用于服务贸易,但存在四方面的局限性:其一,H-O 模型及多数由此演变的模型主要是从供给角度来分析国际贸易的,而服务贸易在许多情况下主要受到需求条件而不是生产成本的影响,运输成本、消费者收入、服务种类、消费环境等也是重要的影响因素;其二,商品与服务在研究与开发、广告等方面的效用存在差别,研发和广告投入加强的是服务贸易的需求市场特征,这将导致服务出口市场与国内市场具有不同的需求特征;其三,金融、咨询、电信等许多服务往往作为中间投入出现在贸易或非贸易商品的生产过程中,在生产的不同阶段会出现服务生产函数和使用服务投资的商品生产函数两个不同的生产函数,两个阶段的要素投入不可能是同质的;其四,服务贸易受市场结构和政府管制的影响比货物贸易大得多。他们认为,传统的比较优势理论不能圆满解释服务贸易,需要更多地关注相关的市场结构和需求特征。Burgess (1990)指出,传统贸易理论经过修正后可能运用于服务贸易领域。他对标准的 H-O-S 模型进行了简单修正,得到了解释服务贸易的一般模型。可见,对服务贸易自由化的研究方法仍停留在对传统贸易理论的引用和修正上。服务贸易自由化的研究需要跳出传统理论的框架,为其"量身定制"属于服务贸易自由化的理论。

总之,服务贸易自由化远比货物贸易自由化更为复杂而敏感,要想更好地指导服务贸易自由化实践,推动全球性或区域性的服务贸易自由化进程,对服务贸易自由化理论的进一步探索势在必行。

三、服务贸易自由化与政策选择

服务贸易自由化进程中一个最为敏感的问题就是国家安全问题。国家安全涉及国家五种基本利益,即政治利益、经济利益、军事利益、外交利益和文化利益。一国采取何种安全战略取决于其追求何种安全利益和对安全的判断,一国处理国家利益的方式有助于指导其制定贸易政策。

国际贸易制度中包含保护国家安全利益的条款,如 GATT 第 20 条允许对供应短缺的商品进行管制,第 21 条允许在供应"军事机构"和为"维持国际和平和安全"的活动中,广泛免除对 GATT 所承担的义务。各国政府在服务贸易市场准入的承诺上一般也持比较谨慎的态度。服务业虽然能够大量地吸收就业以解决劳动力问题,但是金融、交通运输、邮电等部门关系到国家的经济命脉,商业、医疗服务、公用事业等部门与人民的生活密切相关,法律、会计、税务、环境保护等部门涉及国家的主权,教育、视听、娱乐、文化部门触及社会公共利益与健康的民族文化传统的保持,还有一些特殊行业涉及国家机密和社会安全性,因此,相对而言,服务贸易比商品贸易更多地涉及国家经济安全问题。

尽管服务贸易主要涉及的是国家经济安全,但也对国家的政治、军事、外交、文化安全产生重要影响,并构成经济安全的基本内容,如图 5-1 所示,经济安全涉及国家安全的所有基本领域。经济安全可以说是符合国家最高利益的要求。经济安全措施既是为了保护本国幼稚服务业和服务资源的发展免受外国厂商或组织的竞争或威胁而制定的一系列保护政策措施,也是为了维护国家政治、军事、外交、文化利益而限制外国服务厂商或服务要素自由进入本国市场的各种政策措施。

不同经济水平或技术水平的国家具有不同的国家利益,因而对国家安全的理解和认识各不相同,对服务贸易自由化的态度以及所采取的服务贸易政策也各有不同。

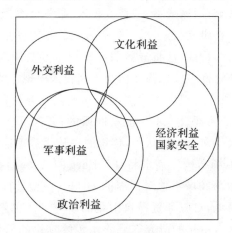

图 5-1　国家安全构成

(一)发达国家的服务贸易利益和贸易政策

总体来说,发达国家服务业相对发达,服务贸易利益较多,其服务贸易的政策选择也相对宽松。服务贸易自由化主要从以下几个方面影响发达国家的安全:第一,服务贸易可能会削弱、动摇或威胁发达国家现有的技术领先优势,提高竞争对手的国家竞争力;第二,服务优势有助于一国在未来的信息战中取得军事上的比较优势或绝对优势,因此,服务贸易可能潜在地威胁发达国家的战略利益,特别是潜在地威胁发达国家的长远军事利益;第三,服务贸易中包含大量的高技术要素或信息,一旦这些要素或信息扩散到其他国家或被恐怖组织掌握,可能造成高技术的扩散而给发达国家的安全造成潜在威胁,甚至可能危及国家安全或民族利益;第四,服务贸易可能危及发达国家的政治、军事、外交利益以及本国所在的国际政治与经济联盟的长远利益。基于这些理由,发达国家或技术领先国家认为有必要长期保持其在国际市场中的技术领先地位,以获得最大的国家政治、经济、外交利益,并通过限制先进技术等服务的出口长期保持对技术落后国家的信息优势。

对于发达国家占有绝对优势地位的服务行业,在服务贸易政策选择上会有针对性地主张自由贸易。例如,美国的旅游、运输、金融、教育培训、商务服务、通信、设备安装维修、娱乐、信息、医疗保健服务居于世界领先地位,具有很强的竞争力,美国商务部就此制定了依靠传统市场,同时在新兴市场和传统市场积极寻求新的贸易机会的服务贸易出口发展战略。具体而言,美国服务业出口的传统市场指欧洲和日本市场,美国在其优势服务行业都制定了针对传统市场的积极扩大出口战略。在信息技术出口方面,美国的目标是以其信息技术为基础,信息公司为中心,将地方、国家、区域间的网络相联结,使得全球共享信息、通信网络,创造一个全球性的信息市场,因此,美国对其通信、计算机、信息服务投放欧洲和日本市场都做了详细的策划和组织。在航空运输方面,美国的航空运输业在世界各地都有很大的增长潜力,尽管在亚洲新兴市场上充满机会,但其目前的着眼点依然是欧洲和日本市场,因为这些国家的航空服务、旅游收入、昂贵商品出口的数量庞大,因此,美国运输部门极力要求政府努力打开国际空运服务的通道。在保险业和其他金融服务方面,美国正逐步进入曾设有严格贸易壁垒的日本市场。在娱乐业方面,知识产权保护是美国娱乐和信息服务公司最为关心的问题,美国政府也在尽力确保美国公司的利益。在服务业出口的新兴市场开拓中,由于发展中国家缺乏许多服务业所需要的商业基础设施,美国一直在通过双边商务活动,与发展中国家进行广泛的项目合作,积极在能源、分销、金融、医疗保健、商业服务等充满潜力的领域寻求贸易利益。

(二)发展中国家的服务贸易利益和贸易政策

1.服务贸易自由化对发展中国家的影响

对于广大发展中国家而言,尽管它们迫切需要进口包含大量先进技术信息的现代服务,但又不能不考虑进口服务带来的各种可能危及国家安全的负面影响。印度学者维·潘查姆斯基等将服务贸易自由化对发展中国家的影响概括为以下九个方面:第一,服务贸易自由化使发展中国家丧失其对经济政策的自主选择权,因此,发展中国家目前许多常见的管制是为了加强对国内服务部门的控制,发展服务业以使其出口多样化。第二,服务贸易自由化将进一步加深发展中国家对发达国家的经济依赖,使其几乎丧失执行符合本国利益的国内政策的空间。第三,服务贸易自由化后,发达国家金融机构将凭借其在金融服务和国际货币发行领域的优势,削弱发展中国家政府在金融货币管理领域发挥积极的管理作用。第四,由于发展中国家与发达国家在商品与服务生产率上的差距日益扩大,服务贸易自由化将永远使发展中国家在服务领域依赖发达国家,并使发展中国家服务业的国际化程度缩小。第五,发展中国家一旦放弃服务贸易的控制权,其新兴服务业(如银行、保险、电信、运输和航空等)将直接暴露于发达国家厂商的激烈竞争中。第六,服务贸易自由化使作为最大服务进口者的发展中国家短期内可能以两种方式影响其国际收支：一是可能导致在国内市场上国内服务供应商被国外服务供应商所取代；二是可能形成以进口服务替代国内服务使进口需求增加的局面。第七，服务贸易自由化可能从多方面影响国内就业。有关研究表明，低收入国家服务部门使用的劳动力超过发达国家服务部门使用劳动力的两倍，服务贸易自由化对发展中国家就业的影响大大超过发达国家。第八，信息服务跨国流动不仅导致一种依赖，而且可能损害国家主权，主要体现在两方面：一是信息服务业包括的信息传输网、网络终端、计算机服务和信息基础设施等高度集中于发达国家，电信成本的下降会使许多发展中国家的公司发现，通过海外信息服务业比其拥有自身的设计、计算和加工数据库将更为经济且方便，这种信息的大量外流造成国家信息资源严重损失；二是信息服务贸易依赖性使发展中国家更易受外国的压制，因为那些对于发展中国家经济发展意义重大的核心信息资料，可能由于政治、经济或其他原因而受到外国政府的控制。第九，发展中国家为了国家安全，保护文化价值和降低依赖程度，为了保护消费者利益而对服务贸易进行管制，因为服务贸易自由化可能会从这两个领域损害国家利益和消费者利益。

概括而言，服务自由化主要从以下几个方面影响发展中国家的国家安全利益：第一，可能对发展中国家的幼稚服务业，特别是国有或国家控制的服务企业，造成毁灭性打击，不利于保护民族服务业，影响劳动力就业，动摇国家经济独立性的基础。第二，可能要取消的对外国投资的某些限制会对发展中国家金融服务市场稳定和安全构成潜在威胁，进而可能波及国家政权的稳定。第三，服务大量进口诱使外汇外流，不利于发展中国家实现国际收支平衡目标，从而可能弱化国家的总体经济目标。第四，服务贸易可能影响发展中国家电信服务市场的正常发展，这不仅可能弱化对国家政治、军事和经济机密的保护，而且可能侵犯国家主权。第五，服务贸易可能威胁一国文化市场的安全，威胁本国民族文化的独特性和创造性，从而影响发展中国家精神文化的正常发展。基于这些原因，发展中国家制定了一些贸易壁垒限制外国服务的进口，以实现本国经济发展目标，或抵御外国文化入侵。

2.发展中国家开放服务市场的步骤

在服务贸易自由化的大趋势下，发展中国家能否获得自由化的利益，很大程度上取决于其自身的政策取向。对于发展中国家来说，现阶段完全开放本国服务市场是不现实的自由化理想，特别是对那些经济规模较小的发展中国家尤其如此，会威胁到本国的经济安全。然而，如果完全封闭本国服务市场，这既难以有效做到，又会带来一些保护成本。发展中国家既难以选择传统的保护战略，又不能选择一步到位的完全自由化战略，因此，混合型、逐步自由化的服务贸易发展战略就成为发展中国家的备选方案，发展中国家应逐步开放本国服务市场。

第一，逐步放松对国内服务市场的管制。对于大多数发展中国家来说，放松对本国服务市场的管制是服务贸易自由化的首要步骤。在该阶段，发展中国家面临的主要问题是在放松管制与允许外国服务企业进入之间做出选择。对于发展中国家来说，服务贸易自由化应是一个渐进的过程，不可操之过急。1997年东南亚金融危机说明推进本国服务市场特别是金融服务市场自由化步伐过快的国家（如泰国等）势必接受开放过度所带来的重大金融挑战，但同时也说明保持本国服务市场的适度开放，对于期望借助服务贸易提高经济竞争力的发展中国家来说不仅重要，而且也甚是必要。

第二，逐步开放本国商品贸易市场，降低商品关税水平。只有先在本国商品贸易上逐步实现自由化，才能谈得上服务贸易自由化。本国商品贸易市场开放是服务市场开放的充要条件。以信息服务贸易为例，现代信息服务贸易自由化就应与现代信息产品贸易自由化相互适应。发达国家大幅度削减其在信息产品上的关税水平，部分新兴工业化国家和地区也对信息产品贸易采取了低关税政策，为它们推行信息服务贸易自由化做好了准备，而大多数发展中国家在信息产品上的关税水平依然较高，如果要求这些发展中国家也像发达国家或部分新兴工业化国家和地区那样开放本国信息服务市场，其结果对发展中国家来说将是灾难性的，至少本国因此而获得的福利收益不会比不这样做更好。这都说明，发展中国家甚至多数新兴工业化国家和地区在服务贸易自由化方面还有很长的路要走。

第三，逐步开放服务产品市场，减少服务产品领域非关税壁垒。理论研究表明，一国开放服务产品市场与开放服务要素市场的不同顺序将会给国家带来不同的福利影响，同时，不同顺序的政策选择带来的收益又会因不同的环境限制而有所不同。在服务贸易领域，由于服务对于国家安全的重要性，将之放在商品市场的开放之后是合适和稳健的政策选择。目前，发达国家也没有完全对外国服务提供者开放本国服务产品市场，而多数发展中国家距离开放本国服务市场所要求具备的条件和环境依然十分遥远。

第四，逐步开放服务要素市场，减少贸易壁垒。服务要素主要包括技术、资本和管理等。一旦发展中国家开放本国服务要素市场，就离实现服务贸易自由化的目标不远了，开放服务要素市场意味着国内服务竞争力的增强。事实上，即使发达国家目前也没有完全开放本国服务要素市场，限制劳动力跨国提供服务的措施依然大量存在，逐步减少或拆除服务产品即服务载体贸易上的各种壁垒，是发展中国家服务贸易自由化进程中的一项重要内容。

第五，逐步推行服务贸易自由化。服务贸易自由化需要逐步进行，发展中国家在此进程中享有较大的政策操作空间。只要这些政策措施得当，发展中国家在服务贸易自由化中获取的收益就有可能超过损失。

无论是服务贸易发达的国家，还是服务贸易相对落后的发展中国家，其发展服务贸易的政策都带有明显的管理贸易的色彩，所有以国家安全利益或其他理由对本国服务贸易进行出口控制或进口限制的强有力干预措施，都将面临一定的保护成本。所以，无论是发达国家还是发展中国家，都是在国家利益、国家安全利益与服务贸易利益三者之间进行权衡或抉择，在不同时期三种利益的权重对于政府决策者来说可能不同，但国家利益应随着经济规模的扩大而不断扩散和增长，国家安全利益与服务贸易利益之间的利益分割线有可能是一条随时间而波动的曲线。

☞　**重要概念**

　　服务贸易自由化;服务贸易自由化静态经济效应;服务贸易自由化动态经济效应;服务贸易自由化非经济效应

☞　**思考题**

　　1.国际服务贸易自由化有什么特点?

　　2.试分析服务贸易自由化的经济效应。

　　3.试分析服务贸易自由化的非经济效应。

　　4.比较服务贸易自由化和货物贸易自由化的差异。

　　5.发达国家和发展中国家对待服务贸易自由化的态度为什么不同,政策选择有什么差异?

　　6.试论发展中国家开放服务市场的可行步骤。

第六章

国际服务贸易协定

☞ **内容提要**

服务业的快速发展带动了国际服务贸易的迅猛发展,但长期以来,国际经济治理和国际法领域缺乏规范服务贸易的法律性框架。虽然后来服务贸易被列为"乌拉圭回合"的三大谈判新议题之一,但其谈判过程历经艰难与曲折。发达国家集团和发展中国家集团为时八年的讨价还价和相互妥协之后,终于达成了 WTO 体制下规范国际服务贸易的第一套多边原则和规则——《服务贸易总协定》(General Agreement on Trade in Services,简称 GATS)。GATS 的出现及生效,表明国际服务贸易活动有了可资遵循的法律体制,对促进全球服务贸易的进一步自由化,从而推动世界范围内更广泛和更深入的经济合作,具有非常重要的里程碑意义。鉴于上述背景,本章首先结合 GATS 的谈判进程和 GATS 文本的具体规定,讲述国际服务贸易领域的基本法律框架。之后,继续介绍后 GATS 谈判的一些内容。

☞ **学习目标**

1. 了解 GATS 的产生背景与谈判历程。
2. 了解 GATS 的基本框架。
3. 领会服务贸易与货物贸易多边规则的差异。
4. 预见未来服务贸易规则谈判的趋势。

☞ **引导案例**

2017 年 9 月 14 日,首届全球服务贸易大会在南京开幕,世贸组织高层、世界 500 强高管以及业内知名专家学者等齐聚南京,为中国服务贸易的发展出谋划策。当前中国服务贸易发展势头良好,在国民经济中的地位显著提升。2016 年中国服务进出口总额突破 5 万亿元,同比增长 14.2%,中国市场吸纳了近 1/10 的全球服务出口。中国服务贸易占货物和服务进出口总额的比重由 2011 年的 10.3% 上升为 2016 年的 18%。时任商务部副部长钱克明认为,服务贸易的快速增长成为中国外贸平稳发展和转型升级的新增长点,在中国深度参与经济全球化、融入全球价值链中扮演着重要角色。

虽然规模不断扩大，但相比发达国家，中国服务贸易的质量却并不算高。时任毕马威中国主席高级顾问邵伟指出，中国服务贸易领域的薄弱环节，"一是发展层次比较低，处于价值链的低端，主要靠低成本竞争来承接一些国内和国外的业务；二是发展结构不合理，尤其是生产性服务业，与我们广大消费者日益增长的需求还有较大距离；三是品牌的影响力较小，在国际上缺乏以品牌价值为核心，以市场需求为导向的商业化运营的企业品牌。"

如何打破中国服务贸易发展遇到的制约？"以美国为首的发达国家启动了国际服务贸易协定等一系列谈判，中国在国际贸易协定中的话语权还有待加强。"邵伟说。到 2020 年，中国服务业的占比将达到 56%，现在的中国已经是第二大的服务进口商，也是世界第三大服务出口商，面对全球服务贸易的复杂环境，我们不仅应该把贸易量做上去，还应争取做贸易规则的"制定者"，在贸易体制中扮演更重要的角色。

"中国作为全球第二大经济体，在服务贸易方面却没有特别大的品牌，这和中国整个经济体的地位，和中国整个价值链在全球所处的位置是极不匹配的。"时任美国花旗集团全球副总裁恩斯特·高德曼（Ernst Goldman）说。品牌是企业实力的呈现，品牌好，意味着交付能力强、质量高。中国需要建立知名品牌，在品牌和声誉建设上深耕和加强。此外，中国在建设品牌的同时，还需要同步加强对知识产权的保护。

第一节　GATS 的产生背景与谈判历程

一、GATS 的谈判背景

（一）世界服务经济大发展与贸易壁垒高筑的矛盾

20 世纪的五六十年代起，科技革命、第三产业和货物贸易一体化发展的日益深入，带动了银行业、运输业、保险业、旅游业等一批国际服务业部门的发展。当世界经济在 20 世纪 80 年代后期进入低迷期后，新贸易保护主义受到众多国家的推崇，各国为了保护自己的利益制定了更多的贸易保护壁垒，这些壁垒严重阻碍了世界服务贸易的发展。虽然在这期间许多国家制定过双边或多边协议，但于整体国际形势并未起太大作用。

随着国际分工的深化、产业结构的调整，国际服务贸易快速发展。这就要求各国打破壁垒，建立统一的多边服务贸易规则。全球服务贸易总额从 1970 年的 640 亿美元增至 1993 年的 10500 亿美元，24 年间增长了 16 倍多，占全球贸易总额的份额增至约 1/4。在欧美发达国家，服务业在其 GDP 中占比高达 70% 以上；在中等收入国家，服务业占其 GDP 超过 50%；即使在最不发达国家，服务业在其 GDP 中也占到了 1/3。为了调整日趋激烈的国际服务贸易争端，消除不必要的服务贸易壁垒、保证贸易各方的权益以及促进各国和世界经济的发展，建立一个多边服务贸易的国际协定成为众多国家的要求。

(二)发达国家意图将服务贸易触角深入发展中国家

在国际服务贸易领域中占绝对优势的无疑是发达国家,进行跨国性的服务贸易可以带来更多的经济利益。发达国家在国际服务贸易领域的优势地位非常突出,尤其是在金融、保险、通信、信息等重要服务贸易部门,发达国家和发展中国家的发展水平存在严重不平衡。遵循货物贸易发展的历史趋势,以美国为首的发达国家必然主张国际服务贸易的自由化,以便更快更容易地把服务贸易的触角深入发展中国家的更多部门。发达国家甚至尝试以货物贸易让步为筹码换取发展中国家的服务贸易市场的开放。

美国是服务贸易谈判最积极的倡导者。1982 年后,美国在国际货物贸易中赤字日增,服务贸易却连年顺差,因此希望借服务业的贸易顺差弥补其货物贸易逆差。早在1974 年,美国政府就根据其《1974 年贸易法》的规定,取得在“东京回合”中就服务贸易进行谈判的充分授权。由于当时有更加迫切的问题需要解决,美国才没有急于提出服务贸易的减让谈判。但在“东京回合”取得的一项成果——《海关估价和政府采购协议》的有关条文中已对服务部门作了规范。在“东京回合”期间,美国政府专门成立了“服务贸易咨询委员会”,以沟通政府与企业之间的联系。1980 年,美国为了对 GATT 主持下的服务贸易谈判达成所谓的“国际共识”,发动了一场公关运动,包括进行学术研究、举办高级研讨会,以及在 OECD 中促成一项关于服务贸易的工作计划等,为服务贸易的多边谈判大造国际舆论。1982 年,蒙特利尔 GATT 部长级会议召开之际,美国提出该会的首要议题是在 GATT 中确定一项关于服务贸易的工作计划,以便为这一领域的多边谈判准备技术基础。美国的提议遭到发展中国家和少数发达国家的反对,理由是在 GATT 范畴内讨论服务贸易会产生一个基本错觉,即 GATT 原则应适用于服务贸易,从而将会导致商品贸易与服务贸易的减让互相联系的假设成立,进而使美国根据《贸易和关税法》及后来的《综合贸易和竞争法》进行跨领域报复行为合法化。但蒙特利尔部长会议最终达成了一项妥协决议,认为对服务贸易感兴趣的缔约方可以就服务贸易问题,包括是否有必要就此进行谈判等问题进行研究,并通过像 GATT 这样的国际组织交换相关信息。后来,几乎所有的发达国家都提交了相应的研究报告,对美国关于进行服务贸易谈判的动议表示支持。1984 年,GATT 召开第 40 届年会,决定成立服务贸易谈判工作组,以促进有关信息的交流。

(三)发展中国家希望通过参与谈判获得更多利益

发展中国家由于服务业和服务贸易落后,在绝大多数服务贸易领域都维持着各种壁垒,要实现服务贸易自由化困难重重。发展中国家一开始坚决反对服务贸易自由化,理由在于:服务业中的许多部门竞争力薄弱,过早地实行服务贸易自由化会挤垮这些尚处于幼稚阶段的民族服务业;有些服务行业还涉及国家主权、机密和安全等。但后来立场有所改变,由坚决抵制转向逐步接受。首先,一些新兴的发展中国家的某些服务部门已取得一定的比较优势,它们希望这些服务业部门能在国际服务贸易中占有一席之地。其次,发展中国家希望在国际服务贸易中获取发达国家的技术、资金、信息、管理经验等来提升服务业的整体实力。再次,发展中国家认识到,如果不积极参与服务贸易的谈判,将会形成由发达国家制定服务贸易规则的局面,其利益将会受到更大的损害。参与制定一个全面的多边服务贸易规则有利于体现自身利益,可以预防发达国家的单方面行动,并防止在国际贸易安排中出现对它们不利的歧视性做法。

二、GATS 谈判历程

如果说关税及贸易总协定(GATT)前七轮多边贸易谈判都集中于货物贸易领域的话,那么,"乌拉圭回合"则首次将服务贸易列为三大新议题之一并展开谈判,目标是为实现服务贸易自由化,制定各缔约方普遍遵守的国际服务贸易规则。"乌拉圭回合"服务贸易谈判始于 1986 年。1986 年 9 月"埃斯特角城部长级宣言"第二部分对服务贸易谈判目标做了明确规定,即"这一领域的谈判旨在制定处理服务贸易的多边原则和规则的框架,包括对各个部门制订专门的规则,以便在透明和逐步自由化的情况下扩大服务贸易,并以此作为促进所有贸易伙伴的经济增长和发展的一种手段。这一框架应尊重适用于服务业的国家法律规章和政策目标,并应考虑到有关国际组织的作用"。这种目标是对发达国家特别是美国的目标和发展中国家的目标进行的谨慎平衡。

"乌拉圭回合"谈判的重要成果就是达成了《服务贸易总协定》。由于服务贸易涉及面广,情况复杂,各方的态度与要求殊异,谈判并非一帆风顺。概括起来,"乌拉圭回合"服务贸易谈判经历了四个阶段。

(一)第一阶段:1986 年 9 月—1988 年 11 月

1986 年 9 月,埃斯特角部长宣言将服务贸易作为三项新议题之一列入"乌拉圭回合"多边贸易谈判程序,从此拉开了服务贸易多边谈判的序幕。该阶段的谈判重点是关于服务贸易的定义、范围以及与服务贸易有关的国际规则或协议等问题。这一阶段各方分歧很大。在谈判中,美国提出了实现服务贸易全面自由化的具体意见,主要包括:①确认总协定基本原则不仅适用于商品贸易,同时也适用于服务贸易;②采取将商品贸易与服务贸易综合起来的"单轨制"谈判方式;③拓宽服务贸易谈判的项目和范围,把通信、信息软件的处理等远距离核心服务,以及涉及跨国公司内部交易及其有关的投资、开业权等问题全部包括在内;④根据总协定关于"维持现状,逐步退回"的原则及达成的部分协议,逐步实现服务贸易多边自由化;⑤为推进服务贸易自由化进程,消除市场壁垒,美国还提出"整体贸易互惠案",即以美国等发达国家在商品贸易某些项目谈判中的让步,来换取发展中国家在服务贸易自由化问题上的让步。

鉴于美国《1984 年贸易和关税法》的谈判授权所涉及的把服务和投资与"贸易"挂钩的问题,发展中国家在 1986 年埃斯特角宣言中同意谈判包括服务贸易,但前提是服务贸易谈判与货物贸易谈判必须分开,并且明确以发展为导向。此外,发展中国家要求对国际服务贸易作比较狭窄的定义,即"居民与非居民进行的跨国境的服务购销活动"。这个定义将跨国公司内部交易和诸如金融、保险、咨询、法律服务等不必跨越国境的交易排除在外。美国等发达国家则坚持较为广泛的定义,将所有涉及不同国民或国土的服务活动纳入国际服务贸易范畴,认为服务提供者在外国市场上以某种形式的投资出现对许多服务来说是必不可少的。当时的欧共体则提出了折中意见,不主张预先确定谈判范围,而是根据谈判需要对国际服务贸易采取不同定义。多边谈判基本上采纳了欧共体的意见。

(二)第二阶段:1988 年 12 月—1990 年 6 月

1988 年 12 月,在加拿大的蒙特利尔举行了中期部长级会议。为加速谈判,各国在一定程度上摆脱了对服务贸易定义的纠缠,而将谈判重点集中在透明度、逐步自由化、国民待遇、最惠国待遇、市场准入、发展中国家的更多参与、例外和保障条款,以及国内规章等原则在服务部门的运用方面。1989 年 4 月,服务贸易工作组举行会议,决定开始对电信和建筑部门进行审查,然后又审查运输、旅游、金融和专业服务部门,这样就进入了"部门测试"过程。与此同时,各国代表同意采纳一套服务贸易的准则,以消除服务贸易谈判中的诸多障碍。各国分别提出自己的方案,阐述了自己的立场和观点。

1990 年 5 月,中国、印度、喀麦隆、埃及、肯尼亚、尼日利亚和坦桑尼亚七个亚非国家向服务贸易谈判组联合提交了"服务贸易多边框架原则与规则"提案(简称"亚非提案"),对最惠国待遇、透明度、发展中国家的更多参与等一般义务与市场准入、国民待遇等特定义务做了区分。后来 GATS 文本结构采纳了"亚非提案"的主张,并承认成员方发展水平的差异,对发展中国家做出了很多保留和例外,这在很大程度上反映了发展中国家的利益和要求。

(三)第三阶段:1990 年 7 月—12 月

1990 年 7 月,服务贸易谈判组举行高级官员会议,各方代表对于国民待遇、最惠国待遇等原则在服务贸易领域的适用已达成共识,但在各国开放和不开放服务部门的列举方式上,出现了"肯定式列表"(即减让表对所包含的部门列出各成员愿意接受的实际市场准入和国民待遇承诺)和"否定式列表"(即减让表包括的措施是各成员想保持的与共同规则不一致的例外)之争。

美国和加拿大等发达国家提出"否定式列表"方式,要求各国将目前无法实施自由化原则的部门清单列在框架协议的附录中作为保留,部门清单一经提出,便不能再增加,要承诺在一定期限内逐步减少不予开放的部门。发展中国家则提出"肯定式列表"方式,即各国列出能够开放的部门清单,之后可随时增加开放的部门数量。这对于服务业相对落后的国家来说较为灵活。因为服务贸易范围广泛且不断扩大,发展中国家难以预先将本国不能开放的部门全部列举出来,如果采用"否定式列表"方式将会带来难以预料的后果。后来文本采纳了发展中国家的主张,对市场准入和国民待遇等特定义务按"肯定式列表"方式加以确定,从而对发展中国家的利益有了一定程度的保障。

由于各国之间,特别是发达国家与发展中国家之间利益上的矛盾与冲突,谈判较为艰难,但各方经过妥协和让步,谈判最终得以进行下去并且取得了一定成果。在 1990 年 12 月 3 日至 7 日的布鲁塞尔部长级会议上,服务贸易谈判组修订了《服务贸易总协定多边框架协议草案》文本。

(四)第四阶段:1991 年 1 月—1994 年 4 月

1991 年 4 月开始的讨论着重围绕三个重点进行:协定的框架、初步承诺表和部门附件。有关协定的谈判主要集中于最惠国待遇条款,并最终确定了各缔约方可将选择的部门从最惠国待遇适用范围中免除的程度。

1991 年 6 月 28 日,服务贸易谈判组达成一项《关于最初承担义务谈判准则》的协议,对初步承诺的时间进行了安排。依据该准则,各承诺方要在 1991 年 7 月 13 日之前提交有条件的各项承诺,并详细说明将承担草案文本第三、第四部分中所陈述的义务,同时对影响国际贸易的规则做出解释。各承诺方被要求在当年 9 月 20 日之前提交最初要求,然而,承诺安排并未如期进行,到 1991 年 11 月大多数国家仍没有提交其承诺表。在附件方面,只有海运服务、电信、金融服务和劳动力流动等方面取得了一些进展。

1991 年 12 月 20 日,关贸总协定总干事邓克尔提交了一份《实施乌拉圭回合多边贸易谈判成果的最终方案(草案)》,即著名的《邓克尔方案》,从而形成了 GATS 草案。该草案包括 6 个部分、35 个条款和 5 个附录,基本确定了该协定的结构。草案由参加谈判的代表团带回各自国内进行讨论。如果各国认为基本可以接受,就将该草案作为进一步谈判的基础;如果各国不同意该草案的主要规定,那么谈判就此结束。倘若如此,将意味着"乌拉圭回合"整体谈判的完结,建立新的多边贸易体系的努力化为乌有。结果是,尽管各国都对 GATS 草案存有或多或少的不同意见,但都不愿承担导致"乌拉圭回合"谈判失败的责任,因此都表示可以进一步考虑,于是各国进入了关于服务市场开放具体承诺的双边谈判阶段。经过各国继续磋商、谈判,协议草案得到了进一步修改。最后,各谈判方在 1994 年 4 月 15 日于摩洛哥马拉喀什正式签署了《服务贸易总协定》。该文本在总体结构和主要内容上对原框架协议草案并无重大变更,只在部分具体规范上有所调整。该协定作为"乌拉圭回合"一揽子协议的组成部分和世界贸易组织对国际服务贸易秩序的管辖依据之一,于 1995 年 1 月 1 日与世界贸易组织同时生效。

三、后 GATS 多边服务贸易谈判

"乌拉圭回合"之后,有关服务贸易的后续谈判主要包括两方面内容:一是部门谈判,即各谈判方根据 GATS 的要求继续就"自然人跨国流动""金融服务""基础电信服务"和"海运服务"等领域进行互相开放市场的谈判;二是完善 GATS 有关条款的谈判,主要是就"服务业紧急保障问题""服务业补贴问题"和"政府采购服务"等方面进行谈判,以完善 GATS 的有关规则。

根据 GATS 的规定,WTO 各成员应该在不迟于 2000 年 1 月通过连续性多轮服务贸易谈判逐步推进服务贸易自由化。新一轮服务贸易谈判自 2000 年 1 月正式启动,2001 年被列入"多哈回合"谈判议程,是在 WTO 体制下进行的多边服务贸易谈判。到 2013 年 12 月底,经历了 6 次部长级会议。由于 WTO 各成员之间存在着较大的分歧和贸易利益的冲突,加上各种政治因素的干扰和政治力量的角力,整个服务贸易谈判进程举步维艰,进展不大。目前,服务贸易谈判主要围绕市场开放与 GATS 规则议题进行。其中,GATS 规则又包括国内法规(Domestic Regulation)、紧急保障措施、政府采购与服务贸易补贴等。

后 GATS 服务贸易谈判进程可以大致分为三个阶段:启动阶段、实质谈判阶段和后

续谈判与停滞阶段。

(1)第一个阶段(2000年2月—2001年3月)主要是谈判的启动阶段,包括谈判程序规则的制定和谈判议题的确定。2000年2月25日,WTO服务贸易理事会根据WTO总理事会的决议召开特别会议,正式启动WTO体制下的服务贸易谈判。2001年3月28日,服务贸易理事会制定通过《服务贸易谈判准则与程序》,确定了谈判的目标、范围和谈判方式。

(2)第二阶段(2001年4月—2006年7月)是实质谈判阶段,主要由各成员进行具体承诺和市场准入谈判。2001年11月,多哈部长级会议决定把服务贸易谈判纳入《多哈发展议程》(DDA),服务贸易正式成为"多哈回合"的重要谈判议题。多哈部长级会议要求各成员在2002年6月30日前提交对其他成员开放服务贸易具体部门的初步要价,在2003年3月31日前提交本身开放服务贸易的初步出价,并不迟于2005年1月1日结束谈判。但由于缺乏政治推动力,服务贸易谈判的要价与出价进程在坎昆会议前就中止了,2003年坎昆会议的失败又为服务贸易谈判的停滞提供了很好的注解。2004年8月1日,WTO总理事会发布《多哈工作计划》(称为"2004年7月一揽子计划"),要求各成员方在2005年5月前提交修改后的出价。2005年香港部长级会议重申了谈判的目标与原则,要求各成员扩大服务贸易部门和模式的开放范围,并特别关注发展中国家的利益。2006年年初,有关成员进行了两轮诸边谈判,形成了21项集体出价。此后,由于农业与非农产品谈判问题上出现僵局,《多哈发展议程》暂停,所有WTO谈判均中止了,自然也包括服务贸易谈判。

(3)第三阶段(2006年8月—2013年12月)是后续谈判与停滞阶段,谈判为主要形式。2007年2月经过各成员的共同努力,服务贸易谈判恢复。2008年5月26日,服务贸易谈判委员会主席发布服务贸易草案文本。应WTO成员请求,贸易谈判委员会主席召集了有关WTO成员的宣示性会议(Signaling Conference),讨论各成员对现有具体承诺要价与出价持有的立场。2010年3月,服务贸易理事会主席向贸易谈判委员会特别小组提交了谈判盘点报告(Stocktaking Report),指出了服务贸易谈判各方的分歧所在。

2011年年初,服务贸易谈判继续推进。2011年4月,服务贸易理事会主席向贸易谈判委员会提交了报告,阐述了谈判取得的成果与存在的分歧,涉及市场准入、国内法规、GATS规则等方面的内容。被寄予厚望的2013年巴厘岛第九次WTO部长级会议并未给服务贸易谈判带来福音,即使在稍有成就的电子商务方面,各方也只是同意不对跨境电子商务征收进口税。应该承认,2008年开始的世界性金融危机为WTO谈判提供了机遇,但更多的是挑战。一方面,各国希望尽快达成协议,结束谈判,促进服务贸易自由化,加快国内经济复苏;另一方面,恶化的经济形势加快了贸易保护主义的蔓延,各国普遍对服务贸易市场开放持审慎态度,反过来又影响各国推动与参加谈判的政治意愿。

第二节　GATS 框架与文本解读

一、GATS 的法律特征及基本结构

(一)法律特征

在"乌拉圭回合"结束后,各谈判参加方于 1994 年 4 月在摩洛哥的马拉喀什签署了《服务贸易总协定》(下称"GATS")。该协议作为"乌拉圭回合"一揽子协议的一大组成部分,于 1995 年 1 月 1 日生效。

GATS 的主要法律特征,在于将成员的义务分为普遍性义务和特定性义务。普遍性义务是成员普遍承担的义务,适用于服务业的各个部门。这类义务包括:最惠国待遇、透明度、发展中国家的更多参与、经济一体化、紧急保障措施和一般例外等。特定性义务是只有成员做出承诺后才承担的义务,它也只适用于成员承诺开放的服务部门。这类义务主要体现在市场准入和国民待遇方面。GATS 所采取的这种将普遍性义务与特定性义务分开规范的做法,既可以使成员在服务贸易领域遵守共同的原则和普遍的义务,又可以使它们根据本国服务业的实际发展情况安排服务市场开放的步骤,使本国的服务业不致受到过于严重的冲击。从总体上看,GATS 的大部分规则是围绕服务市场的开放这个轴心运转的,因此仍然仿效了 GATT 的以贸易自由化作为中心环节的做法。只不过按照服务贸易的特殊性,GATS 将开放市场的义务作为成员的具体承诺,然后试图通过后续的谈判逐渐加大开放幅度,最后达到服务贸易的自由化。

虽然 GATS 借用了不少 GATT 的规则对国际服务贸易进行规范,然而,服务贸易毕竟与货物贸易有许多差别,其交易的复杂性和客体的无形性使一些在货物贸易领域能够适用的规则难以在服务贸易领域直接套用。因此,服务贸易的法律框架原则上继承和接受原来 GATT 确定的贸易自由化的基本原则,但由于服务贸易的特殊形式和各国保护国内服务产业的特殊措施,GATS 对适用于货物贸易的原则进行了修改,以适应服务贸易的特殊情况。例如,非歧视原则在服务贸易中不仅适用于服务产品,而且还适用于服务产品的提供者。同时,GATS 有不少条款并未规定明确而严格的规则或义务,而只是对各成员进一步的谈判磋商做出安排,如第 10 条的紧急保障措施、第 13 条的政府采购以及第 15 条的服务补贴等条款就属于这种情况。但可以预见的是,随着服务贸易领域谈判进程的不断推进,GATS 中未明确的各项具体规则将会逐渐清晰,服务贸易的规则体系也将不断得以完善。

(二)基本结构

GATS 文本由三方面内容组成:一是 GATS 条款;二是 GATS 附件;三是各成员按GATS 第 20 条提交的具体承诺表。第一、二部分统称框架协定,具体包括序言、正文 6 个部分(共 29 个条款)、8 个附件和 9 个部长会议决定。

序言和正文 6 个部分(共 29 条)规定了适用于所有成员的基本权利和义务。

序言明确了制定服务贸易各项原则和多边规则的基本宗旨,可以将其概括为"推进服务贸易自由化"和"促进发展中国家服务贸易增长"两大方面的内容。

正文的第一部分,即第 1 条,规定了服务贸易的定义及 GATS 的适用范围。

第二部分从第 2 条到第 15 条,规定的是"一般义务和纪律"。该部分是 GATS 的核心部分,包括最惠国待遇、透明度、发展中国家的更多参与、经济一体化、国内管制、承认、垄断及专营服务提供者、商业惯例、紧急保障措施、保障国际收支的限制、政府采购、一般例外与安全例外、补贴等条款。

第三部分从第 16 条到第 18 条,规定了成员"特别承担的义务",包括市场准入、国民待遇和额外承诺。

第四部分从第 19 条到第 21 条,为"逐步自由化",规定通过连续的多轮谈判及制定和修订具体承诺表的方式,实现服务贸易逐步自由化的目标。

第五部分从第 22 条到第 26 条,为"制度条款",对争端解决、服务贸易理事会及技术合作等问题做了规定。

第六部分从第 27 条到第 29 条,为"最后条款",规定了成员可以对协定利益予以否定的情况,并对有关概念做了进一步的界定。

根据第 29 条规定,GATS 所附的 8 个附录是其不可分割的部分。这些附录旨在处理特定服务部门及服务提供方式所引起的特殊问题,包括关于豁免最惠国待遇义务的附录、自然人提供服务的附录、空中运输服务的附录、金融服务的两个附录、海运服务谈判的附录、电信服务的附录及基础电信谈判的附录等。此外,"乌拉圭回合"一揽子协议中与 GATS 有关的文件还包括 9 个部长决定,如机构安排决定、争端解决程序决定、关于第 14 条(b)款(安全例外)的决定、服务贸易与环境的决定以及有关基础电信、金融服务、专家服务、自然人流动和海运谈判决定等。另外还有一项关于金融服务承诺的谅解备忘录。

根据 GATS 第 20 条,每一成员都应制定一张承担特定义务的具体承诺表,详细说明市场准入和国民待遇的范围、条件、限制及承诺生效日期等。各成员的具体承诺表附于 GATS 之后,作为其不可分割的组成部分。成员大多向 WTO 秘书处提交了其服务市场开放的具体承诺表,根据其服务业发展状况列出了开放的具体服务部门和承担的具体义务。

二、GATS 的条款文本解读

前面已经提到,GATS 条款文本主要包括序言及 6 个部分(共 29 条),具体内容如下。

(一)序言

序言希望各成员方认识到服务贸易对世界经济增长和发展日益增加的重要性;希望建立一个服务贸易原则和规则的多边框架,以期在透明和逐步自由化的条件下扩大此类贸易,并以此为手段促进所有贸易伙伴的经济增长和发展中国家的发展;期望在给予国家政策目标应有尊重的同时,通过连续回合的多边谈判,在互利基础上促进所有参加方的利益,并保证权利和义务的总体平衡,以便早日实现服务贸易自由化水平的逐步提高;认识到各成员方为实现国家政策目标,有权对其领土内的服务提供进行管理和采用新的法规,同时认识到由于不同国家服务法规发展程度方面存在的不平衡,发展中国家特别需要行使此权利;期望便利发展中国家更多地参与服务贸易和扩大服务出口,特别是通过增强其国内服务能力、效率和竞争力;特别考虑到最不发达国家由于特殊的经济状况及其在发展、贸易和财政方面的需要而存在的严重困难。

(二)第一部分　范围和定义

第 1 条　范围和定义。①本协定适用于各成员影响服务贸易的措施。②就本协定而言,服务贸易定义为:(a)自一成员领土向任何其他成员领土提供服务,即跨境交付;(b)在一成员领土内向任何其他成员的服务消费者提供服务,即境外消费;(c)一成员的服务提供者通过在任何其他成员领土内的商业存在提供服务,即商业存在;(d)一成员的服务提供者通过在任何其他成员领土内的自然人存在提供服务,即自然人流动。③就本协定而言:(a)"成员的措施"指:(i)中央、地区或地方政府和主管机关所采取的措施;(ii)由中央、地区或地方政府或主管机关授权行使权力的非政府机构所采取的措施。在履行本协定项下的义务和承诺时,每一成员应采取其所能采取的合理措施,以保证其领土内的地区、地方政府和主管机关以及非政府机构遵守这些义务和承诺。(b)"服务"包括任何部门的任何服务,但在行使政府职权时提供的服务除外。(c)"行使政府职权时提供的服务"指既不依据商业基础提供,也不与一个或多个服务提供者竞争的任何服务。

(三)第二部分　一般义务和纪律

一般义务和纪律适用于所有部门,是 GATS 的核心内容,是成员方各项权利和义务的基础,各成员方在各服务部门均应统一实施。具体包括以下内容。

第 2 条　最惠国待遇。①关于本协定涵盖的任何措施,每一成员对于任何其他成员的服务和服务提供者,应立即和无条件地给予不低于其给予任何其他国家同类服务和服务提供者的待遇。②但一成员可维持与第 1 款不一致的措施。只要该措施已列入《关于第 2 条豁免的附件》,并符合该附件中的条件。③本协定的规定不得解释为阻止任何成员对相邻国家授予或给予优惠,以便利仅限于毗连边境地区的当地生产和消费的服务的交换。

第 3 条　透明度。①除紧急情况外,每一成员应迅速公布有关或影响本协定运用的所有普遍适用的措施,最迟应在此类措施生效之时。一成员为签署方的有关或影响服务贸易的国际协定也应予以公布。②如第 1 款所指的公布不可行,则应以其他方式使此类信息可公开获得。③每一成员应迅速并至少每年向服务贸易理事会通知对本协定项下具体承诺所涵盖的服务贸易有重大影响的任何新的法律、法规、行政准则或现有法律、法规、行政准则的任何变更。④每一成员对于任何其他成员关于提供属第 1 款范围内的任何普遍适用的措施或国际协定的具体信息的所有请求应迅速予以答复。每一成员还应设立一个或多个咨询点,以应请求就所有此类事项和需遵守第 3 款中的通知要求的事项向其他成员提供具体信息。此类咨询点应在《建立世界贸易组织协定》(GATS 中称《WTO 协定》)生效之日起 2 年内设立。对于个别发展中国家成员,可同意在设立咨询点的时限方面给予它们适当的灵活性。咨询点不必是法律和法规的保存机关。⑤任何成员可将其认为影响本协定运用的、任何其他成员采取的任何措施通知服务贸易理事会。

第 3 条之二:机密信息的披露。本协定的任何规定不得要求任何成员提供一经披露即妨碍执法或违背公共利益或损害特定公私企业合法商业利益的机密信息。

第 4 条　发展中国家的更多参与。①不同成员应按照本协定第三部分和第四部分的规定,通过谈判达成有关以下内容的具体承诺,以便利发展中国家成员更多地参与世界贸易:(a)增强其国内服务能力、效率和竞争力,特别是通过在商业基础上获得技术;(b)改善其进入分销渠道和利用信息网络的机会;(c)在对其有出口利益的部门和服务提供方式实现市场准入自由化。②发达国家成员和在可能的限度内的其他成员,应在《WTO 协定》生效之日起 2 年内设立联络点,以便利发展中国家成员的服务提供者获得与其各自市场有关的、关于以下内容的信息:(a)服务提供的商业和技术方面的内容;(b)专业资格的登记、认可和获得;(c)服务技术的可获性。③在实施第 1 款和第 2 款时,应对最不发达国家成员给予特别优先。鉴于最不发达国家的特殊经济状况及其发展、贸易和财政需要,对于它们在接受谈判达成的具体承诺方面存在的严重困难应予特殊考虑。

第 5 条　经济一体化。①本协定不得阻止任何成员参加或达成在参加方之间实现服务贸易自由化的协定,只要此类协定:(a)涵盖众多服务部门,并且(b)规定在该协定生效时或在一合理时限的基础上,对于(a)项所涵盖的部门,在参加方之间通过以下方式不实行或取消第 17 条意义上的实质上所有歧视:取消现有歧视性措施,和/或禁止新的或更多的歧视性措施,但第 11 条、第 12 条、第 14 条以及第 14 条之二下允许的措施除外。②在评估第 1 款(b)项下的条件是否得到满足时,可考虑该协定与有关国家之间更广泛的经济一体化或贸易自由化进程的关系。③(a)如发展中国家为第 1 款所指类型协定的参加方,则应依照有关国家总体和各服务部门及分部门的发展水平,在第 1 款所列条件方面,特别是其中(b)项所列条件方面给予灵活性。(b)尽管有第 6 款的规定,但是在第 1 款所指类型的协定只涉及发展中国家的情况下,对此类协定参加方的自然人所拥有或控制的法人仍可给予更优惠的待遇。④第 1 款所指的任何协定应旨在便利协定参加方之间的贸易,并且与订立该协定之前的适用水平相比,对于该协定外的任何成员,不得提高相应服务部门或分部门内的服务贸易壁垒的总体水平。⑤如因第 1 款下的任何协定的订立、扩大或任何重大修改,一成员有意修改或撤销一具体承诺,因而与其减让表中所列条款和条件不一致,则该成员应至少提前 90 天通知该项修改或撤销,并应适用第 21 条第 2 款、第 3 款和第 4 款中所列程序。⑥任何其他成员的服务提供者,如属根据第 1 款所指协定参加方的法律所设立的法人,则有权享受该协定项下给予的待遇,只要该服务提供者在该协定的参加方领土内从事实质性商业经营。⑦(a)属第 1 款所指任何协定参加方的成员应迅速将任何此类协定及其任何扩大或重大修改通知服务贸易理事会。它们还应使理事会可获得其所要求的有关信息。理事会可设立工作组,以审查此类协定及其扩大或修改,并就其与本条规定的一致性问题向理事会提出报告。(b)属第 1 款所指的在一时限基础上实施的任何协定参加方的成员应定期就协定的实施情况向服务贸易理事会提出报告。理事会如认为必要,可设立工作组,以审查此类报告。(c)依据(a)项和(b)项所指的工作组的报告,理事会可向参加方提出其认为适当的建议。⑧属第1款所指的任何协定参加方的成员,不可对任何其他成员从此类协定中可能获得的贸易利益寻求补偿。

第5条之二:劳动力市场一体化协定。本协定不得阻止任何成员参加在参加方之间实现劳动力市场完全一体化的协定,只要此类协定:(a)对协定参加方的公民免除有关居留和工作许可的要求;(b)通知服务贸易理事会。

第6条　国内法规。①在已做出具体承诺的部门中,每一成员应保证所有影响服务贸易的普遍适用的措施以合理、客观和公正的方式实施。②(a)对每一成员应维持或尽快设立司法、仲裁或行政庭或程序,在受影响的服务提供者请求下,对影响服务贸易的行政决定迅速进行审查,并在请求被证明合理的情况下提供适当的补救。如此类程序并不独立于做出有关行政决定的机构,则该成员应保证此类程序在实际中提供客观和公正的审查。(b)(a)项的规定不得解释为要求一成员设立与其宪法结构或其法律制度的性质不一致的法庭或程序。③对已做出具体承诺的服务,如提供此种服务需要得到批准,则一成员的主管机关应在根据其国内法律法规被视为完整的申请提交后一段合理时间内,将有关该申请的决定通知申请人。在申请人请求下,该成员的主管机关应提供有关申请情况的信息,不得有不当延误。④为保证有关资格要求和程序、技术标准和许可要求的各项措施不致构成不必要的服务贸易壁垒,服务贸易理事会应通过其可能设立的适当机构,制定任何必要的纪律。此类纪律应旨在特别保证上述要求:(a)依据客观的和透明的标准,例如提供服务的能力和资格;(b)不得比为保证服务质量所必需的限度更难以负担;(c)如为许可程序,则这些程序本身不成为对服务提供的限制。⑤(a)在一成员已做出具体承诺的部门中,在按照第4款为这些部门制定的纪律生效之前,该成员不得以以下方式实施使此类具体承诺失效或减损的许可要求、资格要求和技术标准:(i)不符合第4款(a)项、(b)项或(c)项中所概述的标准的;(ii)在该成员就这些部门做出具体承诺时,不可能合理预期的。(b)在确定一成员是否符合第5款(a)项下的义务时,应考虑该成员所实施的有关国际组织的国际标准。⑥在已就专业服务做出具体承诺的部门,每一成员应规定适当程序,以核验任何其他成员专业人员的能力。

第7条　承认。①为使服务提供者获得授权、许可或证明的标准或准则得以全部或部分实施,在遵守第3款要求的前提下,一成员可承认在特定国家已获得的学位、经历、资格、执照或证书。此类可通过协调或其他方式实现的承认,可依据与有关国家的协定或安排,也可自动给予。②属第1款所指类型的协定或安排参加方的成员,无论此类协定或安排是现有的还是在将来订立,均应向其他利害关系成员提供充分的机会,以谈判加入此类协定或安排,或与其谈判类似的协定或安排。如一成员自动给予承认,则应向任何其他成员提供充分的机会,以证明在该其他成员获得的学历、经历、资格、执照或证书应得到承认。③一成员给予承认的方式不得构成在适用服务提供者获得授权、许可或证明的标准或准则时在各国之间进行歧视的手段,或构成对服务贸易的变相限制。④每一成员应:(a)在《WTO协定》生效之日起12个月内,向服务贸易理事会通知其现有的承认措施,并说明此类措施是否以第1款所述类型的协定或安排为依据;(b)在就第1款所指类型的协定或安排进行谈判之前,尽早迅速通知服务贸易理事会,以便向任何其他成员提供充分的机会,使其能够在谈判进入实质性阶段之前表明其参加谈判的兴趣;(c)如采用新的承认措施或对现有措施进行重大修改,则迅速通知服务贸易理事会,并说明此类措施是否以第1款所指类型的协定或安排为依据。⑤在适当的情况下,承认即应以多边议定的准则为依据。各成员应与有关政府间组织或非政府组织合作,以制定和采用关于承认的共同国际标准和准则,以及有关服务行业和职业实务的共同国际标准。

第8条　垄断和专营服务提供者。①每一成员应保证在其领土内的任何垄断服务提供者在有关市场提供垄断服务时,不以与其在第2条和具体承诺下的义务不一致的方式行事。②如一成员的垄断提供者直接或通过附属公司参与其垄断权范围之外且受该成员具体承诺约束的服务提供的竞争,则该成员应保证该提供者不滥用其垄断地位在其领土内以与此类承诺不一致的方式行事。③如一成员有理由认为任何其他成员的垄断服务提供者以与第1款和第2款不一致的方式行事,则在该成员请求下,服务贸易理事会可要求设立、维持或授权该服务提供者的成员提供有关经营的具体信息。④在《WTO协定》生效之日后,如一成员对其具体承诺所涵盖的服务提供给予垄断权,则该成员应在所给予的垄断权预定实施前不迟于3个月通知服务贸易理事会,并应适用第21条第2款、第3款和第4款的规定。⑤如一成员在形式上或事实上授权或设立少数几个服务提供者,且实质性阻止这些服务提供者在其领土内相互竞争,则本条的规定应适用于此类专营服务提供者。

第9条　商业惯例。①各成员认识到,除属第8条范围内的商业惯例外,服务提供者的某些商业惯例会抑制竞争,从而限制服务贸易。②在任何其他成员请求下,每一成员应进行磋商,以期取消第1款所指的商业惯例。被请求的成员对此类请求应给予充分和积极的考虑,并应通过提供与所涉事项有关的、可公开获得的非机密信息进行合作。在遵守其国内法律并在就提出请求的成员保障其机密性达成令人满意的协议的前提下,被请求的成员还应向提出请求的成员提供其他可获得的信息。

第10条　紧急保障措施。①应就紧急保障措施问题在非歧视原则基础上进行多边谈判。此类谈判的结果应在不迟于《WTO协定》生效之日起3年内生效。②在第1款所指的谈判结果生效之前的时间内,尽管有第21条第1款的规定,但是任何成员仍可在其某一具体承诺生效1年后,向服务贸易理事会通知其修改或撤销该承诺的意向,只要该成员向理事会说明该修改或撤销不能等待第21条第1款规定的3年期限期满的理由。③第2款的规定应在《WTO协定》生效之日起3年后停止适用。

第11条　支付和转移。①除在第12条中设想的情况下以外,一成员不得对与其具体承诺有关的经常项目交易的国际转移和支付实施限制。②本协定的任何规定不得影响国际货币基金组织的成员在《基金组织协定》项下的权利和义务,包括采取符合《基金组织协定》的汇兑行动,但是一成员不得对任何资本交易设置与其有关此类交易的具体承诺不一致的限制,根据第12条或在基金请求下除外。

第12条　保障国际收支的限制。①如发生严重国际收支和对外财政困难或其威胁,一成员可对其已做出具体承诺的服务贸易,包括与此类承诺有关的交易的支付和转移,采取或维持限制。各方认识到,由于处于经济发展或经济转型过程中的成员在国际收支方面的特殊压力,可能需要使用限制措施,特别是保证维持实施其经济发展或经济转型计划所需的适当财政储备水平。②第1款所指的限制:(a)不得在各成员之间造成歧视;(b)应与《国际货币基金组织协定》相一致;(c)应避免对任何其他成员的商业、经济和财政利益造成不必要的损害;(d)不得超过处理第1款所指的情况所必需的限度;(e)应是暂时的,并应随第1款列明情况的改善而逐步取消。③在确定此类限制的影响范围时,各成员可优先考虑对其经济或发展计划更为重要的服务提供。但是,不得为保护某一特定服务部门而采取或维持此类限制。④根据第1款采取或维持的任何限制,或此类限制的任何变更,应迅速通知总理事会。⑤(a)实施本条规定的成员应就根据本条采取的限制迅速与国际收支限制委员会进行磋商。(b)部长级会议应制定定期磋商的程序,以便能够向有关成员提出其认为适当的建议。(c)此类磋商应评估有关成员的国际收支状况和根据本条采取或维持的限制,同时特别考虑如下因素:(i)国际收支和对外财政困难的性质和程度;(ii)磋商成员的外部经济和贸易环境;(iii)其他可采取的替代纠正措施。(d)磋商应处理任何限制与第2款一致性的问题,特别是依照第2款(e)项逐步取消限制的问题。(e)在此类磋商中,应接受国际货币基金组织提供的与外汇、货币储备和国际收支有关的所有统计和其他事实,结论应以基金对磋商成员国际收支状况和对外财政状况的评估为依据。⑥如非国际货币基金组织成员希望适用本条的规定,则部长级会议应制定审议程序和任何其他必要程序。

第13条　政府采购。①第2条、第16条和第17条不适用于管理政府机构为政府目的而购买服务的法律、法规或要求,此种购买不是为进行商业转售或为供商业销售而在提供服务过程中使用。②在《WTO协定》生效之日起2年内,应就本协定项下服务的政府采购问题进行多边谈判。

第14条　一般例外。在此类措施的实施不在情形类似的国家之间构成任意或不合理歧视的手段或构成对服务贸易的变相限制的前提下,本协定的任何规定不得解释为阻止任何成员采取或实施以下措施:(a)为保护公共道德或维护公共秩序所必需的措施。(b)为保护人类、动物或植物的生命或健康所必需的措施。(c)为使与本协定的规定不相抵触的法律或法规得到遵守所必需的措施,包括与下列内容有关的法律或法规:(i)防止欺骗和欺诈行为或处理服务合同违约而产生的影响;(ii)保护与个人信息处理和传播有关的个人隐私及保护个人记录和账户的机密性;(iii)安全。(d)与第17条不一致的措施,只要待遇方面的差别国在保证对其他成员的服务或服务提供者公平或有效地课征或收取直接税。(e)与第2条不一致的措施,只要待遇方面的差别是约束该成员的避免双重征税的协定或任何其他国际协定或安排中关于避免双重征税的规定的结果。

第14条之二:安全例外。①本协定的任何规定不得解释为:(a)要求任何成员提供其认为如披露则会违背其根本安全利益的任何信息。(b)阻止任何成员采取其认为对保护其根本安全利益所必需的任何行动:(i)与直接或间接为军事机关提供给养的服务有关的行动;(ii)与裂变和聚变物质或衍生此类物质的物质有关的行动;(iii)在战时或国际关系中的其他紧急情况下采取的行动。(c)阻止任何成员为履行其在《联合国宪章》项下的维护国际和平与安全的义务而采取的任何行动。②根据第 1 款(b)项和(c)项采取的措施及其终止,应尽可能充分地通知服务贸易理事会。

第 15 条　补贴。①各成员认识到,在某些情况下,补贴可对服务贸易产生扭曲作用。各成员应进行谈判,以期制定必要的多边纪律,以避免此类贸易扭曲作用。谈判还应处理反补贴程序适当性的问题。此类谈判应认识到补贴在发展中国家发展计划中的作用,并考虑到各成员特别是发展中国家成员在该领域需要灵活性。就此类谈判而言,各成员应就其向国内服务提供者提供的所有与服务贸易有关的补贴交换信息。②任何成员如认为受到另一成员补贴的不利影响,则可请求与该成员就此事项进行磋商。对此类请求,应给予积极考虑。

(四)第三部分　具体承诺(承担特定义务)

第 16 条　市场准入。①对于通过第 1 条确认的服务提供方式实现的市场准入,每一成员对任何其他成员的服务和服务提供者给予的待遇,不得低于其在具体承诺减让表中同意和列明的条款、限制和条件。②在做出市场准入承诺的部门,除非在其减让表中另有列明,否则一成员不得在其某一地区或在其全部领土内维持或采取按如下定义的措施:(a)无论以数量配额、垄断、专营服务提供者的形式,还是以经济需求测试要求的形式,限制服务提供者的数量;(b)以数量配额或经济需求测试要求的形式限制服务交易或资产总值;(c)以配额或经济需求测试要求的形式,限制服务业务总数或以指定数量单位表示的服务产出总量;(d)以数量配额或经济需求测试要求的形式,限制特定服务部门或服务提供者可雇用的、提供具体服务所必需且直接有关的自然人总数;(e)限制或要求服务提供者通过特定类型法律实体或合营企业提供服务的措施;(f)以限制外国股权最高百分比或限制单个或总体外国投资总额的方式限制外国资本的参与。

第 17 条　国民待遇。①对于列入减让表的部门,在遵守其中所列任何条件和资格的前提下,每一成员在影响服务提供的所有措施方面给予任何其他成员的服务和服务提供者的待遇,不得低于其给予本国同类服务和服务提供者的待遇。②一成员可通过对任何其他成员的服务或服务提供者给予与其本国同类服务或服务提供者的待遇形式上相同或不同的待遇,满足第 1 款的要求。③如形式上相同或不同的待遇改变竞争条件,与任何其他成员的同类服务或服务提供者相比,有利于该成员的服务或服务提供者,则此类待遇应被视为较为不利的待遇。

第 18 条　附加承诺。各成员可就影响服务贸易但根据第 16 条或第 17 条不需列入减让表的措施,包括有关资格、标准或许可事项的措施,谈判承诺。此类承诺应列入成员减让表。

(五)第四部分　逐步自由化

第 19 条　具体承诺的谈判。①为推行本协定的目标,各成员应不迟于《WTO 协定》生效之日起 5 年开始并在此后定期进行连续回合的谈判,以期逐步实现更高的自由化水平。此类谈判应针对减少或取消各种措施对服务贸易的不利影响,以此作为提供有效市场准入的手段。此进程的进行应旨在互利基础上促进所有参加方的利益,并保证权利和义务的总体平衡。②自由化进程的进行应适当尊重各成员的国家政策目标及其总体和各部门的发展水平。个别发展中国家成员应有适当的灵活性,准许其开放较少的部门,放开较少类型的交易,以符合其发展状况的方式逐步扩大市场准入,并在允许外国服务提供者进入其市场时,对此类准入附加旨在实现第 4 条所指目标的条件。③对于每一回合,应制定谈判准则和程序。就制定此类准则而言,服务贸易理事会应参照本协定的目标,包括第 4 条第 1 款所列目标,对服务贸易进行总体的和逐部门的评估。谈判准则应为处理各成员自以往谈判以来自主采取的自由化和在第 4 条第 3 款下给予最不发达国家成员的特殊待遇制定模式。④各谈判回合均应通过旨在提高各成员在本协定项下所做具体承诺总体水平的双边、诸边或多边谈判,推进逐步自由化的进程。

第 20 条　具体承诺减让表。①每一成员应在减让表中列出其根据本协定第三部分做出的具体承诺。对于做出此类承诺的部门,每一减让表应列明:(a)市场准入的条款、限制和条件;(b)国民待遇的条件和资格;(c)与附加承诺有关的承诺;(d)在适当时,实施此类承诺的时限;(e)此类承诺生效的日期。②与第 16 条和第 17 条不一致的措施应列入与第 16 条有关的栏目。在这种情况下,所列内容将被视为也对第 17 条规定了条件或资格。③具体承诺减让表应附在本协定之后,并应成为本协定的组成部分。

第 21 条　减让表的修改。①(a)一成员(本条中称"修改成员")可依照本条的规定,在减让表中任何承诺生效之日起 3 年期满后的任何时间修改或撤销该承诺。(b)修改成员应将其根据本条修改或撤销一承诺的意向,在不迟于实施修改或撤销的预定日期前 3 个月通知服务贸易理事会。②(a)在本协定项下的利益可能受到根据第 1 款(b)项通知的拟议修改或撤销影响的任何成员(本条中称"受影响成员")请求下,修改成员应进行谈判,以期就任何必要的补偿性调整达成协议。在此类谈判和协定中,有关成员应努力维持互利承诺的总体水平,使其不低于在此类谈判之前具体承诺减让表中规定的对贸易的有利水平。(b)补偿性调整应在最惠国待遇基础上做出。③(a)如修改成员和任何受影响成员未在规定的谈判期限结束之前达成协议,则此类受影响成员可将该事项提交仲裁。任何希望行使其可能享有的补偿权的受影响成员必须参加仲裁。(b)如无受影响成员请求仲裁,则修改成员有权实施拟议的修改或撤销。④(a)修改成员在做出符合仲裁结果的补偿性调整之前,不可修改或撤销其承诺。(b)如修改成员实施其拟议的修改或撤销而未遵守仲裁结果,则任何参加仲裁的受影响成员可修改或撤销符合这些结果的实质相等的利益。尽管有第 2 条的规定,但是此类修改或撤销可只对修改成员实施。⑤服务贸易理事会应为更正或修改减让表制定程序。根据本条修改或撤销承诺的任何成员应根据此类程序修改其减让表。

(六)第五部分　机构(制度)条款

第 22 条　磋商。①每一成员应对任何其他成员可能提出的、关于就影响本协定运用的任何事项的交涉所进行的磋商给予积极考虑,并提供充分的机会。《争端解决谅解》(Understanding on Rules and Procedures Governing the Settlement of Disputes,DSU)应适用于此类磋商。②在一成员请求下,服务贸易理事会或争端解决机构(Dispute Settlement

Body,DSB)可就其通过根据第 1 款进行的磋商未能找到满意解决办法的任何事项与任何一个或多个成员进行磋商。③一成员不得根据本条或第 23 条,对另一成员属它们之间达成的与避免双重征税有关的国际协定范围的措施援引第 17 条。在各成员不能就一措施是否属它们之间的此类协定范围达成一致的情况下,应允许两成员中任一成员将该事项提交服务贸易理事会。理事会应将该事项提交仲裁。仲裁人的裁决应为最终的,并对各成员具有约束力。

第 23 条 争端解决和执行。①如任何成员认为任何其他成员未能履行本协定项下的义务或具体承诺,则该成员为就该事项达成双方满意的解决办法可援用 DSU。②如 DSB 认为情况足够严重有理由采取此类行动,则可授权一个或多个成员依照 DSU 第 22 条对任何其他一个或多个成员中止义务和具体承诺的实施。③如任何成员认为其根据另一成员在本协定第三部分下的具体承诺可合理预期获得的任何利益,由于实施与本协定规定并无抵触的任何措施而丧失或减损,则可援用 DSU。如 DSB 确定该措施使此种利益丧失或减损,则受影响的成员有权依据第 21 条第 2 款要求做出双方满意的调整,其中可包括修改或撤销该措施。如在有关成员之间不能达成协议,则应适用 DSU 第 22 条。

第 24 条 服务贸易理事会。①服务贸易理事会应履行对其指定的职能,以便利本协定的运用,并促进其目标的实现。理事会可设立其认为对有效履行其职能适当的附属机构。②理事会及其附属机构应开放供所有成员的代表参加,除非理事会另有决定。③理事会主席应由各成员选举产生。

第 25 条 技术合作。①需要此类援助的成员的服务提供者应可使用第 4 条第 2 款所指的咨询点的服务。②给予发展中国家的技术援助应以多边方式由秘书处提供,并由服务贸易理事会决定。

第 26 条 与其他国际组织的关系。总理事会应就与联合国及其专门机构及其他与服务有关的政府间组织进行磋商和合作做出适当安排。

(七)第六部分 最后条款

第 27 条 利益的拒绝给予。一成员可对下列情况拒绝给予本协定项下的利益:(a)对于一项服务的提供,如确定该服务是自或在一非成员或与该拒绝给予利益的成员不适用《WTO 协定》的成员领土内提供的。(b)在提供海运服务的情况下,如确定该服务是:(i)由一艘根据一非成员或对该拒绝给予利益的成员不适用《WTO 协定》的成员的法律进行注册的船只提供的;及(ii)由一经营和/或使用全部或部分船只的人提供的,但该人属一非成员或对该拒绝给予利益的成员不适用《WTO 协定》的成员。(c)对于具有法人资格的服务提供者,如确定其不是另一成员的服务提供者,或是对该拒绝给予利益的成员不适用《WTO 协定》的成员的服务提供者。

第 28 条 定义。(略)

第 29 条 附件。本协定的附件为协定的组成部分。(略)

《服务贸易总协定》(GATS)的框架如表 6-1 所示。

表 6-1 《服务贸易总协定》(GATS)框架

部分	条目	内 容
序言		
第一部分　范围和定义	第 1 条	范围和定义
第二部分　一般义务和纪律	第 2 条	最惠国待遇
	第 3 条 第 3 条之二	透明度 机密信息的披露
	第 4 条	发展中国家的更多参与
	第 5 条 第 5 条之二	经济一体化 劳动力市场一体化协定
	第 6 条	国内法规
	第 7 条	承认
	第 8 条	垄断和专营服务提供者
	第 9 条	商业惯例
	第 10 条	紧急保障措施
	第 11 条	支付和转移
	第 12 条	保障国际收支的限制
	第 13 条	政府采购
	第 14 条 第 14 条之二	一般例外 安全例外
	第 15 条	补贴
第三部分　具体承诺	第 16 条	市场准入
	第 17 条	国民待遇
	第 18 条	附加承诺
第四部分　逐步自由化	第 19 条	具体承诺的谈判
	第 20 条	具体承诺减让表
	第 21 条	减让表的修改
第五部分　机构条款	第 22 条	磋商
	第 23 条	争端解决和执行
	第 24 条	服务贸易理事会
	第 25 条	技术合作
	第 26 条	与其他国际组织的关系

续表

部分	条目	内　容
	第 27 条	利益的拒绝给予
	第 28 条	定义
第六部分　最后条款	第 29 条	附件 关于第 2 条豁免的附件;关于空运服务的附件;关于金融服务的附件、关于金融服务的第二附件;关于海运服务谈判的附件;关于电信服务的附件;关于基础电信谈判的附件

资料来源:世界贸易组织秘书处网站。

三、GATS 的重要意义

GATS 的制定是自关贸总协定诞生以来在推动世界贸易自由化发展问题上的一个重大突破,它将服务贸易纳入多边体制,标志着多边贸易体制渐趋完善。GATS 对全球服务贸易发展的促进作用是毋庸置疑的。

(一)GATS 是国际服务贸易迈向自由化的重要里程碑

在 GATS 签订之前,GATT 对于国际贸易自由化的推进和努力主要集中于商品贸易领域,对服务贸易一直未进行过统一规范。GATS 的诞生为服务贸易的逐步自由化第一次提供了体制上的安排与保障,对于建立和发展服务贸易多边规范是一项重大突破。它确立了通过各成员方连续不断的多边谈判,促进各国服务市场开放和发展中国家服务贸易增长的宗旨,使各成员方有了进一步谈判的基础,得以向服务贸易自由化方向不断迈进。服务市场的逐步开放将会带来更多的贸易机会,有助于建立更为稳定的贸易往来关系。这对于国际服务贸易的进一步增长具有不可低估的作用。

(二)GATS 对发展中国家给予了适当的照顾

GATS 有不少条文涉及发展中国家。鉴于发展中国家在世界服务贸易中的劣势地位,这些条文为发展中国家提高对国际服务贸易的参与程度、加强本国服务业的竞争力、扩大服务贸易出口提供了较大的优惠,特别是在国民待遇、最惠国待遇、透明度、市场准入、逐步自由化,以及在经济技术援助方面,都对发展中国家做了照顾性的特别规定。这比当初 GATT 成立时给予发展中国家的优惠条件要好得多。将一般义务与特定义务分开规范也是采纳了发展中国家集团"亚非提案"的主张。这些都表明,通过长期斗争和不懈努力,发展中国家的谈判地位已上升到新的高度。

(三)GATS 有利于促进各国在服务贸易方面的合作与交流

GATS 不仅对国际服务贸易的扩大和发展起了巨大的推动作用,而且使各成员方从对服务市场的保护和对立转向逐步开放和对话,倾向于不断加强合作与交流。特别是在透明度条款和发展中国家更多参与条款中关于提供信息、建立联系点的规定,更有利于各成员方在服务贸易领域的信息交流和技术转让。另外,定期谈判制度的建立,也为成员方提供了不断磋商和对话的机制和机会。这使得各成员方在服务贸易方面更乐意采取积极合作的态度,从客观上促进了全球服务贸易的发展与繁荣。

GATS 将一般义务与特定义务分开规范的做法,使成员方在服务贸易领域既要遵守共同的原则和普遍的义务,又可根据本国服务业发展的实际情况安排服务市场开放的步骤,使本国服务业和经济发展不致受到严重冲击。协定考虑到成员方的发展水平和经济转轨国家的情况,制定了服务贸易谈判应遵循的方针:谈判应在部门指示单的基础上进行,所达成的义务和保留应建立在适当分解的水平上,如关于部门目录、部门与下属部门等;给予发展中国家适当的灵活性,但必须约束在"严格限制的水平上"分阶段实施。这些都体现了规则的原则性和灵活性的有机统一,从而既可以推动各成员方在具体服务部门的谈判中迅即进入实质性阶段,也便于体现各成员方的利益诉求。

 专栏

最惠国待遇条款

GATS 第 2 条第 1 款规定,关于本协定涵盖的任何措施,每一成员对于任何其他成员的服务和服务提供者,应立即和无条件地给予不低于其给予任何其他国家同类服务和服务提供者的待遇。从这一规定可以看出,GATS 中的最惠国待遇(Most-Favored-Nation Treatment under the General Agreement on Trade in Service)不仅适用于服务产品,而且还包括服务的提供者,这一点与 1994 年关税贸易总协定(General Agreement on Tariffs and Trade 1994,简称 GATT)所规定的最惠国待遇是不同的。

GATT 的最惠国待遇只及于其他成员方的产品,而不及于产品的提供者。服务贸易的特殊性使得服务与服务的提供者不可分离,因为没有服务贸易的提供者不可能存在服务,所以只给予服务最惠国待遇,而不及于服务的提供者,是讲不通的。但是 GATS 最惠国待遇的适用也有例外与豁免,所谓例外是指 WTO 成员在特定情况下,经 WTO 允许可以对最惠国待遇实行暂时的例外,即暂时在某些特定服务领域,WTO 成员间可不履行最惠国待遇义务。

资料来源:WTO。

 专栏

市场准入条款

根据 GATS 第 16 条第 1 款的规定,GATS 领域的市场准入(market access),是指当一成员方承诺对某个服务部门的市场准入时,它给予其他成员方的服务和服务提供者的待遇,不得低于其在具体承诺减让表中同意和和列明的条款、限制和条件。从这一规定可以看出,GATS法律框架下的市场准入原则的实施与最惠国待遇的实施是不同的,前者是具体的承诺义务,即通过谈判,适用于各成员在承诺表中具体承诺范围内的服务部门;后者是一种普遍的义务,适用于所有服务部门。

在对市场准入承担义务的服务部门里,一成员方除了在其承担义务安排表中已确定者外,不应以某一地区分部门为基础或整个国境为基础来维持或采取以下限制措施:

1. 采取数量配额、垄断和专营服务提供者的方式或要求限制国外服务提供者的数量;

2. 采用数量配额或要求测定经济需求的方式,以限制国外服务交易的资产总额;

3. 采用配额或要求测定经济需求的方式,以限制服务交易的总数或用数量单位表示的服务提供的总产出量;

4. 采用数量配额或要求测定经济需求的方式,以限制某一服务部门或服务提供者为提供某一特定服务而需要雇用自然人的数额;

5. 规定服务提供者需要通过特定的法人实体或合营企业才可提供服务,以进行限制;

6. 对参加的国外资本限定其最高股权比例或对个人的累计的国外资本投资额予以限制。

资料来源:WTO。

 专栏

GATS 和 GATT 的差别

GATS 的一些条款和概念借鉴了《关税与贸易总协定》(GATT),但两者仍有着重要区别。GATS 涉及的范围更广,它对服务贸易的定义超出了传统的跨境贸易的概念,还涵盖了消费者流动和要素流动;相关规则的范围没有限定在对服务产品本身的处理上,而是延伸到影响服务提供者的措施和活动上。GATS 涉及的范围广泛,这与其规则的灵活性形成对照。和 GATT 不同的是,在 GATS 下使用量化限制规则是合法的,除非有关成员方明确提出异议;国民待遇并非普遍义务,而是可以商榷的承诺;国家特定的承诺日程安排规定了这些规则适用于单个服务行业的程度,各成员间没有一个统一的标准。

资料来源:WTO。

第三节　GATS 后续服务贸易谈判

一、后 GATS 多边服务贸易谈判进展缓慢的原因

WTO 体制下的多边服务贸易谈判进展缓慢,成果不多,实质性成果更少。从目前来看,谈判前景不容乐观,可能持续更长时间,甚至反复发生阶段性停滞。造成 WTO 服务贸易谈判进程缓慢甚至停滞的因素很多,归结起来主要包括四个方面。

(1)服务贸易谈判的方法不够科学,阻碍了谈判进程。"多哈回合"谈判采用一揽子计划谈判方式,即所有的议题达成协议后完成谈判。这种全体一致的谈判方式适合于 WTO 成员较少的时候,而目前 WTO 已经拥有 150 多个成员,且谈判涉及的议题众多,让所有成员就所有议题达成一致几乎不可能。更何况,不同议题的分歧非常容易交叉影响。2006 年,农业与非农产品谈判问题上出现僵局,导致所有 WTO 谈判(包括服务贸易谈判)全部中止就是最好的明证。同时,在服务贸易领域采用"要价—出价"(Request-Offer)谈判方式,各 WTO 成员的要价与出价及其修改的意愿、进度与效率直接影响了谈判的进度。

(2)主要 WTO 成员参与谈判不够积极,没有形成积极推动谈判的合力。由于在谈判议题上与其他成员存在巨大分歧,美欧等已经表现出对 WTO 体制的失望,参与谈判的意愿越来越弱,另起炉灶的意愿增强,可能性加大,进程也逐步加快。由美国主导并积极推动的《跨太平洋伙伴关系协定》(TPP)、《跨大西洋贸易与投资伙伴协定》(TTIP)和《服务贸易协定》(TISA)谈判已经证明了它开始抛弃 WTO 的意图。

(3)谈判议题过于庞杂,多样化、复杂化的特征日趋明显。由于国际贸易竞争格局的不断变化和各国服务贸易利益的冲突,新的议题不断加入"多哈回合"谈判,仅是服务贸易就涉及人权、劳工标准、环境、补贴、竞争与反垄断、政府采购、国内规制(法规)、准入前国民待遇等方面的议题,谈判越来越复杂,各成员之间的分歧越来越大。

(4)大国主导谈判的格局难以破除,小国和弱国利益难以得到反映和保障。大国主导的 WTO 体制没有也不可能在短期内改变,美欧主导了"多哈回合"服务贸易规则的谈判,成为决定谈判进程的主导力量。多数发展中国家的服务贸易提供能力非常薄弱,在自然人流动等方面的竞争优势与美欧等的贸易利益发生冲突,难以形成协同的立场。

在各成员倾向于用政策而不是法律来调整各自服务贸易的情况下,制定统一的国际服务贸易法将是一个长期的、艰难的过程。

二、后 GATS 金融和电信服务贸易谈判

当前,经济全球化是大势所趋,各国不断消除服务贸易非关税壁垒,推进服务贸易自由化的发展势在必行。这一过程中,主要的方式就是签订各种区域的、多边的国际公约或者协定,不断推进服务贸易自由化的发展。世界贸易组织一直致力于继续"乌拉圭回合"

谈判的未尽议题,其中,关于服务贸易具体部门的分项谈判是这些议题中的重点。从1995年1月开始,在服务贸易理事会指导下,进一步的服务贸易谈判主要集中在两个方面:试图在金融服务、基础电信、海运服务和自然人流动等领域改善市场准入;通过在紧急保障措施、补贴和政府采购等方面的谈判,以及对国内管制约束适时解释,来完善框架协议。

(一)改善市场准入的谈判

1.金融服务谈判

有关金融服务的谈判最终达成了一项基于欧盟建议的临时协议。该临时协议的有效期到1997年底,此后各国(地区)可以修改其金融服务市场开放专项承诺。已有73个国家和地区就金融服务贸易做出了市场开放承诺;有30个国家和地区在谈判中做出了更大的承诺;未改动的承诺仍作为1995年1月1日达成的结果继续有效。

《金融服务协定》的主要内容包括允许外国公司在国内建立金融服务机构并享受与国内公司同等的进入市场的权利、取消对跨境服务的限制、允许外国资本在本国投资项目中所占比例超过50%等。据此,签约方将开放各自的银行、保险、证券和金融信息市场。全球95%以上的金融服务贸易将纳入这个协定的调整范围内,涉及18万亿美元的证券资产、38万亿美元的国内银行贷款、2.2万亿美元的保险金(注:1997年底的数据)。由此可见,该协定对全球金融服务业有着巨大的影响。总的来说,有关金融服务市场准入的承诺反映了当今世界金融服务贸易自由化的趋势。

金融服务贸易领域中的许多市场准入承诺,都包含相应的保留限制,如在支付、转移、资本流动、经济需求认定、外国参与者最高所有权、外国银行许可数量等方面的限制,其中最主要的限制则是这些承诺都是暂时性的,随时都可能改变。

由于美国认为该协议没能体现其利益,所以拒绝加入。美国宣称将在互惠的基础上开放其金融市场,同时撤回其所有关于金融服务的市场准入承诺,以及在整个金融服务部门的最惠国待遇豁免,但对已进入美国市场开业的外国金融机构给予承诺保障。欧盟承诺不援用第二附件中的互惠要求。与美欧形成鲜明对照的是,许多发展中国家和地区扩大了承诺范围,如韩国承诺开放保险市场,泰国增加了向外国银行发放的许可证数量,贝宁、冈比亚、加纳、圭亚那、乌拉圭、津巴布韦、巴布亚新几内亚等做出了更趋自由化的承诺。

2.《全球基础电信协定》

基础电信谈判也是作为《服务贸易总协定》谈判的遗留问题由世界贸易组织继续开展谈判的。1994年5月,包括美国、日本、欧盟在内的成员自愿参加谈判。经过近3年的艰苦谈判,终于在1997年2月15日,69个世界贸易组织成员缔结了《全球基础电信协定》,该协定于1998年1月1日生效。缔结成员同意向外国公司开放国内市场,承诺开放的市场份额占全球市场总额(为6000亿美元)的93%(注:基于1997年的数据的预测)。

世界贸易组织各成员在电信服务自由化方面承担的义务依协定的规定有所不同,其中18个成员将完全取消对外国公司进入本国市场的限制,47个成员允许外国电信公司对本国电信企业进行控股,而印度等 30 个国家允许外国资本在本国电信企业中占 25％的股份。电信垄断的逐步取消,有利于现有通信技术的更新改造,促使电信服务部门进一步提高服务质量。

电信业是政府长期垄断的行业之一,其对外开放必然导致政府利益直接受损,但政府的这部分损失可使民营企业和广大消费者从中受益。这是世界贸易组织历史上的一个里程碑,它必将给电信产业及其贸易带来极大的利益。

基础电信服务谈判与金融服务谈判类似,也是美国从中作梗。美国认为,国家垄断经营的基础电信服务,在自由化的市场上具有不公正的竞争优势,而美国的市场则是非垄断的。它要坚持互惠原则,以期保护国内电信市场免受国外潜在竞争者的竞争威胁。

最后阶段的电信服务谈判大多是非正式进行的,主要在美国、日本、欧盟和加拿大之间进行。主要是以下问题导致谈判破裂:约束国际通信网络"搭便车"的方法,国际通信线路的租用条件,卫星线路和电缆线路的通信连接、许可要求和费率等。此外,还有一些亟待解决的棘手问题:与竞争政策有关的事项,总体规则与特定规则的协调,管理机构与服务提供者的关系,反倾销规则与竞争规则的协调等。

基础电信服务谈判组已通过了 GATS 第四附件草案和基础电信服务开放承诺决议草案。该附件草案条款的最后接受日期为 1997 年 12 月 30 日,1998 年 1 月 1 日连同有关承诺生效。该附件草案的第四段规定:"在 1997 年 4 月 1 日—30 日期间,任一成员方都可以补充和修改其承诺表及列举最惠国待遇例外事项。"欧盟建议将接受的修改承诺的日期从 1997 年 4 月 1 日—30 日提前至 1997 年 1 月 15 日—2 月 15 日,并增加以下文字:"未列举最惠国待遇例外事项的成员方可在该期间加以列举。"谈判组接受了该建议。在这一个月的时间里,各谈判方可重新调整其立场,补充、修改或撤回原先的承诺。上述决议还规定,建立一个基础电信工作小组向 WTO 服务贸易理事会通报情况和主持有关修改开放承诺的谈判,该小组于 1996 年 7 月 30 日开始工作。基础电信服务开放承诺决议要求各方在附件生效之前"维持现状",即各方应全力保持其现有法规的一致性,不采取任何与其谈判承诺相抵触的措施。

3.《信息技术产品协定》

世界贸易组织于 1996 年 12 月 9 日—13 日达成《信息技术产品协定》,于 1997 年 4 月 1 日生效。在参加主体上,它类似于诸边贸易协定。在适用对象上,则与多边贸易协定相同,可称为《次多边贸易协定》。协定包括序言、4 个条款及 1 个附件,规定了信息技术产品的范围、关税及其他税费削减、实施期,以及扩大产品范围的进一步谈判等内容。附件是模式及产品范围,包括附表 A"协调制度税则号清单"和附表 B"产品清单"。

40 个成员决定在 2000 年以前降低或取消多项信息技术产品的关税,总值约 6000 亿美元的信息技术产品可望实现自由贸易。其涉及的范围包括电脑、电信设备、半导体、制造半导体的设备、软件、科学仪器等两百多种信息技术产品。该协定要求在 2000 年前将信息技术产品的进口关税降为零(少数签约方如哥斯达黎加、印度尼西亚等的最后期限为 2005 年)。据统计,这些成员方的信息技术产品贸易量相当于全球同类产品贸易量的 92.5％。

4. 海运服务谈判

根据"海运服务贸易谈判部长决议"和"海运服务谈判补充决议",成员方在1994年4月至1996年6月28日期间进行了一系列谈判,其目标是就国际海运、海运辅助服务、港口设施使用、在约定期间取消限制等问题达成协议。1996年6月28日,海运服务谈判组决定中止谈判,并根据GATS第14条的规定在适当时候以现有承诺或进一步承诺为基础重开谈判。谈判中断期间,各谈判方将行使基于"海运服务谈判补充决议"第3款的权利,对其先前做出的承诺不作任何补偿地全部或部分修改或撤回,并就最惠国待遇的例外事项做出最后决断。上述"决议"还达成了"维持现状"的谅解,即为了维护和提高海运服务贸易自由化,各方均不得采取任何新的措施来限制海运服务贸易或改善其谈判地位,但为对付其他国家的不当措施而采取的行动除外。一些谈判方对暂缓执行GATS第2条表示批评,认为这意味着在下轮谈判结束之前将不可能在海运服务领域运用最惠国待遇。在决定中断谈判时,仅有24个国家和地区提交了有条件的承诺。海运服务谈判之所以未能成功,主要还是因为美国拒绝做出任何承诺。美国认为,有关各方所做出的承诺,未能有效地体现最起码的自由度,并强调唯一可接受的承诺是OECD成员方所提出的"不保护任何运输行业"的方案。在所提交的承诺中只在一项上做出了实质性让步,其他都是基于联合国班轮守则和含有最惠国待遇的保留。对此,各谈判方一致认为,谈判已进入关键阶段,一旦失败,将对WTO体制产生消极影响。此外,发展中国家和地区也着重指出,GATS第14条"例外"是该协定的核心。

5. 自然人流动谈判

在"乌拉圭回合"承诺时间表中,作为第4类供给方式的自然人流动主要限于两种类型:①作为"主要职员"的公司内部调动,如与东道国商业存在相联系的经理和技术人员的流动;②商务访问者,他们作为短期访问者,一般不被东道国雇用。自然人流动谈判小组成立于1994年5月,其目的是主持有关谈判,以改进有关承诺,使独立的访问供应商在没有商业存在的前提下能够在海外工作。有关谈判工作在1995年7月28日结束。奥地利、加拿大、欧盟及其成员方、印度、挪威和瑞士六个成员方提交了有关自然人流动的更高水平的承诺。它们旨在确保合格专业人士、计算机专家和其他各种类型专家的市场准入,允许他们以个人身份接受暂时性合约,能够在海外工作,不与东道国的任何商业存在发生联系。

6. 其他区域协定的签订

与此同时,一些主要的区域性集团也在加强集团之间的经济合作,达成了许多协定,以期推动服务贸易自由化的进展。如欧盟于1994年提出建立"欧盟—南方共同市场联盟"的建议。1995年2月,欧盟与南方共同市场两大区域组织签署了《欧盟—南方共同市场地区间合作框架协定书》,确定了建立自由贸易区的长远目标。1994年末,美国正式邀请古巴以外的美洲各国首脑在迈阿密开会讨论建立美洲自由贸易区。会议签署了建立美洲自由贸易区的原则宣言,提出自由贸易和加强经济一体化是提高人民生活水平、改善美洲国家人民的工作条件和更好地保护环境的关键因素。1995年11月,亚太经合组织通过了《大阪行动议程》,为贸易、投资自由化及便利化制定了9条原则。

当前,区域组织的发展如火如荼,亚太经合组织、美洲自由贸易区等都在一定程度上促进了服务贸易的发展,促进了本地区贸易、服务的融合和贸易额的增长。但是,以 WTO 为核心的全球多边贸易谈判迟迟未取得进展。2001 年由 WTO 发起的新一轮全球多边贸易谈判"多哈回合"陷入僵局,谈判分歧主要集中在美国和欧盟的农业补贴削减幅度,以及中国和印度等发展中国家的关税削减程度上。这反映出无论是发达国家还是发展中国家的大国,现在都热心于更容易达成、更容易凸显政治和经济效果的双边和区域性贸易协定。但是,区域服务贸易协定只能成为多边服务贸易协定的补充和推动,只有多边的服务贸易安排才能使世界各国都平等地享受服务贸易自由化所带来的福利提升。

(二)完善框架协议的谈判

完善框架协议是 WTO 新体制下的重要工作。1995 年成立的《服务贸易总协定》规则工作组,以主持有关保障措施、补贴和政府采购三个领域的谈判。

1. 服务业紧急保障问题

GATS 第 10 条"紧急保障措施"第 1 款规定:应就紧急保障措施问题在非歧视原则基础上进行多边谈判。此类谈判的结果应在不迟于《WTO 协定》生效之日起 3 年内生效。该条第 2 款还规定:在第 1 款所指的谈判结果生效之前的时间内,尽管有第 21 条第 1 款的规定,但是任何成员仍可在其某一具体承诺生效 1 年后,向服务贸易理事会通知其修改或撤销该承诺的意向,只要该成员向理事会说明该修改或撤销不能等待第 21 条第 1 款规定的 3 年期限期满的理由。

对于保障条款的确立问题,争议颇多。持肯定态度的人认为,制定保障条款将会激励有关各方做出更积极、更务实的有关服务贸易自由化承诺。例如,在自然人跨国流动方面取消"经济需求认定要求",允许更多的服务部门入境开业,减少市场准入和国民待遇上的限制等。客观地讲,因有关承诺造成产业损害,采取临时性保障措施有时也是不无裨益的。比如,对于发展中国家,服务贸易自由化对其影响是不可想象的,有了保障条款,发展中国家就有了一定的回旋余地,从而可以促使其十分放心地做出进一步的承诺。对保障条款的确立持怀疑观点的人认为,第一,确立保障条款纯属多此一举,因为各方对服务贸易总协定所做出的具体承诺中都已含有保障因素,如只就有限的服务部门做出承诺、限制性的服务市场准入等;第二,确立保障条款不仅不利于服务贸易自由化,相反,将为贸易保护主义提供契机和借口,因为保障条款的引入意味着承诺的可变性和贸易政策的不确定性。大多数发展中国家和地区则强调,这种保障措施运用于服务贸易领域时存在一定困难,这些困难包括服务贸易得以进行的方式的多样性、国内服务业遭受损害程度的判定、服务进口方政府当局处置权的随意性等。现在的问题是,制定保障条款是否有必要,如果没有必要,就无须讨论,无须谈判了;如果有必要,那么什么样的保障条款是可取的。这些都是无法回避的实际问题。

未来有关紧急保障问题谈判的重点,将是对可以实施保障措施的各种情况加以具体界定。发展中国家和地区要求对以下两种情况做出界定:①因履行 GATS 所规定的开放义务而导致服务进口的大量增加,结果使国内有关服务提供者要求采取保障行为以补救所遭受的损害,即出现了第 14 条所界定的情况;②政府为了达到某些政策目标,采取的维护国内服务业生存的行动,即对国内服务业保持最低控制的政府行为。

缺乏有效的有关服务的生产、贸易和投资方面的统计数据,是造成 GATS 未能确立紧急保障机制的一个主因。实际上,有关"产业损害"的认定标准,包括进口规模和市场份额、生产能力、盈亏状况、就业情况等,既能适用于货物生产者,也同样能适用于服务提供者。服务业遭受损害毫无疑问地会延缓其发展。"损害"认定中还有一项困难,就是如何对待境内服务业中的外国所有或控制的服务企业,比如,导致服务进口增加的原因,可能是本国服务企业被国外机构所收购,也可能是外国所有或控制的服务企业市场占有率迅速提高,或国外服务提供者入境数量剧增等。GATS 已就金融服务保障问题做了谨慎的规定,如在金融服务附件中就对反竞争行为、垄断性服务供应,以及居民和动植物健康保护等问题做了一般性规定,但未就反倾销和反补贴问题做出规定,这将有待于今后按第 10 和第 15 条继续进行谈判。应当明确,如何确立影响商业存在承诺的紧急保障认定标准,还需在未来有关"多边投资规范"的谈判中加以解决。

2. 服务业补贴问题

GATS 第 15 条规定:"①各成员认识到,在某些情况下,补贴可对服务贸易产生扭曲作用。各成员应进行谈判,以期制定必要的多边纪律,以避免此类贸易扭曲作用。谈判还应处理反补贴程序适当性的问题。此类谈判应认识到补贴在发展中国家发展计划中的作用,并考虑到各成员特别是发展中国家成员在该领域需要灵活性。就此类谈判而言,各成员应就其向国内服务提供者提供的所有与服务贸易有关的补贴交换信息。②任何成员如认为受到另一成员补贴的不利影响,则可请求与该成员就此事项进行磋商。对此类请求,应给予积极考虑。"

区别不同的服务业补贴非常重要。一般的服务业补贴包括地区补助和少数民族补助在内的旨在实现各项社会目标的宏观性补贴、缓和市场衰弱的补贴、确保某些服务行业或服务提供者的商业优势的补贴等。现实表明,各国政府实施的服务业补贴措施有扩张的趋势,特别是在高技术服务领域、区域平衡发展方面、运输和通信服务领域等。实施补贴的政策工具日趋多样化,包括生产要素的使用优惠、税收减免、利率补贴信贷、信贷担保、国有资产投入等。实施补贴的具体政策目标包括加强基础设施、确立竞争能力、提高服务质量、促进新型服务业的建立、援助呈衰弱迹象的服务业、鼓励 R&D 之类的特殊经济活动、平衡地区间的经济发展机会、改善国际收支状况、增加就业和转移收入等。

在"乌拉圭回合"服务贸易谈判过程中,各国对补贴措施的实施,以及对补贴的约束问题争论不休。一些发展中国家和地区要求发达国家在服务业补贴方面"维持现状""逐步退回"。美国和欧盟则要求取消所有对别国的服务贸易利益形成严重损害或损害威胁的补贴措施。对于服务业补贴的约束,发展中国家要求参照商品贸易的做法,即发展中国家以较大的灵活性来使用补贴,提高其国内服务供应能力,对发达国家的服务业补贴措施则应给予严格的纪律约束;发达国家强调服务业补贴问题的复杂性,特别是反映在补贴的界定和补贴量的衡量方面,从而使得对服务业补贴的约束变得极为困难。

要解决服务业补贴问题确实存在一定的困难。首先,缺乏分类统计数据。对于相当多的服务行业,要想获得有关市场份额、价格、单位产品和单位成本等方面的充分信息是很难的。另外,在认定服务的"原产地"、区分国内服务供应和国外服务供应方面也存在较大的信息障碍。其次,服务行业繁多,服务贸易方式多样化。这就意味着同样的补贴措施会因服务贸易方式的不同而出现差异,或出现不同的解释。比如,向企业提供补贴,如对外资机构提供税收优惠,可以被认定为服务出口补贴;母公司所在国对母公司的补贴,会加强其海外子公司的竞争优势;为购买本国服务的消费者提供特定的优惠,也可能会起到出口补贴的作用。

针对计算因补贴而产生的价格差异和认定本国服务业损害方面的困难,一些国家和地区建议运用争端解决程序或竞争法规来制约服务贸易倾销,不赞成采取单方面的反补贴行动。在存在贸易扭曲性补贴的情况下,多边监督机构应根据有关各方的可比数据和有关补贴的公认定义,运用统一的计算标准来审议服务业补贴与反补贴问题。

3. 政府服务采购问题

GATS第13条第1款规定:"第2条(最惠国待遇)、第16条(市场准入)和第17条(国民待遇)不适用于管理政府机构为政府目的而购买服务的法律、法规或要求,此种购买不是为进行商业转售或为供商业销售而在提供服务过程中使用。"

国际服务贸易中政府采购问题的焦点,在于各方为攫取一己之利都倾向于保留并利用上述例外。由此引发出了诸多问题:GATS的这些例外能否与政府采购多边协议一样有效?或者是否要采取"削足适履"的做法修改政府采购多边协议的规则,以达到与GATS的例外规定相一致的目的?在后一种情况下,政府采购协议的签约方是将有关利益按照最惠国待遇的原则给予所有签约方,还是构筑双重承诺结构?能否确立同时适用于商品贸易和服务贸易的政府采购多边规则?如何确保与政府采购有关的所有法律和程序的充分透明?

必须明确的是,GATS与GATT关于政府采购的规定存在着一定差异:GATS就国民待遇义务确立了一系列例外,GATT则未将国民待遇作为一种义务;在GATS框架下,市场准入和国民待遇是可以谈判的,即各方通过谈判以肯定的方式提交承诺表。最惠国待遇和无歧视待遇是政府采购协议的核心,在服务贸易领域,还同时确立了针对发展中国家的特殊差别待遇。

对于政府采购问题,一些发达国家认为,缺少约束政府采购的多边规则是国际贸易体制的一大缺陷,应该确立同时适用于商品贸易和服务贸易的政府采购多边协议。根据发达国家的观点,该项协议应具有高度的透明度、禁止制定实施基于运作或产品的特殊技术要求、基于服务合同的履行能力明确参与采购招标活动的资格要求、授予采购合同的明确标准、为保证市场进入的竞争性而确立政府采购决策的审议制度等。发达国家还指出,国民待遇本身并不能保证服务的市场进入,为使国民待遇真正具有效力,还应确立政府采购方面的程序性规则和强有力的实施机制。主张政府采购自由化者则建议,对各种服务类政府采购的经济影响和现行的政府采购法规进行审议,以解决为实现市场开放应确立什么样的要求、如何简化程序、什么样的规则才能适应市场竞争等问题。

GATS规则审议工作组还讨论了以下问题:为什么大部分国家和地区还未加入政府

采购协议？工作组的职责范围有多大？哪些政府采购规则可以多边化？确立具有广泛适用性的政府采购规则的可能性有多大？GATS的现有规则（如第3条"透明度"）如何适用于尚未具体化的政府服务采购程序？政府服务采购自由化将会产生何种影响？GATS框架下有关政府采购的承诺可依据第18条"附加承诺"的规定进行谈判。比如，通过谈判就国民待遇在哪些方面适用于具体的服务部门做出承诺；有关的承诺应列出在服务采购方面承担国民待遇义务的政府机构名录；由于在许多情况下政府采购涉及多种商品和服务项目，故有必要就有关服务采购在采购总额中所占比例达成谅解，等等。

4.《香港部长会议宣言》

WTO第六次部长会议于2005年12月13日—18日在香港召开，经过近一周的艰苦谈判，终于在最后时刻达成《香港部长会议宣言》。根据部长宣言及附件C，新一轮服务谈判在下一阶段的发展包括几方面的内容。

(1)谈判目标。

为实现服务贸易自由化水平的逐渐提高，并为各发展中国家提供适当灵活性，附件C要求各成员应尽最大可能按照下列目标进行新的服务承诺或改进已有承诺。

在模式一方面，维持目前已有的基于非歧视原则进行的跨部门承诺水平，并取消现存的商业存在要求。对于模式二，则要求成员维持已有的基于非歧视原则进行的跨部门承诺水平，并且如果对模式一进行承诺的话，也应对模式二进行承诺。关于模式三，应允许更高水平的外国股权参与，取消或实质性减少对经济需求测试（Economic Needs Tests，ENTs）的使用，在所允许的法律实体类型方面给予更大的灵活性。在模式四方面的要求较多：首先，关于合同服务提供者、非基于商业存在的独立专业人士及其他人士的类型方面的新承诺或改进承诺，应体现取消或实质性降低ENTs标准并明示允许停留的期限和延期的可能性；其次，对于公司内部的人员调动和商务访问者的类型方面的新承诺或改进承诺，也应体现上述要求。

在最惠国待遇例外方面，应取消或实质性减少最惠国待遇的豁免情形，并对现有的最惠国待遇例外按照其适用范围和期限进行分类。对于承诺表的制作，成员应确保列表的清晰性、确定性、可比性，在制表、服务分类以及现有的ENTs方面与2001年修订后的《承诺表制作指南》的要求相一致。

在规则谈判方面，各成员应加强努力，按照相关要求和时限完成GATS第10条的紧急保障措施、第13条的政府采购、第15条的补贴以及第6条第4款的国内法规等方面的规则制定工作。

从该部分的规定来看，宣言及附件C对服务贸易谈判的两大部分内容（即服务准入谈判和GATS规则制定）均提出了较明确的谈判要求。在市场准入谈判方面区分服务提供方式，对每一种方式应达到的目标进行了规定，但这种目标背后其实反映了一些比较敏感和复杂的问题。例如，取消模式一中的商业存在要求，表明成员应对服务的跨境交付进行实质性承诺。如果对模式一做出承诺，也应对模式二进行承诺，则反映了近年来由于电子商务的发展，当在某些服务部门（如金融）模式一和模式二的服务提供并不容易区分时，对这两种模式同时进行承诺可降低成员逃避其义务的可能性等。关于模式三要求增加外资股权参与,现阶段对某些发展中国家的一些敏感部门而言并不容易做到。对于模式四的规定则体现了发展中国家的主张,但是否能够落到实处尚需继续观察。对于紧急保障措施、服务政府采购和服务补贴方面的规则谈判,宣言也提出了相应要求,但除国内监管纪律外,其他三项规则制定方面的要求与对具体承诺的要求相比明显空洞一些。这反映了具体承诺谈判进展比规则制定谈判进展迅速的实际情况,但与此同时,对三项议题的谈判是否能够如期完成则可能需要继续保留合理的怀疑。

(2)谈判方法。

谈判方法是新一轮服务谈判中讨论较多的问题,其出现的背景是一些发达国家成员对在要价—出价的双边模式谈判下,发展中国家的出价迟缓和承诺水平低下非常不满,这使得它们怀疑采用要价—出价方法是否能够达到服务贸易进一步自由化的目标。因此,一些成员提出了谈判的补充方法,包括基准方法、复边方法及公式方法等,但一直遭到许多发展中国家的强烈抵制。在香港部长会议召开前几个月,发达国家成员开始着力推进这些服务谈判方法的新机制,在 2005 年 8 月之后又提交了几份关于谈判补充方法的建议,期望能够在香港部长会议上得到认可。

根据宣言和附件 C,成员应加强和加快要价—出价谈判,这是取得实质性承诺的主要谈判方式。

除双边方式外,要价—出价谈判也可以在诸边基础上进行:第一,任何成员或成员集团可就任何服务部门和提供模式向其他成员提出要价或集体要价,表明其在该部门或提供方式上的谈判目标;第二,被要价方应根据 GATS 第 19 条第 2 款、第 4 款和《服务贸易谈判的指导原则和程序》第 11 段的要求考虑这些要价;第三,考虑到发展中国家和小代表团参与此类谈判的有限力量,诸边谈判的组织应便利所有成员的参与,还应适当考虑小规模经济体提出的与贸易有关的建议。

从宣言关于谈判方法的规定来看,未来服务贸易的谈判可以在复边基础上进行,即由一群成员集体合作,向特定成员共同施压要求其市场进一步自由化。这种谈判模式是新一轮服务谈判中的一项重大改变,但应注意对谈判力较弱的发展中国家而言,如遇发达国家成员集体施压要求市场开放,则会处于明显不利的境地。因此,为应对这种谈判模式,发展中国家应当通力合作,尽量减缓这种不利的局面。

(3)关注发展中国家和欠发达国家的利益。

宣言作为发达国家成员与发展中国家成员利益协调和相互妥协的产物,在多处表述和反映了对发展中国家和欠发达国家(Less Developed Countries,LDCs)利益的关注,特别是为缓和发展中国家成员的担心,强调为它们在进一步自由化谈判中保留灵活性的必要性。从具体内容来看,这种对发展中国家成员的优惠待遇、谈判灵活性以及技术协助等方面的表述较以前有了很大进步,主要体现在比较具体且有一定的时限要求。

在谈判目标方面,各成员应充分有效地实施"LDCs 特殊待遇模式",以促使最不发达国家有效融入多边贸易体制。在谈判方法上,宣言要求各成员在谈判过程中应充分有效地实施"LDCs 特殊待遇模式",包括五方面内容:第一,在给予 LDCs 有利益的服务部门和提供方式特别优先权方面,迅速发展合适的机制;第二,在 LDCs 成员确定和将要确定的优先发展部门和提供方式上,尽可能做出承诺;第三,协助 LDCs 成员确定优先发展的服务部门和提供方式;第四,向 LDCs 成员提供针对性的和有效的技术支持和能力建设;第五,建立报告机制,便于实现"LDCs 特殊待遇模式"要求的审核程序。

鉴于上述规定,有发展中国家成员认为,宣言保护了发展中国家开放服务市场的政策空间,任何成员可根据其经济发展和政策目标来决定在何种程度上开放服务业。但从以往的经验来看,宣言中的表述到底在多大程度上能够真正有利于发展中国家成员和 LDCs 成员实质性地参与服务谈判,并保证相关优惠不流于形式,仍须予以特别关注。

(4)谈判时限。

对于进一步的服务谈判,附件 C 要求成员遵守下列时间安排:首先,应尽早提交未完成的初始出价;其次,对其他成员提出诸边的成员集团应在 2006 年 2 月 28 日前或之后尽早提交此类要价;第三,在 2006 年 7 月 31 日前提交第二轮经修改的出价;第四,在 2006 年 10 月 31 日前提交具体承诺表的最终草案;第五,成员在 2006 年 7 月 31 日前,努力完成给予 LDCs 成员特殊待遇的合适机制。

5.后续服务谈判展望

由于成员各自利益、兴趣和目标不同,因而对新一轮服务谈判的内容有明显不同的态度。发达国家成员认为,"乌拉圭回合"在实现服务贸易自由化方面只是维持现状,因此,后续的服务贸易谈判可能会在以下两个方面受到某些发达国家要求的影响。

(1)修改服务贸易总协定,以"负面清单"取代"正面清单"。

负面清单(negative list),即市场准入承诺是以"排除不适用市场开放原则和国民待遇原则的情况"的形式提出的。许多发达国家都偏好这种承诺方式,认为这能形成更透明、更具操作性的贸易自由化机制。这种承诺最早由 OECD 所采用,该组织各成员均列明各自在市场自由化方面的保留,随后北美自由贸易区也采取了这种承诺方式,以确立投资、跨境服务贸易和金融服务贸易的自由化,但"自然人流动"的服务贸易形式仍采用正面清单方式。"乌拉圭回合"多边贸易谈判曾考虑采用负面清单方式,但因某些政治和技术的原因而放弃。负面清单通常被用于区域性贸易协定,其中各成员方都接受商品贸易和服务贸易的全面自由化,尤其是将生产要素自由流动作为协定的核心目标。一些国家已提出,服务贸易中的负面清单也许可以适用于旨在彻底实现贸易自由化的协定。

(2)在 GATS 框架内达成多边投资协议并制定该条款。

多边投资协议是就国际投资领域的所有问题确立相应的规则,以取代众多的双边投资协议。据称,该协议的达成将使流向发展中国家的国际投资量大为增加。多边投资协议含有"商业存在"和"国民待遇"这一核心内容,即将其作为服务贸易自由化义务承诺谈判的基本原则。对此,一些发展中国家重申,GATS 有关市场准入和国民待遇的条款都不是义务的设定,而仅仅是规定应按优势互补和利益义务全面平衡原则互作减让。商业存在和自然人流动等服务提供方式实际上则表现为围绕着服务贸易的生产要素流动,其中也包含着政治格局的因素。将"生产要素自由流动"纳入 GATS,对于许多国家来说可能在政治上是不可接受的。只有在保持劳动与其他生产要素对等均衡的基本前提下,就投资自由化做出承诺的建议才有可能被普遍接受。然而,要保持对等均衡谈何容易。也有人认为这种争论毫无意义,因为投资和自然人流动可以与 WTO 的有关规定相一致。尽管 GATS 规则与 OECD 倡导的投资协议谈判所提及的规则之间存在着矛盾与交叉,但两者仍有可能实现共存。GATS 可继续致力于构筑与投资者市场准入有关的承诺体系,即解决商业存在和国民待遇问题;直接与产权、财产保护、税收、私营企业和政府机构的争议有关的问题,可由另一独立机制来加以解决。这一独立机制应充分考虑发展中国家所关心的利益,即贸易规则不应适用于产权保护。但是,值得注意的是,基于 GATS 的承诺极有可能被扩展到商品贸易和自然人流动方面。

发展中国家在今后的贸易谈判中所能获得的利益,仍将取决于其整体的和单个的谈判地位。GATS 所采用的肯定承诺方式既有利于那些旨在促成稳定的投资环境以吸引外资的国家,它们可以在名目繁多的服务业领域承诺给予国民待遇和商业存在权;同时又使得那些受外资青睐的国家获利,它们可通过谈判选择某些服务行业给予市场准入和国民待遇,以换取其他国家的对等优惠。第九届贸易与发展会议的最后文件指出,联合国贸发会议在商品贸易和服务贸易领域的主要作用,是通过推动发展中国家有效参与国际贸易体系来努力扩大贸易自由化和经济全球化,促进世界经济持续增长。服务贸易自由化对此目标的实现将起重要作用。必须认识到,发展中国家逐步实现服务贸易自由化,对于其国内服务产业效率的提高非常必要,但自由化进程应与国民经济整体发展战略和扶持措施相结合,以促进发展中国家服务业的成长和提高其在国内外市场上的竞争能力。发展中国家积极参与经济全球化进程,提高对国际服务贸易的参与度是一个重要方面,其主要的参与方式是进入相关的信息网络和市场渠道,以及人员跨境自由流动。因此,问题并不在于发展中国家的服务贸易自由化承诺,而在于妥善地设定一项能够使发展中国家在未来的互惠减让谈判中获得实际利益,并拥有充分政策选择余地的谈判策略。

第四节　国际服务贸易 TISA 谈判

WTO 多哈回合谈判自 2001 年启动之后一直无法就服务贸易市场开放达成具体共识,由部分 WTO 成员组成的"服务业挚友"(Real Good Friends of Services,RGF)展开了《服务贸易协定》(Trade in Services Agreement,TISA)谈判。目前加入 TISA 谈判的包括澳大利亚、加拿大、智利、哥伦比亚、哥斯达黎加、欧盟、中国香港特区、冰岛、以色列、日本、韩国、列支敦士登、墨西哥、新西兰、挪威、巴基斯坦、巴拿马、巴拉圭、秘鲁、瑞士、中国台湾地区、土耳其、美国共 23 个 WTO 成员。服务挚友于 2011 年开始探索不同的谈判模式和策略,致力于推动服务贸易自由化。

一、TISA 的缘起和进展

(一)缘起

服务部门是重要的经济支柱和增长引擎。服务部门占全球 GDP 的比重超过 68%,

GDP 的快速增长与服务部门的增长相伴相生,服务业增长对 GDP 增长的影响几乎是制造业的两倍,服务部门是外商直接投资最大的流向,服务贸易也是世界贸易中最为活跃的部分。服务贸易自由化将在创造就业机会、提高经济效益、降低交易成本等多方面带来巨大利益,因此全球经济发展强烈需要服务贸易进一步自由化。目前,服务贸易壁垒仍然很高,发展中国家尤其如此。但是,由于发达成员与发展中成员利益关注点迥异,服务贸易谈判前置条件的农业和非农市场准入谈判久拖不决,WTO 框架下的服务贸易自由化已经陷入僵局。而服务贸易规则的缺失对所有服务部门而言,可能导致贸易体制的长期损害。

当前,WTO 面临着前所未有的严峻挑战,多边贸易体系未来的走向存在诸多不确定因素。一方面,由于 WTO 多边贸易自由化谈判停滞不前,受到寻求更大的市场准入的驱使。区域贸易安排(Region Trade Agreements,RTAs)持续大量涌现。许多 RTAs 都采用负面清单谈判模式,推进服务贸易自由化。另一方面,乌拉圭回合谈判结束以后,以服务为中心爆发的技术革命空前重大,在推动跨境服务贸易快速增长的同时,也对 GATS 服务贸易规则提出了很大挑战。WTO 服务贸易谈判止步不前,显然已经无法适应跨境服务贸易和投资迅速发展的现实需要。

为了挽救多哈谈判的僵局,2011 年 12 月 WTO 第八次部长级会议鼓励 WTO 成员继续开展某些领域的谈判。在单个承诺完全达成之前,缔结基于共同同意的临时性或决定性的协定,实现多哈发展议程的目标。2012 年 1 月,"服务业挚友"16 个成员首次在日内瓦召开会议,讨论在多哈回合之外开展 TISA 谈判。

值得注意的是,不少 TISA 参加方相互之间已经达成了服务贸易协定。美国、墨西哥、智利等缔结服务贸易协定最多的 WTO 成员,都是 TISA 的参加方。其中最为突出的是智利,已经与 17 个 TISA 参加方缔结了服务贸易协定。随后依次为墨西哥(15 个)、欧盟(14 个)、美国(12 个)、秘鲁(11 个)。同时,有些 TISA 参加方还参加了 TPP、区域全面经济伙伴关系协定(Regional Comprehensive Economic Partnership Agreement,RCEP)等优惠贸易协定(Preferential Trade Agreements,PTAs)的谈判。可以说,TISA 参加方之间已经形成了紧密的贸易关系网络,并且还在不断扩大。当然,也有一些 TISA 参加方没有与其他参加方签订服务贸易协定,如巴基斯坦、巴拉圭。还有一些 TISA 参加方没有签订过任何服务贸易协定,如以色列、土耳其。如果 TISA 能够谈判成功,将对这些参加方产生十分重大的意义。对于澳大利亚、加拿大、中国台湾地区、日本、新西兰等相对较少与其他 TISA 参加方缔结服务贸易协定的参加方而言,TISA 也会有重要意义。更为重要的是,TISA 的订立将在美国、欧盟和日本这三大全世界最大的服务市场之间首次形成有约束力的服务承诺。

(二)谈判进展缓慢

TISA 于 2013 年开始正式谈判,当年拟开展五个回合的谈判,时间分别为 3 月 18 日、4 月 29 日至 5 月 2 日、6 月 24 日至 28 日、9 月 16 日至 20 日、11 月 4 日至 8 日。第一回合主要讨论协定范围和透明度,第二回合主要讨论模式四自然人流动和贸易争端解决机制。

第三回合主要讨论国有企业和跨境数据流动的问题。同时,TISA 参加方于当年 7 月提出市场准入的初始清单,在 9 月召开的第四回合谈判中讨论。

TISA 谈判进程比预期缓慢。首轮正式谈判开始于 2013 年 4 月,原希望在 2013 年年内通过 5 轮谈判达成最终协定,但当年仅完成了 4 轮谈判,原定于 11 月 30 日之前所有成员提交的市场准入清单也一再推迟。在 2014 年 2 月的第 5 轮谈判中,23 个成员中有 21 个提交了各自初步的市场准入清单,显示该谈判即将进入实质性阶段。据悉,已提交的市场准入清单是根据各成员现行双边或区域贸易协定所提出的服务特许权(services concession)来制定的。其中,美国与欧盟提出的初始清单来自各自分别与韩国签订的双边自由贸易协定中的内容。由于参加方服务贸易发展水平参差不齐,且在关键问题上存在分歧,因此短期内完成谈判的可能性不大。

二、TISA 的核心要素和架构

作为一项新的贸易协定,TISA 参加方在谈判模式、内容框架、主要规则、覆盖领域上都会提出新的、更高的要求。虽然 TISA 谈判封闭运行,具体内容无法确定,但从参加方释放的信息来看,TISA 的核心要素和架构主要包括以下几个方面。

(一)谈判目标和原则

TISA 的目标是达成覆盖服务贸易所有领域的、更高水平和更高雄心的自由贸易协定,吸引多方参与,并且未来可能多边化。TISA 将会以 GATS 为基础,吸收 GATS 的核心条款,包括定义、适用范围、市场准入、国民待遇、一般和安全例外等规定,但 TISA 会在服务贸易规则、领域和模式上提出新要求。TISA 还将规定每个"服务业挚友"成员如何做出承诺。参加方一致同意,国民待遇承诺原则上将水平适用于所有服务部门和服务提供模式,水平适用的例外必须在成员的具体承诺表中列明。参加方还可能同意,承诺原则上将反映实际做法("冻结条款"),并且未来歧视性措施的消除将会被自动锁定("棘轮条款"),除非列明豁免。

由于 TISA 谈判和磋商过程是以秘密的方式进行的,所以外界对其内情并不完全了解。综合现有的信息来看,TISA 确立的原则主要包括:全面给予外资国民待遇,即除各国明确保留的例外措施外,所有服务部门,包括目前不存在但未来可能出现的各类新型服务业,均需对外资一视同仁;原则上应取消必须设立合资企业的各种要求,不得限制外资控股比例和经营范围;新的开放措施一旦实施不得收回等。同时,TISA 还将在国内管制、国企竞争、信息通信技术、电子商务、金融、专业服务、海运、政府采购、服务业补贴、自然人流动等领域制定新的贸易规则。

(二)谈判模式

在谈判模式方面,TISA 是采用 GATS 类型以正面清单为主的模式,还是采用北美自由贸易区(NAFTA)类型的负面清单模式,目前尚无定论。欧盟主张 TISA 与 WTO 服务贸易总协定(GATS)兼容,采用正面清单,目的是方便未来其他 WTO 成员加入并可融入 WTO 法律框架。欧盟签署的自由贸易协定(FTA)全部采用正面清单模式,并表示它没有授权依据负面清单模式开展谈判。但实际上，在欧盟和加拿大的 FTA 谈判中，欧盟已经决定采取负面清单模式。

美国是负面清单的坚定拥护者，美国在 NAFTA 以及之后签署的 FTA 中，对服务贸易的市场准入和国民待遇均采用负面清单模式。美国主张 TISA 用负面清单的方式来确定各成员服务业的市场准入。最终可能是在这两者之间取得妥协，既有正面清单也有负面清单。

目前，TISA 似乎采用的是"混合模式"，即采用负面清单方式将国民待遇的不符措施自由化，同时保留市场准入承诺的正面清单。如此区分的依据可能在于从政府的角度看，相较于消除限制服务市场竞争的数量限制措施，歧视性国内法规的逐步自由化更加容易。这种市场开放的新方式与 GATS 承诺方式明显不同。如果 TISA 以后要纳入 WTO 体系，就会出现两种规则共存以及解释现有 GATS 承诺这些复杂难解的问题，因为大量的 GATS 条款只适用于就国民待遇和市场准入做出具体承诺的情况。因此，对 TISA 最终多边化而言，这一承诺方式确实是一种架构上的不协调。此外，在 TISA 框架下究竟采用有条件的最惠国待遇还是无条件的最惠国待遇，美欧之间也存在分歧。

（三）主要内容

TISA 适用范围广泛，不预先排除任何服务部门和服务提供模式。当然，哪个部门在何种程度上开放由参加方决定。协定还将包含特殊部门规制纪律，例如电信服务、金融服务、邮政和速递服务。上述纪律主要涵盖监管者的独立性、公正许可程序等问题。"服务业挚友"成员建议协定纳入新的规则，包括国内法规、国际海运、电信服务、电子商务、计算机及相关服务、跨境数据传输、邮政和速递服务、金融服务、自然人临时流动、服务的政府采购、出口补贴和国有企业。上述清单是"服务业挚友"单个参加方基于各自利益提出的，并非穷尽列举，也不意味着所有列举出的部门当中都有新的规则。

在服务贸易谈判中，每个成员都有各自的敏感部门和提供模式。对美国来说，海运部门和模式四自然人流动是服务贸易谈判绕不过的障碍。对欧盟和加拿大来说，视听服务仍是谈判不可触碰的地带。欧盟于 2013 年 6 月决定将视听部门排除在 TTIP 谈判之外，当然以后仍然可以重新就该议题进行谈判，但是必须获得欧盟理事会的完全同意。如果 TISA 谈判正式启动，欧盟很可能同样会把视听部门排除在外。此外，对许多 TISA 参加方来说，公共健康和教育服务也是如此。目前看来，这些参加方的立场并没有松动的迹象。敏感部门和提供模式问题的处理还有待于进一步探索，TISA 谈判就是为参与方朝着新的方向推动服务贸易自由化提供的平台。

根据彼得森国际经济研究所（Peterson Institute for International Economics）发布的 TISA 研究报告，关于对谈判框架内容的预判分析，TISA 和 GATS 的区别如表 6-2 所示。

表 6-2　GATS 与 TISA 的区别

项目		GATS	TISA
架构及核心要素	谈判方式	正面清单为主	负面清单为主
	最惠国待遇（MFN）	包含所有 WTO 成员之间的无条件的 MFN 义务，但 WTO 成员可以提出豁免，通常不超过 10 年。	有条件的 MFN 规则，非 TISA 成员不能自动从 TISA 自由化中获益。TISA 成员可能会决定将无条件 MFN 利得延伸到不发达国家，但像巴西、印度和中国等规模和地位的同家不能成为"搭便车者"。
	临时流动自由化（模式四）	四种服务贸易提供模式中，自然人临时流动自由化，即模式四最具争议。GATS 中模式四的承诺往往很受限制，主要集中于专业服务提供商。	继续强调高技能人才的临时流动，但也可能扩及其他人员，包括半熟练技术工人。同时还包括一项绑定要求，即临时流动人员必须返回母国。
GATS 规则的发展	政府采购	从核心市场准入条款中剔除政府采购服务。	包含政府采购条款。GATS 中宽泛的政府采购排除条款应被限制在有限职能上，有助于把国有企业（中小企业）纳入 TISA 权利义务范围内。
	竞争政策和监管连贯性	包含关于垄断的条款，但无法执行。	包含关于竞争政策的条款或章节，适用于所有服务提供商以及滥用垄断地位和限制价格等情况。
	相互承认	关于相互承认的条款仅鼓励政府确定对等的竞争力，实践中很少达成互相承认的协议。	包含有关专业服务提供商资格和执照的章节，来解决相互承认的问题，且应制定规则以避免执照和资格认证过程中固有的歧视性待遇。
	国内法规	包含国内法规的条款，但通常缺乏"必要性"测试。	包含 GATS 类型的国内法规条款，且应在会计准则谈判中强调"必要性"测试。这一条款可以在有关监管连贯性的章节之外单独列出，也可以包含在该章节内。

续表

项目		GATS	TISA
GATS以外的新规则	国有企业		由于 TISA 将建立关于服务贸易的单独协议,而服务领域中小型企业数量众多且逐渐增加,因此 TISA 有必要包含关于国有企业的实质性规则。
	跨境数据流动		TISA 应包含一系列跨境数据流动的规则,以保证受限制的数据服务跨境贸易权利,除非属于例外情况。
	强制性本地化		包含关于服务活动强制性本地化的条款,以限制政府在服务部门出台新的本地成分要求。
	补贴和紧急保障措施		TISA 应当排除服务贸易出口专项补贴之外的补贴,并通过 TISA 条款禁止其使用。同时,TISA 应当设立由资深独立专家组成的咨询机构,来评审保障措施请求。
	投资者—东道国仲裁		包含针对模式三投资(服务业 FDI)的投资者东道国仲裁制度,但是否适用应当可以选择,由所涉成员双方决定。
	争端解决		设立由资深独立专家组成的咨询机构。在一成员境内有真实公司总部及相当规模的经营的服务企业可以向咨询机构对另一成员提起申诉,咨询机构散发意见并提出建议。但是针对成员的不利意见并不导致财产损害赔偿或者报复行动。

资料来源:Hufbauer,G. C. ,Jensen,J. B. & Stephenson,S. Framework for the International Services Agreement[J]. *Policy Briefs*,2012,37(2):162-206.

三、TISA 的多边化前景

TISA 初始阶段将仅约束参加方,因此并非多哈发展议程的一部分,但是协定的结构为未来多边化提供了可行的路径。协定纳入 WTO 体制必须符合两个条件:第一,根据协定承担的义务的种类必须与 GATS 相同,以便易于纳入 GATS 的适用范围;第二,参加方的数量必须是决定性多数,以便协定的红利可以惠及所有 WTO 成员。为了防止搭便车,"服务业挚友"同意,如果加入协定的 WTO 成员没有达到"关键多数",基于最惠国待遇原则的协定多边化就会暂停。"服务业挚友"还同意规定加入条款,以及协定多边化的路径,即协定应当设置多边化的机制和条件。

尽管 GATS 第 5 条并没有要求诸边协定必须达到"关键多数",但是这已经成为

WTO 诸边协定谈判的传统。过去 20 年来，在 WTO 框架下开展谈判的诸边部门协定通常都覆盖了贸易对象的"关键多数"。所谓"关键多数"一般是指，所包括的国家占特定部门世界贸易的 90％ 以上。《基础电信协定》1997 年签订时约占全世界基础电信线路的 91％，《信息技术协定》目前覆盖电信和电脑设备世界贸易的 97％，《关于金融服务承诺的谅解》大约覆盖全世界基础银行服务的 95％。为了解决搭便车的问题，《信息技术协定》规定参加方必须达到信息技术产品世界贸易的 90％ 才能生效。电信和金融服务诸边协定的做法则有所不同，上述两个协定的利益都基于最惠国待遇原则扩及其他 WTO 成员。

据 WTO 统计，TISA 参加方的服务贸易占世界服务贸易的 68％。全球前 20 位服务进出口国家（地区）当中没有参加 TISA 谈判的有：中国（占出口的 4.4％ 和进口的 6％）、印度（占出口的 3.3％ 和进口的 3.1％）、新加坡（占出口的 3.1％ 和进口的 2.9％）、俄罗斯（占出口的 1.7％ 和进口的 2.9％）、泰国（占出口的 1.3％ 和进口的 1.7％）、巴西（占出口的 1.2％ 和进口的 2.4％）、马来西亚（占出口的 1.1％ 和进口的 1.2％）。由于多数发展中国家特别是金砖国家没有加入谈判，TISA 很难达到 90％ "关键多数"的要求。目前，金砖国家对单方面消除贸易壁垒、开展服务贸易协定谈判仍然持怀疑态度。尤其是印度贸易部长于 2013 年 4 月 8 日再度重申，虽然印度在 TISA 谈判中提出了有助于印度企业发展的关键议题，但是印度无意参与目前的 TISA 谈判，而是继续坚持在 WTO 多哈回合进行服务贸易谈判。如果金砖国家加入谈判，将使得 TISA 占世界服务贸易的份额明显增加。

TISA 虽然将多边化作为远期目标，但是目前的谈判进展情况对多边化而言无疑是潜在障碍：一是谈判没有更多的 WTO 成员参加，仅在"服务业挚友"成员当中进行，而且不允许第三方作为观察员参加；二是谈判完全处于 WTO 框架以外，并且与 WTO 秘书处保持一定距离。可见，TISA 实质上是封闭运行的诸边谈判，所谓的多边化是可能将最终谈判结果多边化，并非谈判过程多边化。但是，TISA 多边化的制度安排并不令人信服，特别是 TISA 封闭运行的时间越长，多边化就显得越不合理，纳入 WTO 体系的前景也越暗淡。目前，印度、巴西等重要的新兴经济体没有加入 TISA 谈判，东盟国家对诸边谈判持观望态度，小型经济体更倾向于多边体系。因此，如何吸引新的成员加入，特别是重要的新兴市场，将成为一大考验。

美国大力推动 TISA 谈判，力图重构世界经济版图以及重建国际贸易投资规则。但是，由于各方立场不同，在市场准入、知识产权、环境保护、国有企业、争端解决等议题上分歧巨大，几大协定的谈判进展缓慢。特别是 TISA 成员发展水平相差甚远，要达成一致更加困难。即便是同为发达经济体的美欧双方，在各自政治因素的影响和利益集团的压力之下，谈判要取得突破实属不易。在服务贸易领域，国内法规、金融服务、电信服务、视听服务、跨境数据流动等议题是谈判的难点。三大协定要想进一步推进服务贸易自由化，就必须在这些议题上超越现有的多边体制和 RTAs。不过，由于各方严守立场，在敏感部门和提供模式上毫不松动，因此很难在这些复杂的议题上找到各方都满意的利益平衡点。

TISA 在某种意义上是美国为了应对新兴经济体实力增长而采取的战略性策略。目前,金砖国家都没有参加三大协定的谈判,表现出支持多边化进程的态度。尽管如此,发展中国家必须密切关注三大协定的最新动态,加紧研究应对措施,直接或间接影响协定的谈判,才能掌握制定服务贸易新规则的主动权,保护自身利益,推动服务业发展迈向新台阶。

四、加入 TISA 的必要性及对中国经济的影响

(一)加入 TISA 是适应服务贸易自由化趋势的需要

WTO 的"多哈回合"遭遇挫折,直接影响了全球贸易自由化的进展。全球出现了以区域贸易协定替代 WTO 推进贸易自由化的浪潮。在各种区域自由贸易安排中,有关国家和地区根据自身服务业发展水平和实际情况,做出服务部门开放的具体承诺,同时也向区内其他成员提出扩大开放的要求。目前大多数区域贸易协定的服务业市场开放程度,已完全超过了 WTO 的承诺内容。再加上全球新形态服务业日新月异,制定新的服务贸易游戏规则乃是大势所趋。TISA 作为一项新的贸易协定,一定程度上代表了新形势下服务贸易自由化的趋势和潮流。中国提出申请加入 TISA 谈判,既是主动适应服务贸易自由化趋势的需要,也有利于扩大服务业开放,进一步开拓国际服务业市场。

(二)加入 TISA 可能对中国部分服务业产生较大冲击

中国服务业整体发展水平相对落后,与发达国家有着明显的差距。中国服务贸易有优势的部门主要是建筑服务、劳务出口等传统的劳动密集型行业。在金融、保险、电信、会计审计等领域中,中国明显处于劣势地位。相对而言,中国服务业的开放程度远远落后于制造业。特别是在这些劣势行业中,中国对外资保留了较高的准入条件,包括设置外资准入资格、进入形式、股权比例和业务范围等,对国内产业进行了严格的保护。加入 TISA 对中国这些行业的冲击可能会比较大,容易加剧中国经济的外部风险,甚至对中国的经济安全造成一定的威胁。

(三)加入 TISA 总体上有利于中国服务业乃至整个经济的发展

总体来看,加入 TISA 将给中国经济尤其是服务企业创造巨大的潜在发展机遇,主要表现在创造市场空间、完善体制和市场环境、吸引服务业高级人才等三个方面。

首先,市场开放为中国服务业发展创造空间。中国企业将面临一个更为广阔的市场,发展空间也会更大。同时,本国市场开放为外来竞争者提供了更多机会,其提供的服务会对国内消费市场的培育提供动力,也反过来促进服务业的升级。

其次,有利于构建中国服务业开放所需要的体制和市场环境。加入 TISA 虽然对本土相关行业有一定冲击,但对促进这些行业的市场体系建设和体制改革将产生积极作用。

第三,有利于中国吸引更多的服务业高级人才。TISA 如果能够在自然人流动领域建立更为开放的平台,将会有效减少高端人才跨境移动的壁垒,为中国经济发展提供新的动力。

☞ **重要概念**

GATS；TISA；负面清单

☞ **思考题**

1. GATS 正文的主体内容由哪几个部分组成？
2. 如何评价 GATS 的积极作用和不足之处？
3. 比较负面清单和正面清单。
4. 与货物贸易协定相比，GATS 在市场准入与国民待遇条款上做了哪些不同的规定？
5. 试析 TISA 对未来全球服务贸易一体化的影响。

第七章
国际服务贸易政策与壁垒

☞ **内容提要**

国际服务贸易是一个新兴的、具有广阔发展前景的贸易领域,对各国经济的重要性十分突出。由于服务国际化趋势的加强,国际服务市场竞争日趋激烈,再加上各国服务贸易的发展水平存在着巨大的差距,贸易利益冲突较大,因此各国出于自身利益的考虑,在国际服务贸易中设置各种壁垒措施,导致国际服务贸易市场上保护主义盛行。GATS作为国际服务贸易法典,就是试图消除国际服务贸易的壁垒、实现服务贸易的自由化而达成的多边法律规范。本章首先介绍国际服务贸易政策的两大类型,然后重点介绍服务贸易壁垒的特点、种类与测度。

☞ **学习目标**

1.了解国际服务贸易政策的演变。

2.理解国际服务贸易壁垒产生的背景与原因,理解服务贸易壁垒与服务贸易开放之间的关系。

3.掌握国际服务贸易壁垒的特点、种类、常见手段与行业分布,掌握服务贸易壁垒的测度方法和计算公式。

☞ **引导案例**

美国服务贸易在全球继续保持领先优势的主要原因是《国家出口战略》的实施。这是因为,不仅历年《国家出口战略》报告的所有战略、策略、政策、具体措施完全适用于服务贸易出口,而且,更重要的是,根据《国家出口战略》的"商业优先次序"等原则,从一开始,"服务先行策略"就成为《国家出口战略》的最重要内容。

一、加强对外谈判,扩大市场准入。美国经济界、政界一直普遍认为,在国际市场上,美国的许多有形产品竞争优势正在逐步减弱,但多数服务产品在全球却拥有竞争优势,这种优势因世界上许多国家在服务贸易准入上设置的"壁垒"而未能达到其应有的程度,因此,要促进美国服务贸易出口,首先就必须通过加强对外谈判,提高各国对美国服务产品的市场准入程度。

二、巩固传统市场，打开新兴市场。美国贸易促进协调委员会（TPCC）《国家出口战略》报告指出，美国促进服务贸易出口发展的市场战略方针是：服务业出口要巩固传统市场，打开新兴市场，"两个市场"兼顾。所谓传统市场主要是指欧洲和日本，所谓新兴市场（emerging markets）主要是指已确定重点开发的墨西哥、阿根廷、巴西、中国经济区（包括中国大陆、中国台湾地区、中国香港特区）、印度、印尼、韩国、波兰、土耳其和南非等十大市场。

三、与企业密切合作，注重务实性、技术性促进措施。美国商务部等主要贸易促进机构除了注重通过立法、设立专门机构等手段，建立起较为完善的服务贸易法律法规体系和促进机制，为服务业和服务贸易的健康、迅速发展创造一个良好的制度环境外，特别注重与企业间的密切合作，更多地应用深受服务出口企业欢迎的务实性、技术性出口促进措施。在促进方式上，通过派出政府与企业联合商务团组，包括利用类似于召开美中商贸联委会等双边贸易协商方式开展游说与促进工作，以及举办各种商务对接、商务会议、展览等商务促进活动，帮助企业寻找商机。针对服务出口不同于商品出口的不同特点，举办大量技术性、务实性很强的专业培训活动，帮助分析出口目的地国家（地区）的市场和投资做法、消费趋势及习惯等，以帮助中小服务企业提高服务出口技能。

四、确定重点行业，实施重点支持。美国服务出口重点产业虽然根据市场情况和美国产业竞争力情况有所调整，但基本上将促进重点放在其具有强大竞争优势的旅游、商务与专业技术服务（包括环保、能源等工业服务）、交通运输、金融保险、教育服务、影视娱乐、电信服务等领域。对其中的重点行业，商务部分别与能源部、环境保护部、卫生部、教育部等相关机构以及行业协会的官员与专家组成一些机构，采取针对性的促进措施。对金融服务、旅游业和商务服务，商务部国际贸易管理局内部则有专门的办公室予以促进。

第一节　国际服务贸易政策概述

一、国际服务贸易政策的演变

（一）第二次世界大战前的世界服务贸易政策特点

国际服务贸易在早期规模比较小，项目单一，在服务贸易收入总额中，运输服务和侨汇等相关的银行服务就占 70% 以上。像电信、计算机软件，甚至是信息高速公路、多媒体技术、知识产权类服务及其他与现代生活相关的新兴服务贸易内容，部分是在第二次世界大战后才出现的，有些是在 20 世纪 80 年代末到 90 年代初刚刚兴起的。在贸易政策上，由于早期的服务贸易限制较少，并且主要由几个工业发达国家操纵着当时的世界政治经济体系，因此，在全球范围内基本采取服务贸易自由化政策。

(二)第二次世界大战后世界服务贸易政策特点

第二次世界大战结束后的一段时期里,服务贸易进入了有组织的商业化发展阶段,这一阶段也正是主要资本主义国家工业化发展的重要时期。为促进工业化的发展,这些国家对服务的进口几乎都采取了非常积极的态度,美国作为资金、技术的重要输出国,在这一时期获取了巨额的服务收入。总的来说,发达国家设置的服务贸易壁垒较少,由于意识形态上的对立以及对国内经济的保护,发展中国家设置了较多的贸易壁垒限制境外服务的输入。

(三)20世纪70年代后世界服务贸易政策特点

20世纪70年代以来,随着世界各国医治战争创伤的结束,经济迅速发展.主要资本主义国家相继完成了工业化的初级发展,向着更高级的阶段迈进。这一时期服务产业已经在各发达国家逐渐兴起,服务贸易逐渐成为世界贸易的重要组成部分,许多国家开始意识到服务贸易是影响国际收支的重要因素,通过服务贸易取得外汇收入是一项不可忽视的方式,服务贸易对国内政治、经济的影响越来越大。从国家角度看,发达国家因其国内服务业竞争力较强,一般主张服务贸易自由化,它们会要求发展中国家开放服务市场以便其具有优势的服务业进入。某些服务业比较落后以及服务部门不具备优势的发展中国家则不得不进行保护,对发达国家的服务业进入本国服务市场做出各种限制性规定。但有时为了引进外资和先进的服务,发展中国家不仅会开放某些服务项目,还常常以税收减免等优惠措施鼓励外国服务业进入本国市场。

因此,20世纪70年代以后整个世界的服务贸易政策呈现出保护贸易政策的倾向,但是由于受到世界多极化趋势的影响,这一时期的服务贸易政策呈现出兼顾贸易伙伴利益、维护协调发展的管理贸易倾向。

二、国际服务贸易政策的概述及分类

国际服务贸易政策具体是指世界各国对外服务贸易政策的取向。不同时期、不同国家和地区的国际贸易政策往往不同。国际服务贸易政策分为保护贸易政策和自由贸易政策两种。

(一)保护贸易政策

1.保护贸易政策的微观理论基础

政府对于服务业实施干预政策主要从以下几个方面来考虑。

第一,自然垄断。当某个行业或部门需要高额的原始投资和高技术的知识保障时,势必会导致该行业或者部门的自然垄断。当自然垄断形成时,政府就有必要对其进行管制。人们对待自然垄断一般有三种态度:自由放任、实行公有制、管制的私有制。若选择自由放任易形成恶性竞争环境,而后两种都涉及政府干预。因此,在某些国家,电信、交通和邮政服务业由政府提供;而在另外一些国家,这类服务业由政府管制下的私营厂商提供。

第二,外部经济性。当某个厂商的生产可能受到其他厂商或消费者选择的影响时,就会产生生产的外部经济效应。在产生外部经济效应时,政府的干预作用就在于协调各种经济利益的分配问题。

第三,非对称信息。在国际服务贸易中,服务的买卖双方可能存在错误的信息或非对称的信息。例如,服务消费者不能完全了解服务生产者所提供的服务质量,即有关服务质量的信息在服务提供者和服务消费者之间不对称,在此情况下,很可能对消费者带来不利影响。为了维护本国消费者的利益,政府需采取谨慎的管制措施保护消费者。

2. 保护贸易政策产生的原因

各国之所以采取服务贸易保护措施,主要是出于以下几个方面的考虑:

(1)维持国内劳动力的就业水平。增加本国国民的就业机会、充分保护国内劳动力市场,对于维护一国经济和政局的稳定具有直接的影响。如果一国开放国内劳动力市场,会吸引境外移民的涌入,尤其是发展中国家的廉价劳动力必定会给工业化国家某些产业部门的就业工人造成巨大的压力,从而减少本国国民的就业机会。

(2)维持国际收支平衡。一国的国际收支平衡反映着其对外贸易经济关系的利益和稳定。加强对金融市场的国家干预可以维护国内的金融秩序。在经历东南亚金融危机后,这一点成为许多国家限制金融服务贸易的理由。各国制定服务贸易开放政策时,都对此给予了充分的重视。

(3)保护国内幼稚服务业的发展。发展中国家的电信、银行、保险以及发达国家的新兴服务行业属于保护倾向较高的行业。各国(尤其是发展中国家)在认识到服务贸易对于促进其经济发展重要性的同时,也担心开放服务市场会冲击国内民族服务业的发展,弱化国民经济中的薄弱环节,造成对外服务的依赖以及本国服务的更加落后。

(4)保护本国消费者利益。为了防止外国企业在本国市场上垄断价格,对本国消费者给予不公平待遇,可以对外国企业在本国的活动实施各种强制性的检查和监督措施。

(5)维护本国的安全和政治利益。对于关乎国计民生的重要服务行业,如邮电、通信等,一般都禁止或限制外国企业参与竞争。这是出于对整个国家安全战略的考虑。

(6)保持本国文化的传承性。教育、新闻、影视及音像制品等服务部门均属于意识形态领域,为保持本国传统文化上的独立性和共同的社会价值观,传承和弘扬民族文化,需要反对外国文化的入侵。

因此,无论是对发达国家还是发展中国家而言,其服务贸易政策取向都需要在国家政治利益、国家安全利益与服务贸易利益三者之间进行权衡抉择。目前还没有一个国家愿意完全开放本国服务市场,也没有一个国家倾向于严格地限制或禁止服务进口,自由主义与保护主义混合在各国的服务贸易政策中。

(二)自由贸易政策

1. 自由贸易政策的理论基础

要求实施自由贸易的国家必定是服务业起步较早、发展较为完善的发达国家,与发展中国家以及最不发达国家相比,它们具有更多的服务贸易优势,因此在服务贸易自由化和国际分工的基础上能获得更多的服务贸易利益。当然,这里并不排除某些发展中国家为了努力发展本国的服务业也实行较为自由的服务贸易政策,引进竞争机制,促进本国服务业的发展,提高本国服务业提供者的服务水平。一般情况下,实施服务贸易的自由化基于两个方面的考虑:一是国家竞争力,二是社会福利。

(1)国家竞争力。这里的国家竞争力是指国家的经济竞争力,尤其是指国民经济中服务业的竞争力。一国竞争力强,其国民经济中服务行业的竞争力也不会很弱。由此看来,是否采取服务贸易自由化主要取决于一国的竞争力。正是这样,目前极力主张实行服务贸易自由化的均是一些发达国家。通过要求其他国家向其开放市场,进一步增强其经济实力,从而维护自己的国际经济地位,促进本国服务行业的发展。而要求对本国服务业进行保护的大都是发展中国家或地区,它们在服务行业起步较晚,发展较为缓慢,在国际经济贸易中缺乏竞争力,只能通过保护本国的服务业才能维护自己的经贸利益。但有些发展中国家仍然采取贸易自由化政策,虽然这些国家在服务贸易方面处于劣势,但它们有可能在某个部门或行业处于优势或者比较优势地位,这样就有充分的理论依据推行服务贸易的自由化。

(2)社会福利。保护贸易政策对本国国民的福利造成严重的损害。首先,保护贸易政策阻碍了国内竞争,降低了劳动生产率。保护贸易政策不可能适用于一国的全部产业,只能适用于其中的一部分,这样容易使受到保护和未受到保护的产业之间出现不公平竞争,使得它们之间的利益分配扭曲化,受到保护的产业会因为缺少国外产业竞争的压力而削减提高自身劳动生产率的动力。其次,造成资源的不合理配置和浪费。实施自由贸易政策,资源能够自由流动,在市场竞争的情况下,资源便会得到有效合理的配置;而在实行保护贸易政策的情况下,很多先进的、可以使有关配置更合理的外国资源没有得到充分利用,从而使国内资源的配置相对来说不合理,浪费了本国的资源,损害了本国的国民利益。再次,造成了消费者的福利损失。在实行保护贸易政策的条件下,一国的消费者不能够获得国外生产的服务,或者需要花更多的资金才能消费到本来比国内便宜的相同的服务,这就会使国内的消费者福利遭受损失。最后,保护贸易政策容易遭到报复。贸易摩擦的发生将会阻止贸易自由化的发展,进而造成连锁反应,阻碍国际服务贸易的发展。如果一国对其他国家采取保护贸易政策,而其他国家为维护本国的经贸利益,可能会对其采取更为严厉的报复性措施,阻碍服务贸易的发展。

2.服务贸易自由化的政策取向

当今世界,不同类型国家对服务贸易自由化的政策取向可以分为下述两种:

(1)发达国家服务贸易自由化政策。发达国家要求发展中国家开放服务业市场是以货物换服务,即发展中国家以开放本国市场为条件要求发达国家开展货物自由贸易。另外,发达国家还会以维护国家安全和竞争优势为由,强调有必要对本国服务出口采取管制政策。需要指出的是,发达国家迫使其他国家开放服务市场,同时限制本国所谓"敏感性"服务产品的出口,都是自身利益最大化考虑的结果。

(2)发展中国家服务贸易自由化政策。显然,服务贸易自由化是否符合发展中国家的利益,我们尚无法简单定论。但在服务贸易自由化的趋势下,发展中国家能否从中获利,很大程度上取决于自身的政策取向。发展中国家出于自身政治经济安全和独立性的考虑,对服务贸易实施各种限制乃至完全禁止的做法屡见不鲜,但如果开放本国服务业市场,不仅不利于尚不具有竞争力的大量服务部门培育优势、迅速成长,而且会使整体处于较低发展水平的国内服务业过早地面临巨大的竞争压力。这种情况下,逐渐自由化的服务贸易发展战略将成为发展中国家的首选。另外,发展中国家在服务贸易自由化进程中应注意以下两点:一是服务业对外开放的基本步骤和次序;二是开放进程的各个阶段涉及哪些服务部门或领域,它们对服务业开放和服务贸易自由化的影响如何。

第二节　国际服务贸易壁垒

一、国际服务贸易壁垒的定义与特点

(一)国际服务贸易壁垒的定义

所谓服务贸易壁垒,是指一国政府对外国服务生产者(提供者)的服务提供或销售所设置的具有障碍作用的政策措施,是国际服务贸易政策中贸易保护主义的体现。一般来说,凡直接或间接地阻碍外国服务和外国服务生产者(提供者)进入,或直接或间接地使外国服务生产者(提供者)增加生产或销售成本的政策措施,都有可能被外国服务厂商认为是服务贸易壁垒。

广义的服务贸易壁垒不仅限于对外国服务的限制措施,还包括涉及对本国服务的鼓励措施以及出口限制。这种壁垒可以是通过对进口服务征收歧视性的关税形式,也可以是通过法规的形式使国外的生产者增加不必要的费用,也可以采取如同商品贸易中的数量限制的形式控制外国公司提供服务,甚至干脆禁止外国公司提供某些领域的服务。另外,限制外国公司的经营业务范围也是一种服务贸易壁垒。此外,政府对信息、人员、资本以及携带信息的商品的移动所实施的限制措施也是一种服务贸易壁垒,因为它限制了服务在国际国内的自由移动。

出口限制是发达国家服务贸易保护最常用的手段。发达国家为其自身利益,常以维护国家安全和竞争优势为借口,对部分尤其是具有"创新的独特能力"的服务出口采取严格的管制政策。

(二)国际服务贸易壁垒的特点

服务产品与服务贸易的特点,决定了服务贸易壁垒主要有以下几方面特点:一是主要以国内立法或政策为主的非关税形式实施;二是大多是对"人"(自然人、法人及其他经济组织)的资格与活动进行限制;三是由国内各个不同部门掌握制定,庞杂繁复,缺乏统一协调;四是灵活隐蔽,选择性强,保护力强;五是除了保护商业贸易的利益外,还强调以国家的安全与主权利益等作为政策目标。

可以看出,由于国际服务贸易不同于货物贸易,以及服务贸易对一国的经济安全和社会稳定会产生影响,服务贸易的保护程度比货物贸易的保护程度严重得多。虽然目前在

多边贸易体制的推动下,服务贸易壁垒有逐步降低的趋势,但国际服务贸易的保护在某些方面却存在着变相提高的隐忧,如各国纷纷从本国利益出发,对本国处于劣势的服务部门,通过国内立法或非关税壁垒的形式,对国际服务贸易设置障碍。

1.不易察觉

服务具有无形性,统计起来不容易。对服务贸易的管制无法像货物贸易一样利用关税手段来达到限制的目的。关税壁垒对服务贸易很难起作用,因此,服务贸易壁垒主要通过非关税措施来实施。在各种非关税措施中,国内立法和政策是各国对服务贸易进行保护的主要手段。而一国服务贸易涉及的立法又具有广泛性和复杂性,如技术贸易合同涉及的法律就有合同法、各国及国际上的知识产权法、专利法、商标法、公平贸易法等法律。这使得识别服务贸易壁垒很困难。

2.形式多样

服务贸易的标的物具有多样性的特点。有的服务依托于商品存在,有的对商品价值的实现有补充作用,有的需伴随商品的移动才能提供,有的则与商品无关联。由于服务标的物的多样性,对服务贸易进行限制的服务贸易壁垒的形式也就呈现出多样性的特点。据统计,服务贸易壁垒多达 2000 多种,涉及服务贸易的各个方面。除了传统的补贴、垄断、税收歧视、数量限制、政府采购等形式,还有技术标准、知识产权保护、外汇管制及各种对市场准入的限制等。

3.实施灵活

服务贸易壁垒的措施非常灵活。一国在实施服务贸易壁垒时会依据本国经济的发展情况、产业的发展需求进行不断地变化和调整。随着服务贸易自由化的加强,各国加入GATS后要根据承诺表对本国的服务贸易限制进行调整。由于服务贸易限制措施灵活,因而在传统手段不能采用的情况下,可改用其他替代手段或方式。当前对服务贸易的直接限制在自由化的大潮下备受指责,各国便转向使用灵活的国内政策及技术性服务贸易壁垒等手段来达到保护本国企业的目的。

4.涉及面广

服务的生产和提供涉及许多方面。服务与货物贸易密不可分,对于货物的壁垒在一定程度上会影响到相关服务的提供,涉及服务贸易的投资也是如此。服务贸易壁垒和投资壁垒往往交织在一起。对于投资准入、投资经营和投资退出等投资壁垒,在涉及服务贸易商业存在方式时,在一定程度上也就成为服务贸易壁垒。服务贸易如电信服务还会涉及一国的产业保护、国家安全等问题,软件、音乐作品等则会涉及知识产权保护的问题,这使各国间服务贸易的开展变得更为复杂和困难重重。

二、国际服务贸易壁垒的种类

与国际货物贸易壁垒一样,也可以把国际服务贸易壁垒分为关税壁垒和非关税壁垒。但由于服务贸易在跨国界移动时是以人员、资本、服务产品、信息等的流动表现出来的,利用关税和配额等保护本国的服务业不受外来冲击的边境措施难以奏效,因此,限制外国服务者的法律、法规和行政措施等非关税措施变成了主要的保护手段,成为国际服务贸易发展的障碍。早在 20 世纪 90 年代初,据当时关贸总协定统计,全球贸易服务壁垒多达 2000 多种,大多专门用于保护本国的金融、通信、保险、运输、数据处理以及其他的服务部门免受外国供应者的竞争。

(一)按作用形式分类

按作用形式不同,国际服务贸易壁垒可分为直接限制措施和间接限制措施。

直接限制措施主要是指直接为限制外国企业或服务提供者进入国内服务领域而颁布的政策与法规,如限制国外银行在国内的业务范围与经营品种、外国公民需要有工作许可证等。间接限制措施主要是指为了国内其他政治、经济目标而颁布的政策与法规。这些政策与法规在实施过程中,间接地限制了国际服务贸易,如严格的出入境管理规定、本国服务业的管理规章制度等。

(二)按国外学者的研究分类

国外学者对国际服务贸易壁垒的分类包括以下几种。

1. 鲍德温与本茨的分类

罗伯特·鲍德温(Baldwin,1970)将国际贸易中的主要贸易壁垒分为 12 种,本茨(Benz,1979)将其中的 11 种分成两大类应用于服务业。

第一类是投资所有权问题,包括 5 种:限制利润、服务费和版税汇回母国;限制外国分支机构的股权全部或部分由当地人持有或控制,这基本上等同于完全禁止外国公司进入当地市场;劳工的限制,如要求雇用当地劳工,专业人员须经认证以及取得签证和工作许可证等;歧视性税收,如额外地对外国公司收入、利润或版税征收不平等的税赋等;对知识产权、商标、版权和技术转移等信息贸易活动缺乏足够保护。

第二类是贸易投资问题,包括 6 种:政府补贴当地企业并协助它们参与当地或第三国市场的竞争;政府控制的机构频繁执行一些非营利性目标,以限制外国生产者的竞争优势;烦琐的或歧视性许可证规定、收费或税赋;对外国企业某些必要的进口物资征收过高的关税,或直接进行数量限制,甚至禁止进口;不按国际标准和惯例生产服务;限制性或歧视性政府采购规定。

2. 特比尔科克与豪斯的分类

特比尔科克和豪斯(Trebilcock & Howse,1995)把服务贸易壁垒分为以下四类:

第一类是直接明显的歧视性壁垒,即直接针对服务业明显的贸易壁垒,如电视和广播中对国内内容的管制、外国人建立和拥有金融机构的限制等。

第二类是间接但明显的歧视性壁垒,指不是专门针对服务业但明显歧视外国人或要素在国际流动的贸易壁垒。如对移民或以工作为目的的暂时入境的限制、并非专门针对服务业的对外国投资的限制、向国外汇款和支付的限制等。

第三类是直接但明显中性的壁垒,即对国内外单位和个人都限制的服务业管制,如铁路和电信的国家垄断等。

第四类是间接但明显中性的壁垒,指并非针对服务业,也并非针对外国人的壁垒,如国内标准、职业服务中的许可证、文凭等。

3.豪克曼等人的分类

赫克曼等人(Hoekman et al.,1997)比较了服务贸易壁垒和货物贸易壁垒的异同,把服务贸易壁垒归纳为四类:第一类是配额、当地含量和禁止;第二类是基于价格的手段,如签证费、出入境税、歧视性的飞机着陆费和港口税等;第三类是国内标准、许可和政府采购;第四类是分销网络使用上的歧视等。

(三)按阻碍服务贸易的要素分类

按阻碍服务贸易的要素,即资本、人员、服务产品、信息等在国际市场上流动的角度进行分类,可以将服务贸易壁垒划分为资本移动壁垒、人员移动壁垒、服务产品移动壁垒、信息移动壁垒等形式。

1.资本移动壁垒

资本移动壁垒主要有外汇管制、汇率管制和投资收益汇出的限制等形式。其中外汇管制是最主要的手段,会影响除外汇收入贸易外的几乎所有的外向型经济领域,还会使本国居民无法购买境外的服务,也会使外国的服务提供商的服务本金或利润汇出受到限制。不利的汇率会增加厂商的经营成本和降低消费者的购买力,严重削弱服务竞争优势。对投资者投资收益汇回母国的限制,如限制外国服务厂商将利润、版税、管理费汇回母国,或限制外国资本抽调回国,或限制汇回利润的额度等措施,也在相当程度上限制了服务贸易的发展。

这类措施主要涉及服务贸易最重要的提供方式——商业存在,即东道国是否允许外国企业在本国设立机构和开展业务,所以有时称之为对外直接投资壁垒。设置对外国直接投资的限制是重要的服务贸易壁垒,大量存在于各国的建筑业、计算机服务业和娱乐业等服务行业中。俄罗斯 2008 年通过了一项限制外国投资能源、电信和航空等 42 个战略行业的法规,规定外国私人投资者想在属于战略行业的企业持股 50% 以上,必须获得批准;外国政府控制的企业,将被禁止控股俄罗斯战略企业,即使持股比例超过 25%,也须寻求获得批准。

2.人员移动壁垒

劳动力的跨国移动也是服务贸易的主要形式之一,移民限制、出入境烦琐的手续以及由此造成的长时间等待等都构成了人员移动的限制措施。人员移动壁垒的主要内容是各国移民限制的法律。由于各国移民法及工作许可、专业许可的规定不同,限制的内容和方式也不同,主要目的是为了保护本国的服务产业发展和解决就业问题。出入境的烦琐手续有时也可以用来限制本国服务消费者到国外的服务采购活动,使之难以在其他国家购买服务及离开本国进入别国进行服务消费,如印尼通过提高机场启程税的方式限制本国前往新加坡购物的居民数量。

3.服务产品移动壁垒

服务产品移动壁垒主要包括数量限制、当地成分或本地要求、补贴、政府采购、歧视性技术标准和税收制度,以及落后的知识产权保护体系等形式,以限制服务产品移动,达到保护的目的。这类壁垒主要涉及市场准入的限制,即东道国允许外国服务者进入本国市场的程序。服务及其成果往往要借助一定的有形物体才能完成和体现,如因国际运输服务需要借助一定国的运输工具,故很多国家往往通过对这些货物移动的限制来对外国服务务在本国的销售设置障碍。

4. 信息移动壁垒

由于信息传递模式涉及国家主权、垄断经营和国家公用电信网、私人秘密等敏感性问题,因此各国对穿越国境的数据交流普遍存在各种限制,采取了如技术标准、网络进入、价格与设备的供应、数据处理及复制、储存、使用和传送、补贴、税收与外汇控制和政府产业控制政策等方面的限制或歧视性措施。由于信息流动是金融、旅游、运输、仓储、建筑、会计、审计、法律等服务者提供服务的先决条件,所以这些措施不仅阻碍了信息服务贸易的发展,同时还制约着其他服务贸易的进行,使得服务的生产者难以获得进行有效经营所必需的信息。

5. 开业权壁垒

开业权壁垒又称为生产创业壁垒,包括对某些行业实行政府垄断、禁止外国服务输入的法令、对外国服务生产者的活动权限进行规定等。据调查,2/3 以上的美国服务业厂商认为开业权限制是其开展服务贸易的最主要障碍,涵盖了从禁止服务进入的法令到东道国对本地成分的规定等经营活动的诸方面。

1985 年以前澳大利亚禁止外国银行设立分支机构,1985 年后首次允许外资银行进入,但仅从众多申请机构中选择了 16 家银行,其选择标准是互惠性考虑和公司对金融制度的潜在贡献;加拿大规定外国银行在国内开业银行中的数量不得超过预定比例等。即使外国厂商能够在东道国开设分支机构,其人员构成也受到诸多限制。除移民限制外,政府还有多种办法限制外国服务厂商自由选择雇员,如通过就业法规定本地劳工比例或职位,美国民权法、马来西亚定额制度、欧洲就业许可证制度、巴西本地雇员比例法令等,都具有这类性质;有些国家还规定专业人员开业必须接受当地教育或培训。

(四)按《服务贸易总协定》的原则分类

根据《服务贸易总协定》的原则,国际服务贸易壁垒主要体现在市场准入(market access)和国民待遇(national treatment)两个方面。这是一种较为有效的分类方法,既便于对服务贸易自由化进行理论分析,也便于分析影响服务贸易自由化的政策手段。

1. 市场准入方面

市场准入方面主要是通过提高市场准入门槛、限制或禁止外国服务提供主体进入一国国内市场,抑制市场竞争的措施。主要措施有:

(1)资格的限制。即开业权限制,对外国的个人和/或组织在本国经营某种服务业的权利加以限制。例如,禁止外国银行、旅行社在本国设立分支机构,或者虽然允许设立,但要求其必须与其总公司中断业务上的直接联系;一些发展中国家虽然在建筑工程、劳务方面具有比较优势,但一些发达国家拒绝在这一方面提供开业权;对在外国注册或取得的律师、医生等开业资格证书或教育证书采取歧视措施;等等。

(2)股权的限制。尽管允许外国服务提供者在本国开业,但是东道国要求控股或参股。

（3）经营的限制。指对外国服务提供者在本国的活动权限加以规定,限制其经营范围、内容、方式等,甚至干涉其具体的经营决策。例如,对外资银行限制其只能在指定的地域开业经营,不得经营本币、提高存款准备金;外国旅行社只能与本国旅行社合资经营;等等。

（4）信息的限制。信息是许多服务业的战略性和基础性资源,如果不能及时、准确地获取所需信息资料,往往意味着一个服务经营实体的瘫痪。譬如,一国公共电信传输网及其服务(如数据交换、视频通信等)的开放程度,在某种意义上将会直接关系到外国金融、保险、商业贸易等基于电信传输技术而开展国际信息交流的服务业进入该国的可能性。

（5）技术标准限制。指在一些服务业因为技术标准不一,或设立不同技术标准,从而限制外国服务提供者的进入或加大其进入成本,使其知难而退,如电信、工程建筑方面的壁垒。

2.国民待遇方面

国民待遇方面主要是通过实施有利于本国企业、歧视外国企业的措施,包括为国内生产者提供成本优势,限制外国服务贸易企业的成长。主要措施有:

（1）税收歧视。对外国经济组织或个人提供的服务或购买的服务征收过高或额外的税收,实质上起到了限制国际服务贸易自由开展的作用。其只是以国内的税费这种形式出现,比起关税等边境措施更缺乏透明度和统一性,且多头制定、分散执法、税率不稳定、地区差异大、预见度低,最终造成外国服务提供者的投资成本和/或交易成本上升,成为影响服务贸易预期收益的一种重要壁垒。

（2）政府补贴。即本国政府通过直接拨款或税收优惠等手段形式,对本国的某些服务业进行补贴,以扶植其发展。

（3）国家垄断与政府购买。许多国家对一些服务业,如民航、邮政、电信、铁路、广播等都存在着不同程度的国家垄断。这一方面使这些行业市场准入的壁垒很高,甚至根本不可能进入;另一方面,政府作为服务产品的最大的购买者,常常会偏向购买本国服务产品,从而形成对外国产品的歧视。比如,世界各国都有为本国航空公司或海运公司保留货源及航线的做法;中国的法律规定,三资企业的保险业务一律由中国人民保险公司办理。

（4）外汇管制。这主要是指一些发展中国家对内控制外汇的流通与兑换,对外进行外汇出入境管制。这样既限制了本国居民及各类团体组织对外国服务产品的消费与支付能力,也同时限制了外国服务者在本国的业务量与获利能力。例如,对内的外汇管制措施,限制了旅游这类需要消费者移动的服务贸易;对外的外汇管制措施,则限制了商业存在这类方式进行的服务贸易的利润汇出。

三、服务贸易壁垒在主要领域中的体现

服务贸易壁垒在以下主要领域有所体现,参见表 7-1;常见的服务贸易壁垒见表 7-2。

表 7-1　国际服务贸易壁垒简介

服务贸易壁垒	运输 空运	运输 水运	电信	数据处理	银行	保险	工程建筑	广告	影视	会计	法律	软件	酒店住宿
数量/质量限制	√					√		√	√	√			
补贴	√		√	√			√	√					
政府采购	√	√		√		√	√						
技术标准	√		√				√						
进口许可		√			√								
海关估价			√	√	√							√	
货币控制及交易限制													
特殊就业条件					√	√	√			√	√		√
开业权限制			√			√				√			
歧视性税收			√	√				√					√
股权限制						√		√	√				√

注:打"√"处表示该项服务贸易壁垒存在于该行业中。

资料来源:王佃凯.国际服务贸易[M].北京:首都经济贸易大学出版社,2015:81.

表 7-2　常见的国际服务贸易壁垒

行业	常见壁垒
航空业	主要涉及国家垄断和补贴问题。世界各国政府一般都给本国航空公司提供优惠待遇,如空运的货源和航线保留给国内航空公司、为本国飞机提供机场的优先使用权、要求国内用户接受本国航空公司的服务、对国内航空公司给予税收优惠等。目前,国际的航空服务贸易都是通过对等原则的双边协议进行的。
旅游业	与航空客运关系密切,诸如出入境限制、外汇管制、旅游设施所有权、开办旅行社和旅游购物等,都存在贸易壁垒问题。
海运业	主要涉及特许经营与垄断,如为本国海运公司保留货源、倾销性运价等。
银行与保险	主要是开业权和国民待遇问题。对于开业权,许多国家禁止外国银行在本国设立任何形式的机构。有些国家虽然允许设立分支机构,但这样的分支机构必须与母行中断业务上的直接联系。对外国银行国民待遇表现在仅提供低储蓄地区(开业)、高税收率和限制财产经营范围等方面。对于外国保险公司,一般还要求绝对持股权以及禁止经营某些保险业务。
广告业	对外来广告企业要求本国参股权,以及政府在广告业的竞争中偏袒本国企业是普遍现象。如外国广告企业设立电视台经营电视广告是受严格限制的。另外,即使这种限制对国内企业一视同仁,但限制的目的也不是保护广告业,而是排斥外国电视广告。

续表

行业	常见壁垒
工程建筑	主要是开业权、移民限制和国民待遇问题。此类服务业是发展中国家的优势所在,对此,一些发达国家都不愿意提供开业权。美国在开业权上就有较多的限制,日美欧都坚持不放宽移民限制。几乎所有的国家都禁止外国公司承建某些工程,而且在工程招标中偏袒本国公司。
咨询服务业	许多国家对在本国的外国咨询机构都要求参与权,如印度要求外国咨询公司必须与本国相应的机构合作经营业务,而且咨询程序上的不透明也阻碍外国机构的活动。
教育服务	教育服务与思想意识的传播关系密切,移民限制和歧视外国文凭是国际交流教育服务的主要障碍。
医疗服务	主要问题是歧视外国医生的开业资格和对外国医疗设备的进口设立技术障碍。
电信和信息	该行业常遇到国家垄断和控制,另外还有知识产权保护、幼稚工业保护、技术标准和不公平税收等。
影视服务业	许多国家对本国影视直接拨款或通过税收优惠进行补贴,对外国影视业则通过要求参与权、版权保护、进口的国际垄断、限制播放等加以抵制。
零售商业	主要涉及各国国内零售规则的透明度不够、不动产所有权限制、外国雇员的移民限制、利润汇回限制等。

资料来源:笔者汇总。

第三节　国际服务贸易壁垒的主要手段与行业特点

一、贸易壁垒的主要手段与行业特点

由于服务贸易的无形性、异质性和多样性,长期以来服务贸易壁垒难以像货物贸易一样量化。十多年来,学术界为量化服务贸易壁垒,研究了多种不同方法,如频度衡量、限制度指数、价格影响和数量影响、引力模型,以及基于财务的测量等。在此基础上,OECD建立了衡量各国服务贸易壁垒的服务贸易限制指数(Service Trade Restrictiveness Index,STRI)。该指数数据库涵盖了18个部门、40个国家(地区),其中34个OECD国家和6个新兴经济体:巴西、中国、印度、印度尼西亚、俄罗斯和南非。数据库将服务贸易壁垒按五个方面予以统计:外资所有权和其他市场准入限制、人员流动限制、其他歧视性措施和国际标准、竞争和国有壁垒、监管透明度和管理要求。如表7-3所示,每一行业贸易限制措施权重的大小显示了不同类型贸易限制措施对该行业贸易自由化的影响。

表 7-3　18 个服务行业五大贸易限制措施权重占比　　　　　单位：%

序号	行业	外资所有权和其他市场准入限制	人员流动限制	其他歧视性措施和国际标准	竞争和国有壁垒	监管透明度和管理要求
1	空运	24.5	14.0	23.8	20.0	17.7
2	法律	22.3	29.8	15.9	14.4	17.6
3	会计	25.0	22.3	15.7	17.1	19.9
4	电视广播	39.7	12.0	17.3	17.7	13.3
5	快递	27.2	12.2	19.2	21.0	20.4
6	海运	35.0	25.0	12.5	14.5	13.0
7	建筑设计	18.6	25.6	17.1	16.5	22.2
8	铁路运输	24.9	13.1	15.4	26.3	20.3
9	电信	22.7	13.5	19.8	24.6	19.4
10	工程	19.5	26.6	15.6	15.5	22.8
11	保险	31.0	13.8	16.0	19.1	20.1
12	商业银行	26.3	12.1	18.7	20.8	22.1
13	计算机	17.4	20.9	17.7	20.2	23.8
14	电影	27.3	21.9	19.2	13.4	18.2
15	建筑	21.9	16.9	22.1	18.6	20.5
16	公路运输	35.0	15.0	25.0	20.0	5.0
17	音像	12.0	17.0	23.0	27.0	21.0
18	分销	30.1	10.2	17.7	22.0	20.0

资料来源：OECD。

(一)外资所有权和其他市场准入限制

　　外资所有权和其他市场准入限制具体包括对外资持股限制、公司数量限制、董事会成员或经理当地居民限制，以及对外国人申请用地和房产限制等。该贸易限制措施在 18 个行业中权重占比介于 12.0%～39.7%。其中，除音像、计算机、建筑设计、工程 4 个行业权重不足 20% 以外，其他 14 个行业的权重均超过 20%。在这 14 个行业中，外资所有权和其他市场准入限制权重居于五大贸易限制措施之首的有 10 个，分别是电视广播、海运、公路运输、保险、分销、电影、快递、商业银行、会计、空运。这意味着外资所有权和其他市场准入限制是影响着 10 大行业贸易自由化的主要障碍。

(二)人员流动限制

　　人员流动限制包括劳动力市场测试、对职业许可证国际或当地居民要求、对用工的数量限制等。该贸易限制措施在 18 个行业中权重占比介于 10.2%～29.8%。其中，7 大行业权重占比超过 20%，分别是法律、工程、建筑设计、海运、会计、电影、计算机。人员流动限制居于5大贸易限制措施之首的行业分别是法律、工程和建筑设计。

（三）其他歧视性措施和国际标准

其他歧视性措施和国际标准包括限制参与政府采购、禁止使用外国公司名称、建立新的国内标准前要求考虑使用国际标准等。该贸易限制措施在18个行业中权重占比介于12.5～25.0%。其中，4大行业权重占比超过20%，分别是公路运输、空运、音像、建筑。

（四）竞争和国有壁垒

竞争和国有壁垒包括禁止或限制广告、强制实行最低或最高资本要求，以及要求国家、州或省政府至少有一个主要公司控制该行业等。该贸易限制措施在18个行业中权重占比介于13.4%～27.0%。其中，9大行业的权重占比超过20%，分别是音像、铁路运输、电信、分销、快递、商业银行、计算机、公路运输、空运。而在9大行业中，竞争和国有壁垒居于五大贸易限制措施之首的行业有3个，分别是音像、铁路运输、电信。

（五）监管透明度和管理要求

监管透明度和管理要求包括法律生效前让公众了解规章制度、注册公司所需成本和时间、签证时间等。该贸易限制措施在18个行业中权重占比介于5.0%～23.8%。其中，10个行业的权重占比超过20%，分别是计算机、工程、建筑设计、商业银行、音像、建筑、快递、铁路运输、保险、分销。在10大行业中，监管透明度和管理要求居于五大贸易限制措施之首的行业是计算机。

在OECD服务贸易限制指数中，0代表贸易与投资完全开放，1代表完全封闭，限制指数居于0～1之间，分值越高代表贸易限制和壁垒越高（OECD，2014）。如图7-1所示，空运服务贸易限制指数最高，其次依次是：法律、会计、电视广播、快递、海运、建筑设计、铁路运输、电信、工程、保险、商业银行、计算机、电影、建筑、公路运输、音像、分销。分销服务贸易限制指数最低。

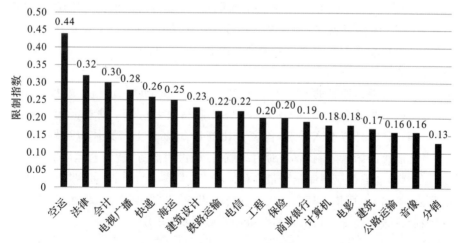

图 7-1　18 个行业 STRI 平均水平

资料来源：OECD。

二、国际服务贸易壁垒的行业分布

OECD 服务贸易限制指数涵盖了 18 个行业,40 个国家(地区)。根据 2014 年的数据,按照服务贸易限制指数高低排序,40 个国家(地区)在 18 个行业的服务贸易限制情况见表 7-4。

表 7-4　影响 18 个行业贸易自由化的主要限制措施

外资限制措施	外资所有权和其他市场准入限制	人员流动限制	其他歧视性措施和国际标准	竞争和国有壁垒	监管透明度和管理要求
18 个行业的权重占比	12.0%～39.7%	10.2%～29.8%	12.5%～25.0%	13.4%～27.0%	5.0%～23.8%
主要限制措施的行业分布	电视广播、海运、公路运输、保险、分销、电影、快递、商业银行、会计、空运	法律、工程、建筑设计	建筑	音像	计算机

资料来源:OECD。

下面对空运、海运、法律、会计、电信五大行业的壁垒分布进行重点介绍。

1. 空运服务

空运服务占全球运输服务贸易额的 1/3,服务贸易限制指数介于 0.67～0.26,平均限制指数为 0.44,在 18 个行业中限制指数最高。影响空运服务贸易自由化的主要限制措施是外资准入限制,包括货运和客运在内,其国家占比高达 100%。大多数国家限制外资入股不得超过 50%,不仅影响了国内交通,也影响了国际交通。澳大利亚(除了澳洲航空公司外)和新西兰虽允许外资 100% 入股国内航空公司,但只能进行国内交通。

在 40 个国家(地区)中,俄罗斯限制指数最高(0.67),其次依次为印度、南非、印度尼西亚、巴西、中国、美国、墨西哥、加拿大、韩国、以色列、挪威、日本、土耳其,上述 14 个国家服务贸易限制指数均高于平均值。澳大利亚限制指数最低(0.26)。

2. 海运服务

海运占货物贸易运输量的 90% 和贸易额的 50%,在全球供应链中发挥着重要作用。海运服务贸易限制指数介于 0.44～0.07,平均限制指数为 0.25。影响海运服务贸易自由化的主要限制措施是外资准入限制,国家占比高达 80% 以上。具体包括外资持股限制、对董事会当地居民和国籍限制,以及对沿海航行权、港口服务、货物仓储限制等。在 40 个国家(地区)中,印度尼西亚限制指数最高(0.44),其次依次为南非、俄罗斯、中国、智利、美国、爱沙尼亚、希腊、土耳其、印度、意大利、韩国、巴西、芬兰、新西兰、墨西哥,上述 16 国的服务贸易限制指数均高于平均值。荷兰限制指数最低(0.07)。

3. 法律服务

法律服务贸易限制指数介于 0.73～0.11,平均限制指数为 0.31。由于法律服务是知识密集型产业,主要关注从业者的资质要求,为此,影响法律服务贸易自由化的主要限制措施是人员流动限制,其国家占比超过80%。其次是外资所有权和市场准入限制。印度限制指数最高(0.73)。澳大利亚限制指数最低(0.11)。

4.会计服务

会计服务贸易限制指数介于1~0.13,平均限制指数为0.3。由于会计服务供给的主要方式是模式三和模式四,因而影响会计服务贸易自由化的主要限制措施是人员流动限制,如对国际要求、对资质和许可的要求等,国家占比超过90%。在40个国家(地区)中,土耳其和波兰限制指数最高(1.00),市场完全封闭。新西兰限制指数最低(0.13)。

5.电信服务

电信服务包括计算机服务、视听服务、专业服务和其他可贸易电信服务,在全球价值链生产中发挥着决定作用。电信服务贸易限制指数介于0.61~0.06,平均限制指数为0.22。由于电信服务是资本密集型产业,因而影响电信服务贸易自由化的主要限制措施是竞争性壁垒,如不必要的管理和过度监管等,其国家比例高达70%,其次是外资准入限制。在40个国家(地区)中,印度尼西亚限制指数最高(0.61),法国限制指数最低(0.06)。

第四节　国际服务贸易壁垒的度量

一、国际服务贸易壁垒的度量方法

(一)对服务贸易壁垒规模的度量

1.频数方法

赫克曼(Hoekman,1995a)最早采用频数方法度量服务贸易壁垒的规模。他根据GATS各成员的承诺时间表,将承诺分为三类并赋予权重,即开放/约束因子:如果承诺对特定服务部门的特定提供方式不做任何限制,分值为1;如果对特定服务部门的特定提供方式做出具体的限制,分值为0.5;如果未对特定服务部门的特定提供方式做任何承诺,分值为0。根据GATS,服务业可分为155个服务部门,每个部门的服务分别以四种方式提供。对应全部的部门/模式,各成员分别有155×4＝620个开放/约束因子。根据这些因子,可以计算三类覆盖率指标(即赫克曼指标):第一类为一成员在GATS时间表中所做承诺与最大可能承诺数620的比率;第二类为平均覆盖率,即经开放/约束因子加权后的所有部门/模式与最大可能承诺数的比率;第三类为没有限制的承诺占成员总承诺数的比重,或占155个部门数的比重。

后续研究者对该指标进行了改进,提出了更为复杂的频数方法。其中具有代表性的是澳大利亚生产率委员会的贸易限制指数。该套限制指数涉及六个服务部门:电信、银行、海洋运输、教育、分销和专业服务。构建贸易限制指数的方法可以概括为:首先收集各服务部门有关贸易和投资的实际限制措施;其次,根据限制措施的性质以及限制程度的不同进行分类并赋予分值;再次,对各类措施分配权重,权重的设计主要是根据各类限制对经济效率的影响程度进行主观评估的结果;最后将各类限制的分值进行加权即可以计算出贸易限制指数。后来有研究者进一步发展了澳大利亚方法,通过运用因子分析法或主成分分析法等统计学方法对权重进行了改进。

2. 数量方法

测量服务贸易壁垒的数量方法来源于标准的国际贸易模型,其基本思想是根据贸易模型中贸易的决定因素建立计量模型,用模型估计残差或各种虚拟变量度量壁垒规模。数量方法较多的用于商品贸易领域,弗郎索瓦和赫克曼(Francois & Hoekman,1999)、沃伦(Warren,2001a)将这种方法运用到服务贸易壁垒的测量中。前者利用引力模型模拟美国和主要贸易伙伴双边服务贸易流量,因变量包括人均收入、GDP 和一个西半球虚拟变量。贸易壁垒的规模用实际进口额和预测进口额之间的差额表示。以中国香港特区和新加坡为自由贸易的基准,将壁垒规模标准化后,通过设定的需求弹性将数量措施转换为关税等值。沃伦(Warren,2001b)采用数量方法,通过计量模型估计了贸易和投资壁垒对电信服务消费量的影响。模型中的自变量为人均收入水平、网络质量、等待清单、家庭密集度、人口密集度、贸易和投资壁垒。沃伦以频数指标表示贸易和投资壁垒,通过回归模型估计了 136 个经济体贸易和投资壁垒的数量影响,然后结合价格的需求弹性将估计结果转换为关税等值。

3. 价格方法

估计服务贸易壁垒的价格方法源于国内和国外价格差,即价格锲子。迪尔多夫和斯特恩(Deardorff & Stern,1998)认为,如果有足够的价格数据,通过比较进口商品的国内价格和国外价格,将能够构建价格方法。价格方法的基本思想是,假设国内外服务价格差异不是由沉没成本和现有企业对潜在进入者的阻碍战略导致,而是由政府施加的壁垒导致,则国内外价格的百分比差异与关税是可比的:价格楔子可以借助计量模型进行量化,或将量化的措施结合需求和供给弹性转换为关税等值。

由于服务贸易价格数据相对缺乏,有关非关税壁垒的价格方法主要局限在商品贸易领域。弗郎索瓦和赫克曼(Francois & Hoekman,1999)提出了一种以毛营业利润率为基础的方法,定义为:

$$毛营业利润率=\frac{总销售收入-总的平均成本}{总的平均成本}$$

毛营业利润率是根据证券市场上企业披露的金融数据计算而得,这些数据提供了不同行业相对利润率的指标,相应地也确立了各行业进入壁垒的相对规模。赫克曼(Hoekman,2000)提出了两种测量贸易壁垒规模的方法:一是以贸易相对自由的国家作为基准,比较平均利润率之间的差别;二是以制造业利润率为基准,比较制造业和服务业利润率之间的差别。

对服务贸易价格影响的研究主要集中在澳大利亚生产率委员会的一些成果中,研究包含了五个部门:电信业、银行业、海洋运输、食品分销业、工程服务业。这些研究采用的步骤为:首先,寻找所在部门国内价格的代理变量;其次,建立模型识别影响价格的一系列变量,其中一个变量是以贸易限制指数表示的贸易壁垒;再次,建立并估计回归模型;最后,用估计的参数系数和贸易限制指数计算单个经济体价格楔子的规模。

(二)对服务贸易壁垒经济影响的度量

服务贸易壁垒的经济影响主要度量削减服务贸易壁垒后对服务价格和数量、消费者以及整体经济的福利影响。通常通过模拟标准的国际贸易理论模型来评估服务贸易壁垒的经济影响。首先,基于经济理论,建立一般均衡模型以反映消费者、生产者和政府三者之间的联系;其次,为系统参数取值,运用服务贸易壁垒测量指标,如赫克曼(Hoekman,1995a)的关税等值数据,为模型相关参数取值提供借鉴。最后,将经过校准的模型用于模拟贸易自由化效应,通过比较现实状态与模拟的自由贸易均衡状态计算贸易壁垒的经济效应。

目前,对服务贸易壁垒经济效应的测量主要有以下两种分析框架:一种是局部均衡分析,即分析单个服务部门或市场的福利变化。如加拿大经济学家约翰逊等(Johnson et al.,2001)曾对国际航空服务贸易自由化效应进行估算,对澳大利亚、中国内地、中国香港特区和日本之间建立开放俱乐部联盟,并对其范围内实行国际航空服务自由化的效应进行模拟,考察消费者剩余、航空公司利润及两者的变化。另一种是一般均衡分析,即通过模拟标准国际贸易理论的一般均衡模型,建立可计算一般均衡(CGE)模型。其中,GTAP模型与密歇根世界生产和贸易模型(Michigan Model of World Production and Trade)是两种常用的CGE模型。

二、国际服务贸易壁垒度量的指标

对于服务贸易壁垒的度量指标,有学者认为货物贸易壁垒的度量指标适用于服务贸易,然而也有学者主张应根据服务贸易壁垒的特点创建独立的服务贸易壁垒度量方法。借鉴货物贸易壁垒的度量指标,在此,主要介绍以下三种。

(一)名义保护率

名义保护率(Nominal Rate of Protection,NRP)是衡量贸易保护程度最普遍使用的指标。它通过测算世界市场价格与国内市场价格之间的差额,衡量保护政策的影响。世界银行将名义保护率定义为:由于保护引起的国内市场价格超过国际市场价格的部分与国际市场价格的百分比。用公式表示为:

$$NRP = \frac{国内市场价格 - 国际市场价格}{国际市场价格} \times 100\%$$

例如,一国政府可通过提高国内信息网络上网费用达到限制外国信息服务进口、保护本国进口替代信息服务厂商的目的。国内网络使用费高出国际网络市场价格的部分,相当于政府对消费者购买国外信息服务征收的关税。假定国内市场网络费率为1分/K,国际市场网络费率为0.20分/K,那么该国信息服务市场的名义保护率为400%。

若一国对某种商品仅仅采取边境管制措施,那么,名义保护率的测度方法在评估贸易政策对产出水平的影响方面是有效的。在仅使用关税的情况下,可用名义保护率衡量有关商品的关税等值。然而,并不是所有的政策效果都可通过价格差异来衡量。在服务贸易领域,由于各国服务价格的差异往往不仅仅是由关税壁垒引起的,还与要素禀赋、技术差异、规模经济和不完全竞争等因素密切相关,因此,服务贸易大多难以使用关税手段进行保护。这就限制了 NRP 在衡量服务贸易保护程度方面的作用。

(二)有效保护率

有效保护率(Effective Rate of Protection,ERP),或称实际保护率,是相对于名义保护率或名义关税率而言的。用公式表示为:

$$ERP = \frac{\text{国内加工增值} - \text{国外加工增值}}{\text{国外加工增值}} \times 100\%$$

或者:

$$ERP = \frac{\text{最终产品名义保护率} - (\text{中间品价格} \div \text{最终品价格}) \times \text{中间品名义保护率}}{1 - (\text{中间品价格} \div \text{最终品价格})} \times 100\%$$

这一概念最初是由澳大利亚经济学家科登(Corden,1966)提出来的。他将有效保护定义为包括一国工业的投入品进口与最终品进口在内的整个工业结构的保护程度。假如这一结构性保护的结果是正,那么其关税保护是有效的;反之,则是无效的。由此可见,一国的关税政策是否有效,不仅要看其最终产品受保护的程度,还要看受保护的那个产业的中间产品进口是否也受到了一定的保护,从而使得该产业的实际保护为正。这也就说明,许多政策不仅影响产出价格,而且还影响投入价格。有效的关税保护取决于一个产业所面对的实际关税,而实际关税是由中间产品(即投入)与最终产品(即产出)的关税共同来决定的。有效保护率就是用来衡量投入与产出政策对价值增值的共同影响的指标。

由这一公式可以看出,计算服务贸易的实际保护率,需要获取有关服务业的投入—产出系数等信息资料,而这些详细的资料往往难以得到。另外,实际保护率并没有反映导致产出扭曲的所有政策的效果,所有影响生产要素价格的因素可能在价值增值中没有得到反映,因而没有被包括在实际保护率的计算中,其中包含在衡量商品贸易领域保护程度中广泛采用的国内资源成本(Domestic Resource Costs,DRC)的计算。国内资源成本常以国内生产一单位商品的资源成本(以资源的社会机会成本衡量)与外部价格衡量的商品的增加值之间的比例来表示。国内资源成本分析就是试图找出那些一国具有真正比较优势的商品。它可以用来衡量一国保护某一产业的代价以及由其他扭曲(包括市场失灵和政府干预等)造成的福利损失。但计算国内资源成本,需要大量的与要素市场政策和要素产出系数相关的技术信息,这在服务贸易领域并不可行,也是不现实的。

(三)生产者补贴等值

生产者补贴等值(Producer Subsidy Equivalent,PSE),或称生产者补贴等值系数方法,最早被经济合作与发展组织用于对其成员国农业政策和农产品贸易的分析报告。随着这一衡量方法在许多国家的运用过程中被改进、提高,尤其是在"乌拉圭回合"多边贸易谈判中被广泛接受后,生产者补贴等值方法日益受到重视,并且不断被完善。

生产者补贴等值是用来测算关税和非关税壁垒,以及其他与分析相关的政策变量的保护程度的一种测度指标。它是对政府各种政策(包括支持、税收和补贴等)的总体效应进行评估,通常可用两种方法获得生产者补贴等值:一种是通过观察政策的预期效果;另一种是通过观察政策措施引起的国内外价格的变动。

我们可用图 7-2 来进行说明。在图 7-2 中，S 是国内供给线，D 是国内需求线，S 与 D 的交点是国内消费均衡点，P_w 指世界市场上的价格，P_t 指实行关税后的国内价格。图中可见世界价格 P_w 低于国内供给线和国内需求线的交点，所以人们将会从价格更低的世界市场上进口服务。此时，关税的实施使国内价格上升至 P_t，使得服务进口减少（$Q_b - Q_a$）。$P_t P_w ab$ 是关税使国内生产者增加的福利。由于生产者补贴等值的衡量是建立在现有关税水平的生产与消费基础上的，所以不能准确地测量生产者福利水平。生产者补贴等值的关税影响体现在关税产品价格（$P_t - P_w$）和生产数量增加 $Q_a Q_b$ 两个方面。同时，消费者因关税而导致的福利损失则由 $P_t P_w dc$ 表示，消费者补贴等值（CSE）表现在关税产品价格（$P_t - P_w$）和现有关税水平下的消费量下降 $Q_c Q_d$ 两个方面。由此可分别得出作为生产价值比率的生产者补贴等值（PSE）和作为消费价值比率的消费者补贴等值（CSE）。

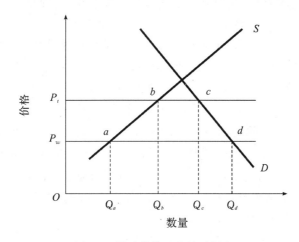

图 7-2 补贴等值下的关税影响

$$PSE = \frac{(P_t - P_w) \times OQ_b}{P_t \times OQ_b} = \frac{P_t - P_w}{P_t}$$

$$CSE = \frac{(P_w - P_t) \times OQ_d}{P_t \times OQ_d} = \frac{P_w - P_t}{P_t}$$

生产者补贴等值方法是通过比较国内价格与国外价格的差异来考察一揽子政策的净效果的，考虑贸易政策的总体影响，而不仅是考察单个政策的效果，它测算的是政策给予生产者的价值转移量或政府政策对生产者收益的贡献。在不同的时期、不同的国家（地区），甚至不同的领域，生产者补贴等值都是不同的。但是，补贴行为被视为不公平竞争，按 WTO 规定，进口国可以对受到补贴的进口商品征收反补贴税，其税额不高于补贴的金额。这样，出口国不仅达不到鼓励出口的目的，而且还会将本国纳税人的钱白白拱手送给进口国。

三、服务贸易壁垒的消除

(一)国际服务贸易自由化

服务贸易壁垒与服务贸易自由化是当今国际服务贸易发展的两个重要问题。服务贸易自由化是在经济全球化的基础上发展起来的,是贸易自由化在国际服务贸易领域的具体表现,是当代世界经济发展的一种新趋势。

国外学者研究了服务贸易自由化的意义和重要性。萨皮尔(Sapir,1985)阐述了服务贸易自由化对于发展中国家的重要意义。他认为,服务(尤其是作为基础设施的服务部门和教育服务)在经济发展中具有非常重要的意义,而发展中国家在这方面又非常欠缺,因此应该推进服务贸易自由化,扩大服务的进口。经合组织把发展中国家实现服务贸易自由化的好处归结为三个方面:增加出口机会、促进经济发展、促进享有多边贸易行动的好处。

伯格斯(Burgess,1990)探讨了服务贸易自由化对于所有国家贸易和经济发展的普遍意义。他认为,服务贸易自由化可以降低世界最终产品生产的成本,促进货物贸易的发展,实现一个国家的帕累托改进,从而提高整个国家的福利水平。

各国产业结构的升级,必将进一步推动服务贸易的发展。但由于各国服务产业发展水平与阶段的不同,不同国家对服务贸易的开放和控制程度是不同的。服务贸易开放度(Services Openness,SO)是衡量一国服务贸易的开放程度的主要指标之一,又称为服务贸易依存度,是指一个国家在一定时期内的服务贸易总额与该国国内生产总值的比率。服务贸易开放度可以反映出服务贸易对一国经济增长的贡献程度,也可以反映一国的经济发展依赖服务贸易发展的程度。其计算公式为:

$$SO = \frac{S_x + S_i}{GDP}$$

其中,S_x、S_i 分别表示服务贸易的出口总额和进口总额,GDP 是国内生产总值。

发达国家是倡导和推动服务贸易自由化的主导力量。在国际服务市场上,欧美等发达国家已经成为国际服务贸易的主体,以美国为首的发达国家的贸易结构不断升级,占有绝对优势。因此它们,尤其是美国,积极主张服务贸易自由化,其国内的服务贸易壁垒也呈现逐步降低的趋势,目的是为了扫清对各国的服务贸易壁垒,打开世界服务市场。大多数发展中国家在资源、劳动密集型服务贸易领域中发展较快,具有一定的优势,但在资本、技术密集型的现代服务行业较发达国家明显滞后,一般不具有竞争优势。因此,对广大发展中国家而言,与欧美等发达国家相比,其拥有的国际服务贸易竞争优势普遍较弱;尽管它们迫切需要进口大量包含先进技术信息的现代服务,但出于保护国家主权、利益与国家经济安全等方面的考虑,大部分国家一般实行分层次、渐进型自由化的服务贸易政策,即对不具备竞争优势的服务行业进行保护,对外国服务业的进入做出各种限制性规定。

(二)国际服务贸易壁垒的消除途径

消除国际服务贸易壁垒、推进国际服务贸易自由化,主要有四条途径:

一是有关国家通过签订双边协定,削弱双边服务贸易壁垒。服务贸易壁垒大多涉及贸易以外的部门,需要在各国之间的国内政策尤其是竞争政策上加强协调。

二是通过区域性协定,在区域性经济集团内部率先实行服务贸易自由化。几乎所有的区域贸易协定都涉及服务贸易自由化安排的问题。如欧盟《罗马条约》中规定要逐步废止成员国国民在共同体内自由提供服务的限制,规定理事会制订一个服务贸易自由化的总计划,并在银行业、保险业、证券业和运输业等行业中推行自由化。

三是充分发挥 WTO 的作用,积极推进多边贸易谈判。服务贸易壁垒对国际服务贸易的阻滞作用引起各国的普遍关注,1991 年 12 月关贸总协定签订的《服务贸易总协定》(GATS),为服务贸易国际化、自由化及法制化奠定了基础。随后,WTO 又主持了基础电信、海运、信息技术和金融服务以及自然人移动等谈判,建立了各服务部门必要的规则和纪律,推动了国际服务贸易自由化进程。

四是为提高发展中国家参与服务贸易自由化的积极性,发达国家应该在发展中国家占有比较优势的货物贸易上推行充分的自由化。

☞ 重要概念

服务贸易政策;保护性贸易政策;自由化贸易政策;服务贸易壁垒;资本移动壁垒;人员移动壁垒;服务产品移动壁垒;信息移动壁垒;开业权壁垒;名义保护率;有效保护率;生产者补贴等值

☞ 思考题

1.简述服务贸易壁垒与货物贸易壁垒、国内服务业管制之间的区别和联系。

2.举例说明发达国家和发展中国家的服务贸易政策取向。

3.什么是名义保护率? 请举例说明。

4.说明服务贸易壁垒的类型,并分析各种类型服务贸易壁垒的具体表现形式。

5.如何理解服务贸易自由化以及服务贸易保护之间的关系?

第八章
服务贸易的全球发展

☞ **内容提要**

本章共分三节。第一节全景介绍了全球服务贸易发展,具体包括规模与增速、产业分布、国别分布、地理分布四个方面。第二节是对发达国家(地区)服务贸易发展情况的介绍。第三节是对中国服务贸易发展情况的介绍。

☞ **学习目标**

1. 了解国际服务贸易发展概况、特点与分布。
2. 掌握发达国家(地区)服务贸易发展特点。
3. 掌握中国服务贸易发展情况。

☞ **引导案例**

世界银行以人均国民收入为主要标准,把不同国家分为四类:高收入国家、中高收入国家、中低收入国家和低收入国家。根据 2012 年的标准,高收入国家有 61 个,中高和中低收入国家 99 个,低收入国家 33 个。从服务业增加值占比来看,全球平均水平为 70.2%,高收入国家该比例高达到 74.7%,中高收入国家该比例达 54.6%,中低收入国家达 52.7%,低收入国家该比例达 49.1%。

服务业是服务贸易发展的基础,一国服务业增加值在 GDP 中占比高,并不意味着服务贸易在 GDP 中的占比也高。2012 年,低收入国家服务贸易在 GDP 中占比(14.32%)高于中低收入国家(12.37%)。而在高收入国家中,非 OECD 国家服务贸易在 GDP 中占比(21.59%)高于 OECD 国家(12.61%)。

从服务业在全球的地域分布来看,2012 年,除中东和北非地区(42.3%)外,所有地区服务业增加值在 GDP 中的占比均高于 50%。其中,欧洲和北美洲占比最高(72.4%),其次是东亚和太平洋地区(63.6%)、拉丁美洲和加勒比海(61.7%)、撒哈拉以南非洲(56.2%)、南亚(55.9%)。

2005—2012 年,虽然所有地区服务业增加值在 GDP 中占比均出现增长,但服务贸易在 GDP 中占比却出现了明显的分化。2012 年,世界不同地区服务贸易的 GDP 占比,欧洲和北美洲(17.91%)、中东和北非(15.13%)、南亚(13.58%)均高于世界平均水平(11.77%)。也有一些地区占比下降了,东亚和太平洋由 10.4%(2005 年)下降到 10.2%(2012 年),拉丁美洲和加勒比海由 6.5%(2005 年)下降到 6.2%,撒哈拉以南非洲由12.4%下降到 10.7%。进一步值得注意的是,这三个区域服务业增加值占 GDP 比重超过 55%,高于南亚、中东和北非地区,但服务贸易比重却较后者低。

第一节　国际服务贸易发展概况

一、国际服务贸易的规模与增速

(一)国际服务贸易规模

随着各国服务业的发展,国际服务贸易规模逐年扩大。如图 8-1、8-2 所示,2013 年,全球服务贸易进出口总额达 9.219 万亿美元,其中,出口 4.720 万亿美元,进口 4.499 万亿美元。同期,货物贸易进出口总额 36.779 万亿美元,其中,出口 18.604 万亿美元,进口18.175 万亿美元。

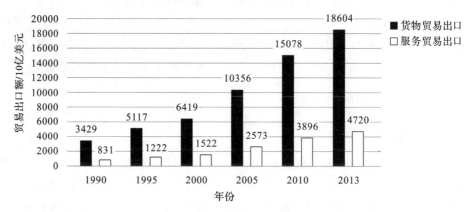

图 8-1　1990—2013 年国际货物贸易与服务贸易出口规模

资料来源:WTO。

参考引导案例数据,虽然部分国家没有出现服务业增加值占比提升与服务贸易的GDP 占比提高的同步性,但从全球服务贸易发展规模看,1990—2013 年,服务贸易进出口规模逐年扩大。从全球平均水平来看,服务业增加值在 GDP 占比 70%,服务贸易在全球贸易中占比为 20%。

(二)国际服务贸易增速

1990—2013 年,大部分年份国际服务贸易出口增速超过全球 GDP 增速,且超过货物贸易增速。近十年来,转型经济国家、发展中国家服务贸易出口增速超过发达国家。

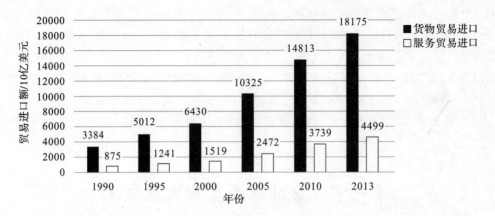

图 8-2　1990—2013 年国际货物贸易与服务贸易进口规模

资料来源：WTO。

1. 国际服务贸易出口增速超货物贸易出口增速

1990—2013 年中，除 1994、1995、2000、2003、2005、2006、2008、2010、2011 年外，其余 15 个年份，服务贸易出口增速均超过货物贸易出口增速。数据显示，1998 年亚洲金融危机和 2009 年国际金融危机对货物贸易的影响要大于对服务贸易的影响，服务贸易抗金融危机能力更强。

2. 转型经济国家、发展中国家服务贸易出口增速超过发达国家

1997—2013 年中，除 1998 年亚洲金融危机和 2009 年国际金融危机期间，转型经济国家和发展中国家服务贸易出口增速大幅下滑，其余年份这两类国家服务贸易出口增速均超过发达国家。2004 年和 2007 年，这两类国家服务贸易出口增速甚至超过 30％。

二、国际服务贸易的产业分布

(一)国际服务贸易出口结构

(1)出口结构不断优化，其他服务超过旅游、运输传统服务业成为出口的主体，占服务贸易出口的一半以上。商业服务、计算机和信息服务在其他服务中占比提高到 60％。

如图 8-3 所示，2000—2013 年，服务贸易三大类统计中，其他服务在服务贸易出口中的占比最高，达一半以上，具体由 2000 年的 44.8％提高到 2013 年的 54.9％。其次是旅游服务贸易，由 2000 年的 32.0％下降到 2013 年的 25.5％。最后是运输服务贸易，由 2000 年的 23.2％下降到 2013 年的 19.5％。

其他服务包括：通信服务、建筑服务、保险服务、金融服务、计算机和信息服务、专利权使用费和特许费、其他商业服务，以及个人、文化和娱乐服务、政府服务九类。

进一步分析发现，2000—2013 年，其他服务内部结构发生了明显的变化。2013 年，其他服务中，其他商业服务占比最高，达 47.79％，其次是金融服务(12.75％)、专利权使用费和特许费(11.80％)、计算机和信息服务(10.92％)、通信服务(4.10％)、建筑服务(4.00％)、保险服务(3.90％)、政府服务(2.88％)，以及个人、文化和娱乐服务(1.61％)。

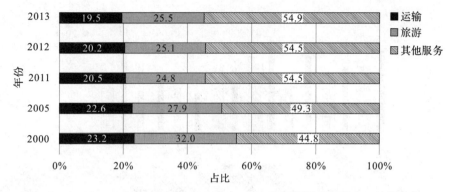

图 8-3　2000—2013 年国际服务贸易出口结构变化

资料来源：WTO。*

在其他服务中，2000—2013 年，占比提高的分别是其他商业服务、计算机和信息服务。其中，其他商业服务由 2000 年的 46.65％提高到了 2013 年的 47.79％，计算机和信息服务由 2000 年的 6.53％提高到了 2013 年的 10.92％。

（2）计算机和信息服务、通信服务、专利权使用费和特许费等新兴服务成为未来服务贸易新的增长点。

如图 8-4 所示，1990—2010 年，其他服务增速最快，大大高于运输服务和旅游服务。2000—2005 年，其平均增速达到 13％。2012 年、2013 年两年，旅游服务增速较快，高于其他服务和运输服务。2013 年，旅游服务增速为 7％，其他服务增速为 6％。

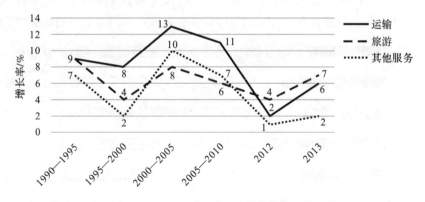

图 8-4　1990—2013 年国际服务贸易出口增长率

资料来源：WTO。

如图 8-5 所示，在其他服务中，最具活力的是计算机和信息服务，年均增速达 14％，2011 年增速高达 17％；其次是保险服务、通信服务、专利权使用费和特许费、其他商业服务。2013 年增速最快的仍然是计算机和信息服务，增速为 10％；其次是通信服务和金融服务，增速为 9％；个人、文化和娱乐服务增速也较快，2013 年增速为 8％，2011 年高达 17％。

---

* 注：本章正文及图表中的统计数据，由于数据来源、有效数字处理过程中产生误差等，出现了各分项之和不等于 100％的情况，但不影响对总体态势的把握和理解。特此说明。

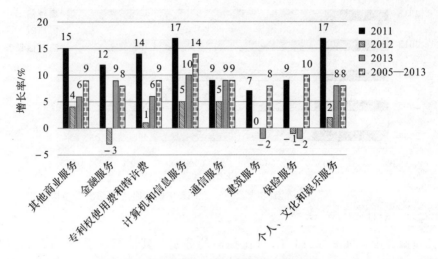

图 8-5　其他服务中各部门出口增长率

资料来源：World Trade Report 2014。

注：制图时缺省了"政府服务"。

（二）国际服务贸易进口结构

与出口结构变化相似，服务贸易进口结构也出现了结构优化的趋势。如图 8-6 所示，2000—2013 年，在服务贸易三大类统计中，其他服务占比从考察期初的 41.2% 提高到期末的 47.6%；第二大类是运输服务，占比稍有下滑，从考察期初的 28.6% 下降到期末的 26.6%；第三大类还是旅游服务，占比也下滑，从考察期初的 30.1% 下降到期末的 24.5%。

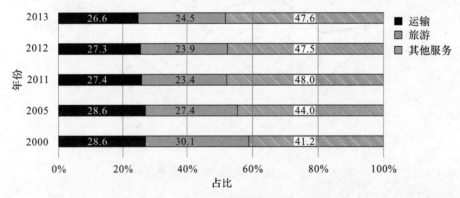

图 8-6　2000—2013 年国际服务贸易进口结构变化

资料来源：WTO。

三、国际服务贸易的国家分布

国际服务贸易发展不平衡。发达国家（地区）和前 20 个国家（地区）占国际服务贸易出口的 70% 以上。近十年来，发展中国家（地区）和新兴经济体在出口中的占比扩大，稍微缓解了服务贸易发展的不平衡。

1. 前十国（地区）在国际服务贸易总体规模中的占比接近一半

根据 2014 年 WTO 公布的数据，2013 年国际服务贸易进出口总额 9.025 万亿美元，前十大贸易国（地区）几乎占服务贸易规模的一半（49.55%）。美国、德国、中国内地是全球三大服务贸易国。美国是第一大服务贸易国，2013 年服务贸易进出口总额突破 1 万亿美元大关，为 1.094 万亿美元，全球占比 12.12%。德国在当时是全球第二大服务贸易国，进出口总额为 6030 亿美元，全球占比 6.68%。中国内地在当时是全球第三大服务贸易国，进出口总额为 5340 亿美元，全球占比 5.92%。其他四到十名的国家分别是，英国、法国、日本、印度、荷兰、新加坡、爱尔兰。详见表 8-1。

表 8-1　2013 年主要国家（地区）国际服务贸易规模　　单位：10 亿美元

排序	出口国（地区）	出口额	占比/%	进口国（地区）	进口额	占比/%	国家（地区）	服务贸易总额	占比/%	差额
1	美国	662	14.25	美国	432	9.86	美国	1094	12.12	230
2	英国	293	6.31	中国内地	329	7.51	德国	603	6.68	−31
3	德国	286	6.16	德国	317	7.24	中国内地	534	5.92	−124
4	法国	236	5.08	法国	189	4.32	英国	467	5.17	119
5	中国内地	205	4.41	英国	174	3.97	法国	425	4.71	47
6	印度	151	3.25	日本	162	3.70	日本	307	3.40	−17
7	荷兰	147	3.16	新加坡	128	2.92	印度	276	3.06	26
8	日本	145	3.12	荷兰	127	2.90	荷兰	274	3.04	20
9	西班牙	145	3.12	印度	125	2.85	新加坡	250	2.77	−6
10	中国香港特区	133	2.86	俄罗斯	123	2.81	爱尔兰	242	2.68	6
11	爱尔兰	124	2.67	爱尔兰	118	2.70	西班牙	237	2.63	53
12	新加坡	122	2.63	意大利	107	2.44	韩国	218	2.42	6
13	韩国	112	2.41	韩国	106	2.42	意大利	217	2.40	3
14	意大利	110	2.37	加拿大	105	2.40	比利时	204	2.26	8
15	比利时	106	2.28	比利时	98	2.24	中国香港特区	193	2.14	73
16	瑞士	93	2.00	西班牙	92	2.10	加拿大	183	2.03	−27
17	加拿大	78	1.68	巴西	83	1.90	瑞士	146	1.62	40
18	卢森堡	77	1.66	阿联酋	70	1.60	瑞典	132	1.46	18
19	瑞典	75	1.61	澳大利亚	62	1.42	丹麦	130	1.44	10
20	丹麦	70	1.51	丹麦	60	1.37	卢森堡	123	1.36	31
	世界	4645	72.54	世界	4380	68.67	世界	9025	69.31	

2. 发达国家(地区)是国际服务贸易的出口主体,但发展中国家已经成为国际服务贸易出口的新生力量

(1)国际服务贸易出口以发达国家(地区)为主,在服务贸易中出口占比最高。2009年世界金融危机前,一直占国际服务贸易出口的70%以上。金融危机后,发展中国家和新兴经济体出口增速加快,2013年发展中国家已经占国际服务贸易出口的30.1%,同期发达国家(地区)出口占比下降,跌破70%,为67.2%。

(2)国际服务贸易出口前十大国家(地区)以发达国家(地区)为主,但发展中国家开始跻身全球服务贸易出口大国行列。2003—2013年,全球前十大服务贸易出口国(地区)中,发达国家(地区)一直占主导。2003年中国内地虽然进入了国际服务贸易出口国(地区)前十位的行列,但在全球出口份额中仅占2.6%,8个发达国家占比超过50%。2013年国际服务贸易出口前十位的国家(地区)中,发达国家占比明显下降,由2003年的51.6%(8个国家)下降到2013年的41.3%(7个国家),发展中国家(地区)中,中国内地与印度的占比提高,由2003年的2.6%提高到了2013年的7.6%。详见表8-2。

表8-2　2003年、2013年发达国家(地区)与发展中国家(地区)
在国际服务贸易出口国(地区)前十位占比的变化

排序	2003年		2013年	
	国家(地区)	占比/%	国家(地区)	占比/%
1	美国	16.1	美国	14.3
2	英国	8.0	英国	6.3
3	德国	6.4	德国	6.2
4	法国	5.5	法国	5.1
5	西班牙	4.2	中国内地	4.4
6	意大利	4.0	印度	3.2
7	日本	3.9	荷兰	3.2
8	荷兰	3.5	日本	3.1
9	中国内地	2.6	西班牙	3.1
10	中国香港特区	2.5	中国香港特区	2.9
	合计	56.7	合计	51.8

资料来源:WTO。

(3)随着发展中国家在国际服务贸易出口中占比的扩大,发展中国家已经成为服务贸易出口市场中的重要力量。发展中国家在服务贸易出口中全球占比最高的是旅游服务。五大全球占比最高产业分别是:旅游服务(40.23%)、建筑服务(39.92%)、运输服务(32.62%)、其他商业服务(29.64%)、计算机和信息服务(29.14%)。

3.重点产业分布也出现了由发达国家占据主导优势地位向以发达国家为主但发展中国家优势逐渐凸显的趋势

(1)旅游服务。2013 年全球旅游服务十五大出口国(地区)出口总额为 9400 亿美元,占全球旅游服务出口的 79.6%。欧盟(28 国)、美国、中国(含澳门和内地)是全球三大旅游服务出口国,分别占全球份额的 34.1%、14.6%和 8.8%。同年,出口增速最快的是泰国(24%)、中国澳门特区和中国香港特区(18%)。

2013 年,全球旅游服务十五大进口国进口总额为 8800 亿美元,占全球旅游服务进口的 82.0%。三大旅游服务进口国分别是欧盟(28 国)、中国和美国,占全球份额分别为 33.2%、12.9%和 9.0%。同年,进口增速最快的分别是中国(26%)、俄罗斯(25%)、阿联酋(17%)、巴西(13%)。

(2)运输服务。2013 年全球运输服务十五大出口国出口总额为 7750 亿美元,占全球运输服务出口的 85.6%。欧盟(28 国)、美国、新加坡是全球三大运输服务出口国,分别占全球份额的 43.4%、9.5%和 4.9%。全球出口增速最快的是俄罗斯(8%)。

2013 年,全球运输服务十五大进口国进口总额为 8990 亿美元,占全球运输服务进口的 76.3%。三大运输服务进口国分别是欧盟(28 国)、美国和中国,占全球份额分别为 30.0%、8.2%和 8.1%。同年,进口增速最快的分别是阿联酋(11%)、中国(10%)。

(3)金融服务。2013 年全球金融服务十大出口国出口总额为 3125 亿美元。欧盟(28 国)、美国、新加坡是全球三大金融服务出口国,分别占十大金融服务出口国总额的 51.1%、26.8%和 5.8%。全球出口增速最快的是印度(16%)、韩国(13%)、新加坡(12%)、美国(10%)。

2013 年,全球金融服务十大进口国进口总额为 1230 亿美元。欧盟(28 国)、美国、印度是全球三大金融服务进口国,分别占十大金融服务进口国总额的 61.4%、15.2%和 4.5%。全球进口增速最快的是中国(91%)、新加坡(22%)、挪威(17%)、印度(14%)、日本(12%)、美国(10%)。

(4)计算机和信息服务。2013 年全球计算机和信息服务十大出口国出口总额为 2616 亿美元。欧盟(28 国)、印度、美国是全球三大计算机和信息服务出口国,分别占全球份额的 51.1%、26.8%和 5.8%。全球出口增速最快的是俄罗斯(25%)、欧盟(28 国)(13%)、菲律宾(11%)、哥斯达黎加(10%)。

2013 年,全球计算机和信息服务十大进口国进口总额为 1311 亿美元。欧盟(28 国)、美国、日本是全球三大计算机和信息服务进口国,分别占十大进口国总额的 58.0%、20.1%和 3.8%。全球进口金额增速最快的是中国(55%)、俄罗斯(24%)、澳大利亚(12%)、日本(11%)、欧盟(10%)、巴西(10%)。

四、国际服务贸易的地理分布

(一)国际服务贸易规模的区域分布

亚洲的崛起正改变欧洲在全球服务贸易进出口的绝对优势。

1. 出口区域分布

2005—2013 年,国际服务贸易出口额从 2.42 万亿美元提高到了 4.65 万亿美元。在欧洲、亚洲、北美、中南美、非洲、中东、独联体七个地理单元中,除非洲由 2005 年的第五位降为 2013 年的第七位外,服务贸易出口区域分布的整体结构没有大的变化,欧洲、亚洲仍然是全球第一和第二大服务贸易出口区域。其他依次是北美、中南美、中东和独联体。

近十多年的发展中,全球不同区域服务贸易出口增速的变化导致其在国际服务贸易出口中的占比发生了明显的变化。如图 8-7 所示,从 2005—2013 年出口平均增速看,原独联体区域国家(14%)和亚洲(11%)高于世界平均增速(8%),其在国际服务贸易出口中的占比也在上升。全球占比中,升幅最大的亚洲由 2005 年的 22.5% 提高到了 2013 年的 26.2%,独联体由 2005 年的 1.7% 提高到了 2013 年的 2.5%。欧洲(7%)、北美(7%)和非洲(6%)增速低于世界平均水平,其在全球服务贸易中占比也在下降。下降最大的是欧洲,由 2005 年的 51.0% 降到 2013 年的 47.2%。

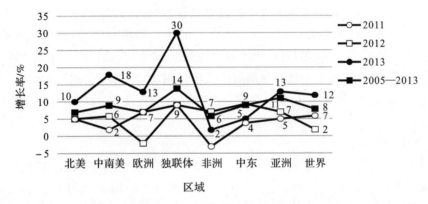

图 8-7 2005—2013 年国际服务贸易出口区域增长率

注:苏联解体后,俄罗斯跟大陆接壤的原独联体国家之间的贸易仍然保持频繁,这也是俄罗斯这个国家外贸领域的一个特征。有一些 WTO 的统计出于传统以保持数据口径延续等原因,统计表中仍然用了这个词,后来也就习惯成自然了。

2. 进口区域分布

2005—2013 年,国际服务贸易进口额从 2.36 万亿美元提高到了 4.38 万亿美元。除非洲由 2005 年的第六位降为 2013 年的第七位外,服务贸易进口区域分布的整体结构没有大的变化,欧洲、亚洲仍然是全球第一和第二大服务贸易进口区域。其他依次是北美、中东、中南美、原独联体区域和非洲。

近十多年的发展中,不同区域服务贸易进口增速的变化推动了其在国际服务贸易进口中占比的变化。如图 8-8 所示,从 2005—2013 年进口平均增速看,中南美(14%)、原独联体区域(14%)、中东(12%)、非洲(11%)和亚洲(10%)高于世界平均增速(8%),其在国际服务贸易进口占比明显提高。亚洲由 2005 年的 25.2% 提高到了 2013 年的 28.1%,中东由 2005 年的 3.3% 提高到了 2013 年的 5.7%。欧洲(6%)、北美(6%)增速低于世界平均水平,其在全球服务贸易中占比由 2005 年的 47.3%、15.7%降到 2013 年的 41.0%、12.9%。

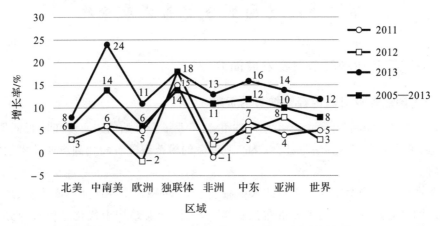

图 8-8　2005—2013 年国际服务贸易进口区域增长率

(二)国际服务贸易产业的区域分布

欧洲、亚洲、北美在旅游、运输、金融、计算机与信息技术、建筑五大服务产业中最具优势。其中,欧洲在金融、计算机与信息技术服务出口中最具优势,占比超过全球一半以上,分别为 53.7%、57.4%。

但在五大产业中,不同地域所具有的相对优势各不相同。亚洲和独联体的相对优势是建筑,北美最具优势的是金融,中南美、中东、非洲最具优势的是旅游。详见图 8-9。

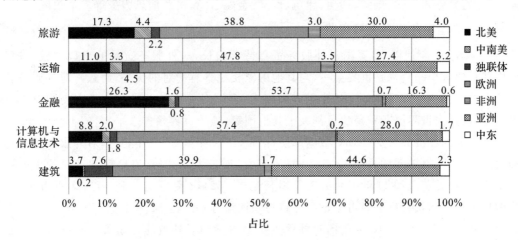

图 8-9　2013 年国际服务贸易出口产业的地区分布

第二节　美国服务贸易发展概况

一、美国服务业和服务贸易发展简介

(一)美国服务业对国内经济增长的贡献

美国现代产业体系的建立经历了从 19 世纪工业革命开始的二百多年漫长的历史,从农业社会、工业社会转变到信息社会,从产业革命的模范跟随者转变到产业技术发展方向的主导者。

美国产业结构升级主要是由新技术革命催生的,表现为主导产业不断更替、产业技术不断创新的动态过程。依据主要革新技术类别,美国产业结构现代化进程可划分为工业化起飞阶段、工业化实现的初期、工业化后期和信息经济时代的再工业化四个阶段。

服务业在美国经济中具有举足轻重的地位,现已经成为驱动美国经济发展的支柱力量。服务业产值占国内总产值的比重(当年价格)在 1980 年是 69.87%,1990 年是 76.28%,1997 年是 78.20%,2008 年是 81.00%。按就业人口占全国总就业人口的比重来说,1980 年是 67.27%,1990 年是 72.17%,1997 年是 74.34%,2008 年是 77.03%。其在三大产业中的比重处于绝对优势。依靠科技进步推动产业结构升级以及积极的政府干预,美国成为世界头号服务贸易强国。近年来,美国的服务业尤其是现代服务业发展迅速,服务贸易涵盖运输、旅游、通信、建筑、保险、金融、计算机及信息服务等多个领域。

(二)美国服务贸易发展现状

20 世纪 80 年代以来,美国对外服务贸易持续增长,对外服务贸易的出口规模、进口规模和总体规模一直都是世界第一,与其他国家相比具有绝对的优势,而且其对外服务贸易总量整体上也呈上升趋势。从比重方面来看,美国对外服务贸易无论是占美国对外贸易比重,还是占世界服务贸易比重都大于其他国家,处于世界领先水平。

根据美国经济分析局(BEA)数据库统计,从 1992 年至 2016 年,美国对外服务贸易总额由 296817 百万美元增长到 1255459 百万美元,增长了 3.2 倍,出口额和进口额也分别由 177251 百万美元和 119566 百万美元增长到了 752412 百万美元和 503047 百万美元,均增长了 3.2 倍,出口、进口占全球服务贸易额比重分别高达 14%、10%。

表 8-3 为 1992—2016 年美国对外服务贸易占美国对外贸易比重表。从美国对外服务贸易比重来看,其整体比重始终保持在 20% 以上,出口比重更是保持在 27% 以上。这一数字虽然低于新西兰、英国、法国等发达国家,但仍旧遥遥领先于中国等诸多发展中国家,处于世界较高水平。就其变化趋势来看,虽然 2000 年之前美国对外服务贸易的整体比重和出口比重都呈下降趋势,并在 2000—2008 年间一直处于较低的水平,但是在 2008 年金融危机之后,服务贸易显示出其应对全球宏观经济动荡具有更大弹性的优势,使得其整体比重和出口比重于 2009 年分别达到 25.34% 和 32.39%,均创历史新高。虽然之后

在 2010 年和 2011 年有所下降,但是 2012 年以来开始强劲反弹,无论是整体比重还是出口比重一直保持较快的增长速度。以上分析说明,美国对外服务贸易在本国的对外贸易中占有的比重较高,尤其是出口比重,而且由于服务贸易的波动性小于商品贸易,且其应对全球宏观经济动荡具有更大弹性,因此其在美国对外贸易中发挥的作用日益重要,所占的比重也快速提高。

表 8-3　1992—2016 年美国对外服务贸易占美国对外贸易比重　　单位:百万美元

年份	总量占比			出口占比		
	对外服务贸易总额	对外贸易总额	比重/%	对外服务贸易出口额	对外贸易出口额	比重/%
1992	296817	1272976	23.32	177251	616882	28.73
1993	309700	1356037	22.84	185920	642863	28.92
1994	333452	1505001	22.16	200395	703254	28.50
1995	360580	1685158	21.40	219183	794387	27.59
1996	392043	1807269	21.69	239489	851602	28.12
1997	422019	1977179	21.34	256087	934453	27.41
1998	443435	2032488	21.82	262758	933174	28.16
1999	464236	2198352	21.12	271343	969867	27.98
2000	506496	2523158	20.07	290381	1075321	27.00
2001	487788	2372819	20.56	274323	1005654	27.28
2002	505049	2376366	21.25	280670	978706	28.68
2003	532191	2534726	21.00	289972	1020418	28.42
2004	621049	2932982	21.17	337966	1161549	29.10
2005	677454	3286289	20.61	373006	1286022	29.00
2006	757903	3677000	20.61	416738	1457642	28.59
2007	860971	4012470	21.46	488396	1653548	29.54
2008	941869	4391951	21.45	532817	1841612	28.93
2009	899523	3549880	25.34	512722	1583053	32.39
2010	972646	4201869	23.15	563333	1853606	30.39
2011	1063542	4802667	22.14	627781	2127021	29.51
2012	1108424	4974751	22.28	656411	2218989	29.58
2013	1162542	5048791	23.03	701455	2293457	30.59
2014	1224521	5243331	23.35	743257	2376577	31.27
2015	1239517	5022688	24.68	750860	2261163	33.21
2016	1255459	4924718	25.49	752412	2212079	34.01

资料来源:美国经济分析局数据库。

二、美国服务贸易结构

在分析美国对外服务贸易结构时,主要从其部门结构和国别结构两个方面进行分析。其中在对其部门结构进行分析的过程中,采用的是美国经济分析局的最新相关数据,因此在对服务贸易部门进行划分时也按照美国经济分析局的部门分类进行,将对外服务贸易部门划分为维修与保养服务、运输服务、旅游服务、保险服务、金融服务、专利与特许费、其他商业服务、政府服务,以及通信、计算机与信息服务九个部门。

(一)贸易部门结构

1. 出口结构

表 8-4 是 2016 年美国对外服务贸易出口比重数据。从表中可以看出,美国对外服务贸易三大主要出口部门是旅游服务、其他商业服务和专利与特许费服务,三者总共占比 62.42%,其次是金融服务和运输服务,分别占比 12.86% 和 11.25%,通信、计算机与信息服务占比 4.95%,维修与保养服务、政府服务和保险服务比重较小,总共只占8.52%。总结来说,美国传统服务贸易占比 38.74%,现代服务贸易占比 61.26%,对外服务贸易出口结构合理。根据国家竞争优势理论和要素禀赋理论,美国出口结构的形成与其本身的要素禀赋和要素条件密不可分。得天独厚的地理环境和旅游资源等初级要素促进了美国的旅游和运输等传统服务部门的出口;而发达的知识经济、丰富的资本积累以及完善的教育体系等高级要素促进了美国金融服务、专利与特许费服务等现代服务部门的出口。

表 8-4　2016 年美国对外服务贸易各部门出口比重

贸易部门	比重/%	贸易部门	比重/%
维修与保养服务	3.52	专利与特许费服务	16.24
运输服务	11.25	通信、计算机与信息服务	4.95
旅游服务	27.49	其他商业服务	18.69
保险服务	2.36	政府服务	2.64
金融服务	12.86		

资料来源:美国经济分析局数据库。

旅游服务在美国对外服务贸易出口结构中虽然一直占据主导地位,但是比重整体下降;运输服务由第二大出口部门降到第五位,下降最为明显;其他商业服务取代运输服务成为第二大出口部门,且仍旧保持着上升趋势;专利与特许费服务整体波动不大,1999—2007 年间保持上升,但 2008 年金融危机之后,尤其是 2011 年以来有所下降;金融服务虽然近几年呈现下降趋势,但是整体上升幅度最大,增加了 5.70 个百分点;通信、计算机与信息服务一直在 4% 到 5% 之间小幅度波动变化,并于 2014 年开始持续增长;保险服务在增长到 2009 年的 2.84% 之后,随着再保险的发展转为下降;政府服务也在增长到 2006 年的 4.61% 后开始下降,但是维修与保养服务整体比重增加了 2.51 个百分点。总而言之,美国以高级要素为依托的现代化服务部门出口增加了,以初级要素为依托的传统服务部门出口减少,这些结构变化完全符合竞争优势理论中所提到的国家经济发展四个阶段,即生产要素导向阶段、投资导向阶段、创新导向阶段和富裕导向阶段。以上分析说明,美国对外服务贸易出口结构合理并日趋完善,其发展方向与全球服务贸易出口结构发展大方向基本保持一致,即传统服务贸易比重减小,现代服务贸易比重增加;劳动密集型服务贸易比重减少,资本和知识密集型服务贸易比重增加。

2. 进口结构

表 8-5 是 2016 年美国对外服务贸易进口比重数据。旅游服务仍旧是第一大进口部门,但比重整体下降,在 2013 年开始又有所回升;其他商业服务取代运输服务,成为第二大进口部门,整体呈现上升趋势;运输服务则整体下降了,尤其是在金融危机之后的 2009 年更是直线下降 3.95 个百分点,虽然之后有所回升,但是整体水平下降了;保险服务在上升到 2009 年的 16.49% 之后下降;政府服务也在增长到 2004 年的 9.29% 之后开始下降,整体比重也降低了;维修与保养服务比重整体上升,而金融服务、专利与特许费服务以及通信、计算机与信息服务三个部门变化不大。整体来看,美国服务贸易进口结构中现代服务贸易比重增加,传统服务贸易比重减少,这主要是因为其他国家(地区)服务业的发展及服务部门结构的完善,其变化趋势符合世界服务贸易的发展趋势。

表 8-5　2016 年美国对外服务贸易各部门进口比重

贸易部门	比重/%	贸易部门	比重/%
维修与保养服务	1.73	专利与特许费服务	8.49
运输服务	19.32	通信、计算机与信息服务	7.46
旅游服务	24.16	其他商业服务	20.01
保险服务	9.62	政府服务	4.19
金融服务	5.02		

资料来源:美国经济分析局数据库。

(二)贸易国别结构

从表 8-6 可以看出,2016 年美国对外服务贸易进、出口都以发达国家为主。出口排名前十的国家中有英国、加拿大、日本、瑞士、德国五个发达国家,进口前十名国家中更是包括了英国、德国、日本、加拿大、瑞士、法国和百慕大七个发达国家,发达国家在其进、出口总额中所占的比重更是高达 42.09% 和 30.43%。但是同时,美国进、出口国家又比较广泛。从地域分布上看,既有美洲国家,又有欧洲国家和亚洲国家;从经济发展水平来看,既有发达国家,又有中等收入国家和发展中国家。而且根据美国经济分析局有关其对外服务贸易进、出口国家(地区)及其进、出口额的最新趋势分析,美国对亚洲国家及发展中国家的进、出口规模扩大,对欧洲及其他发达国家进、出口规模减小。

表 8-6   2016 年美国对外服务贸易进、出口国(地区)别结构   单位:百万美元

贸易对象	服务出口额	比重/%	贸易对象	服务进口额	比重/%
世界	750860	100.00	世界	488657	100.00
出口前十国家出口总额	415936	55.39	进口前十国家进口总额	268213	54.88
英国	66930	8.91	英国	52891	10.82
加拿大	56436	7.52	德国	31668	6.48
中国	48444	6.45	日本	29411	6.02
日本	44315	5.90	加拿大	28992	5.93
爱尔兰	41909	5.58	百慕大	25051	5.13
加勒比国家联盟	37373	4.98	印度	24693	5.05
墨西哥	31509	4.20	墨西哥	21930	4.49
瑞士	31112	4.14	瑞士	21323	4.36
德国	29762	3.96	法国	16372	3.35
巴西	28146	3.75	爱尔兰	15882	3.25
其他国家(地区)	334924	44.61	其他国家(地区)	220444	45.12

资料来源:美国经济分析局数据库。

以上分析说明,美国对外服务贸易进出口以发达国家为主,同时又在地域上和经济发展水平上分布比较广泛,具有市场多元化特点,而且其合作领域正在向亚洲国家及发展中国家进一步扩展。

(三)美国对外服务贸易国际收支

美国对外服务贸易始终处于贸易顺差状态,而且顺差规模整体扩大。从 1992 年的 57685 百万美元扩大到了 2016 年的 262203 百万美元,足足增长了 3.5 倍。美国对外服务贸易长期顺差一方面是美国发达的服务业和知识经济使美国对外服务贸易在国际竞争中形成了比较优势,另一方面也得益于美国政府在政策措施上的大力支持。随着世界服务贸易多极化的发展,美国对外服务贸易的一些比较优势会逐渐消失,贸易顺差也可能会有所降低。

三、美国服务贸易特征

(一)美国对外服务贸易规模大比重高

一直以来,美国由于服务业发达,政府政策扶持力度大,知识、技术等高级要素充裕,

以及很好地把握住了第三次科学技术革命的良好机会,其对外服务贸易的整体规模、出口规模和进口规模都始终排名世界第一。同时,美国对外服务贸易的国内比重和国外比重也均维持在20%以上,处于世界领先水平,且两者都呈现出上升趋势。

(二)美国对外服务贸易结构合理

美国对外服务贸易出口结构中,传统服务贸易占比38.74%,现代服务贸易占比61.26%,整体出口结构合理。而且从发展进程上来看,其传统服务贸易比重减小,现代服务贸易比重增加;劳动密集型服务贸易比重减少,资本和知识密集型服务贸易比重增加,这符合对外服务贸易出口结构优化规律。虽然美国对外服务贸易进口结构中,现代服务贸易比重大于传统服务贸易,但原因是其保险服务进口中90%以上属于再保险,这也是导致美国保险服务贸易巨额逆差的主要原因。因此美国进口主要集中在低附加值的劳动密集型服务部门,其次是资本密集型服务部门,高附加值的知识密集型服务比重较低,对外服务贸易进口结构也比较合理。从其变化趋势来看,其进口结构中现代服务贸易比重增加,传统服务贸易比重减少,这也是因为其他国家(地区)服务业的发展及服务部门结构的完善,其变化趋势也与世界服务贸易多极化的发展趋势相符合。

(三)服务贸易对象以发达国家为主,同时又市场多元化

美国对外服务贸易进、出口排名前十的国家中分别有5个和7个发达国家,而且在其进、出口贸易总额中所占的比重也分别达到了42.09%和30.43%,这说明美国对外服务贸易对象以发达国家为主。但是同时,美国对外服务贸易市场又具有多元化的特点,其合作对象中既有美洲国家,又有欧洲国家和亚洲国家;既有发达国家,又有中等收入国家和发展中国家,而且其目标市场正朝着更加多元化的方向发展。

(四)服务贸易国际收支始终保持顺差状态

无论是在美国独树一帜的20世纪还是在全球服务贸易多极化发展的21世纪,美国对外服务贸易始终处于顺差状态,而且顺差规模从1992年的57685百万美元扩大到了2016年的262203百万美元,增长了3.5倍。这一方面是因为美国把握住第三次科学技术革命的大好机会,大力发展知识经济和服务业,从而为其服务贸易竞争确立优势地位,另一方面也得益于美国政府在政策措施上的大力支持,在刺激服务贸易出口的同时适度限制服务贸易进口,从而使美国长期处于服务贸易顺差状态。

(五)呈现规模增长速度放缓、顺差规模减小的新态势

首先,全球服务贸易环境的变化、美国对外服务贸易主要合作伙伴进出口变化,以及美国自身服务贸易进出口变化等综合因素导致美国对外服务贸易增速放缓。2014年以来,国际服务贸易在持续缓慢增长之后开始恶化,美国服务贸易主要出口国家的服务贸易进口额以及主要进口国家的出口额大都呈现出下降及增长速度放缓的趋势,而美国对外服务贸易弹性较大,对这些变化反应比较敏感,再加上美国大部分服务贸易部门从2014年开始出口减少,进口增加,所以美国对外服务贸易呈现出增长速度放缓的趋势。其次,随着国际服务贸易多极化发展以及其他国家的服务贸易不断发展,美国对外服务贸易的一些传统优势逐渐丧失,导致其服务进口增加,出口增长速度放缓,从而使其呈现出顺差减小的新态势。

第三节　中国服务贸易的发展与展望

一、中国服务贸易总体情况与特点

2014年,中国服务进出口总额6043.4亿美元,比2013年增长12.6%,见图8-10,增速远高于全球服务贸易4.7%的平均水平。其中,服务出口2222.1亿美元,增长7.6%;服务进口3821.3亿美元,增长15.8%。服务贸易逆差扩大至1599.3亿美元。据世界贸易组织(WTO)最新统计,2014年中国服务出口额与进口额的全球占比分别为4.6%和8.1%,位居全球第五位和第二位。

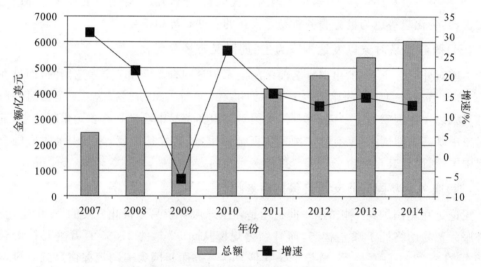

图8-10　2007—2014年中国贸易进出口总额及增速

资料来源:中国商务部服务贸易和商贸服务业司。

(一)服务贸易占对外贸易总额的比重持续上升

随着中国经济结构转型的升级,服务业规模不断扩大,带动服务贸易进入快速发展期,服务进出口额从2007年的2509亿美元攀升至2014年的6043.4亿美元,7年时间里增长了1.4倍。"十二五"以来,中国服务贸易在对外贸易总额(货物和服务进出口额之和)中的比重持续上升。2014年,中国服务贸易增速高出货物贸易增速10.3个百分点,服务贸易占对外贸易总额的比重达12.3%,比2013年提高0.8个百分点。见图8-11。

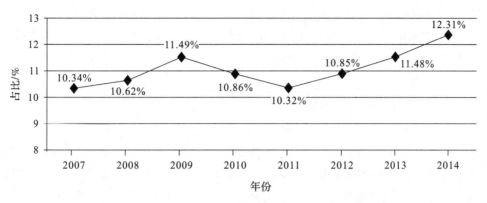

图 8-11　2007—2014 年中国服务贸易占对外贸易总额比重

资料来源:中国商务部服务贸易和商贸服务业司。

(二)服务贸易逆差进一步扩大

2014 年,中国服务贸易逆差 1599.3 亿美元,同比增长 35%,见图 8-12。其中旅游贸易逆差为 1078.9 亿美元,大幅增长 40.3%,占服务贸易逆差总额的 67.5%,是服务贸易逆差的最大来源。其次是运输服务、专有权利使用费和特许费逆差额分别为 579.0 亿美元、219.7 亿美元,均比 2013 年略有增长。保险服务逆差 179.4 亿美元,比 2013 年小幅缩窄。

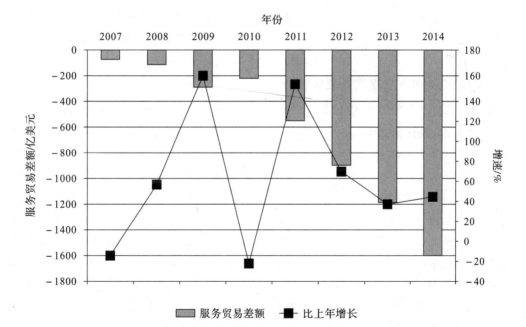

图 8-12　2007—2014 年中国服务贸易差额变动情况

资料来源:中国商务部服务贸易和商贸服务业司。

2014 年,中国加工服务顺差为 212.7 亿美元,是顺差最大的服务贸易项目。咨询、建筑服务顺差均突破 100 亿美元,分别为 166.0 亿美元和 104.9 亿美元。计算机和信息服务、其他商业服务分别实现 98.6 亿美元和 97.4 亿美元的顺差,广告宣传实现了 12.0 亿美元的小额顺差。

(三)传统服务进出口仍占据服务贸易的过半江山

2014 年,中国三大传统服务(旅游、运输服务和建筑服务)进出口合计 3765.5 亿美元,占服务贸易总额的 62.3%。三大服务出口合计增长 10.7%,占服务出口总额的 50.4%。其中,旅游出口增长 10.2%,占服务出口总额的比重为 25.6%,仍居各类服务之首;运输服务出口同比微增 1.7%,占比降至 17.7%,位居第二;建筑服务出口实现了 44.6% 的强劲增长,占比上升至 7.1%。受中国居民"出境游"持续升温的影响,旅游服务进口增长 28.2%。建筑服务进口增幅也达到 26.7%。

(四)高附加值新兴服务进出口增长迅猛

2014 年,中国高附加值服务进出口快速增长,金融服务、通信服务、计算机和信息服务进出口增速分别达到 59.5%、24.6%、25.4%。其中金融服务出口大幅增长 57.8%,达 46.0 亿美元;计算机和信息服务出口增长 19.0%,达 183.6 亿美元。咨询服务出口增长 5.8%,达 429.0 亿美元,占服务出口的比重为 19.8%,仅次于旅游出口;电影音像出口增长 22.3%,金额为 1.8 亿美元。金融服务、计算机和信息服务、通信服务、广告宣传进口分别增长 61.0%、42.0%、40.7% 和 21.2%。高附加值服务进出口的快速增长为资本技术密集型企业发展提供了助力,推动了中国经济转型升级。

(五)服务外包产业发展成效显著

据商务部统计,2014 年中国承接服务外包合同金额首次超过 1000 亿美元,达到 1072.1 亿美元,执行金额 813.4 亿美元,同比分别增长 12.2% 和 27.4%。其中承接离岸合同金额 718.3 亿美元,执行金额 559.2 亿美元,同比分别增长 15.1% 和 23.1%。云计算、大数据、移动互联等技术快速普及应用,推动中国服务外包产业向价值链高端延伸。离岸知识流程外包业务达 186.7 亿美元,占离岸执行总额的比重为 33.4%。离岸服务外包市场多元化趋势日益显现,逐渐从美欧日和中国香港特区等传统市场拓展至东南亚、大洋洲、中东、拉美和非洲等近 200 个国家和地区。2014 年,中国内地承接美国、欧盟、中国香港特区和日本的离岸服务外包执行金额合计 346.5 亿美元,占执行总额的 62%,比 2013 年同期下降 2.9 个百分点。与此同时,中国与"一带一路"沿线国家服务外包合作快速发展,承接"一带一路"沿线国家服务外包合同金额和执行金额分别为 125.0 亿美元和 98.4 亿美元,同比分别增长 25.2% 和 36.3%,均远高于总体增速。

二、中国服务贸易发展展望

(一)外部环境复杂多变

当前世界经济低速增长,国际贸易发展环境仍不稳定,一定程度上拖累了服务贸易的发展。但全球金融市场交易活跃,与服务业相关的跨国并购快速反弹,部分领域服务贸易发展前景看好。

1. 全球服务需求总体疲软

发达经济体中,美国经济复苏态势较好,欧元区与日本经济复苏动力不足,商品和服务需求下滑。新兴经济体和发展中国家经济增速总体持续回落,服务市场快速增长的态势有所放缓。特别是全球货物贸易持续低增长,全球航运市场深陷低迷,与之密切相关的运输、保险等服务回升乏力。

2. 与服务业相关的跨国投资有所反弹

随着全球化的深入发展,国际服务贸易从传统的劳动密集型向知识技术密集型升级、从跨境交付为主向商业存在为主转型,服务领域跨国投资占全球跨国投资的近 2/3。据联合国贸发会议统计,2014 年全球跨国直接投资下降 8%,但跨境并购达 3840 亿美元,增长 19%,创 2011 年以来新高,金融、通信、媒体等服务行业跨境并购表现强劲。服务业跨境并购快速发展,有望带动金融、通信、信息技术与计算机服务、咨询等跨境服务交易趋于活跃。

(二)国内环境不断优化

中国经济发展进入新常态,服务业在经济增长中的地位和作用明显提升,国家支持服务贸易发展的政策体系日趋完善,服务贸易促进平台功能增强,为服务贸易发展创造了良好的条件。

1. 服务业稳步发展为服务贸易奠定坚实基础

随着经济结构调整步伐加快,服务业在中国经济居于越来越重要的地位。2014 年,中国服务业增加值占国内生产总值的比重达到 48.2%,超过第二产业 5.6 个百分点。与此同时,服务业自身也在快速转型升级,以互联网信息技术为代表的新技术、新业态、新商业模式不断涌现,服务智能化、专业化成为产业组织新特征,新型服务业面临难得的历史发展机遇。在服务业发展的带动下,近年来,服务贸易增速远远高于货物贸易增速,服务贸易正逐步成为中国外贸增长的新亮点。

2. 支持服务贸易发展的政策体系逐步完善

近年来,中国政府积极扩大服务业开放,不断创新支持服务贸易的政策措施,对服务贸易发展起到了有力的促进作用。2012 年以来,我国政府相继出台了《服务贸易"十二五"发展规划纲要》和《中国国际服务外包产业发展规划纲要(2011—2015)》,初步形成了系统、全面的服务贸易规划体系。最近一段时期,国家支持服务贸易发展的政策力度明显加大。2014 年 3 月,国务院发布《关于加快发展对外文化贸易的意见》;12 月,发布《关于促进服务外包产业加快发展的意见》;2015 年 1 月,发布《关于加快发展服务贸易的若干意见》。随着这些政策逐步落实、效果开始显现,未来一段时期服务贸易将迎来黄金发展期。

3. 服务贸易促进平台功能不断增强

截至 2014 年,中国(北京)国际服务贸易交易会已连续举办 3 届,国际影响不断增强,对中国服务贸易发展起到了重要的宣传、推动作用。中国(上海)国际技术进出口交易会、大连软交会、深圳文博会、中国(香港)服洽会、中韩技术展等一批国际服务贸易展会运转良好,为促进中外企业开展服务贸易交流合作发挥了积极的作用。上海自由贸易试验区在2013年提出23条服务业扩大开放措施的基础上,2014年又提出14条服务业扩大开放措施,涉及金融服务、航运服务、商贸服务、专业服务、文化服务、社会服务六大领域;广东、天津、福建自由贸易试验区试点方案也包括不少服务业开放的举措。自由贸易试验区对中国服务贸易发展将起到重要的引领和促进作用。

☞　**重要概念**

　　服务贸易产业分布;服务贸易国别分布;服务贸易地理分布

☞　**思考题**

　　1.试论述国际服务贸易在全球服务贸易中的地位。

　　2.试析国际服务贸易的产业分布特点。

　　3.试析国际服务贸易的国家和地理分布特点。

　　4.试析主要发达国家服务贸易中最具竞争力的产业分布,思考其竞争力来源。

　　5.思考当前中国服务贸易发展中存在的问题和未来发展方向。

第九章

国际服务外包

☞ **本章提要**

　　国际服务外包作为国际分工深化发展的产物，近年来在全球范围内开展迅速。本章简要介绍国际服务外包的概念、分类，并从企业垂直非一体化的视角对服务外包进行理论剖析，重点分析国际服务外包的分类和发展趋势。

☞ **学习目标**

　　1.了解国际服务外包的概念与特征。
　　2.熟知国际服务外包理论。
　　3.掌握国际服务外包发展趋势。

☞ **引导案例**

　　20世纪90年代，印度把离岸服务外包变为一个"国家品牌"和巨大产业。这是一个自身优厚条件和历史机遇的经典组合。这一难得的机缘正是电脑的"千年虫"问题。20世纪90年代，"千年虫"问题需要把每台计算机软件中所有3个0在一起的时钟都打上补丁。工作量如此浩大，以致美国本土的工程师远不够用，在美国企业界广有人脉的印度工程师把印度国内的技术人员引入来"捉虫"。20世纪90年代，数以万计的印度工程师被派往美国紧急修复其信息技术系统，后大部分工程师留在美国。随着"千年虫"问题的解决，一大批有在线交付工作经验的印度程序员也被培养出来。这些有利条件凑在一起奠定了美国公司将IT业务外包给印度企业通过离岸外包形式进行交付的基础。21世纪初期，一些美国企业开始将原本外包给美国本土公司美国电子数据系统公司（EDS）、埃森哲、惠普（HP）和IBM的工作外包到印度，同时这四大服务公司也开始把自己的项目转移到印度。印孚瑟斯（Infosys）、塔塔咨询服务（TCS）、维布络（Wipro）和萨蒂扬（Satyam）——印度四大服务外包巨人便在这一时期建立起来。

第一节　国际服务外包概述

一、国际服务外包的概念与发展背景

（一）概念

外包（outsourcing）是英文单词"Outside Resource Using"的缩写，直译为"外部资源利用"，其实质是通过购买第三方提供的产品或服务来完成原来由企业内部完成的工作。从价值链的角度看，外包是企业将不直接创造价值的后台支持功能剥离，专注于直接创造价值的核心功能，也就是将企业的一部分内容转移出去。根据转移对象的不同，可以分为制造业外包和服务外包。转移对象是加工制造零部件、中间产品活动的，属于制造业外包；转移对象为服务活动或流程的，就是服务外包。

外包活动由来已久，但过去仅限于少数传统行业。国际服务外包的快速发展始于20世纪80年代的计算机和信息产业。近年来，随着经济全球化的加强和跨国公司的战略调整，国际服务外包发展迅速，影响广泛。

国际服务外包是本国企业将服务以商业形式发包给国外的服务提供者的经济活动，它是服务贸易的一种特殊形式。在国际服务外包模式下，本国企业将服务以商业形式发包给国外的服务提供者，或者本国企业利用国内商业存在向国外企业提供服务的经济活动，这种活动是以合同为基础的过境交付的形式进行。

服务外包的本质是企业以价值链管理为基础，将其非核心业务发包出去，以提高生产要素和资源配置效率。国际服务外包的发包方可以是企业，也可以是政府和社团组织等。外包的服务可以提供给本国市场、东道国市场或第三方市场。作为跨国公司"归核化"（refocusing）战略调整的副产品，国际服务外包为那些谋求服务业发展机会的其他国家提供了不可多得的机遇。在新一轮产业转移进程中，跨国公司则通过建立可控制的离岸中心或海外子公司向第三方提供服务，而不直接地向当地的服务提供者分包业务。这种服务向海外转移的形式被称为服务离岸，属于国际服务外包中的新现象。不特别说明，下文中谈及服务外包时指的是国际服务外包。

（二）发展背景

1.技术支持促使工业化向信息化时代转变

第三次科学技术革命使信息技术得以广泛使用，信息技术日益渗透到工业生产和日常生活的方方面面，推动了社会生产力的发展，提高了信息的利用效率，改变了人们的生活，并促进了社会经济结构的变化，服务业的产值在整个经济中所占的比重越来越大。

计算机和网络技术的广泛应用极大地缩短了地区之间的距离，使得很多从前无法异地协作或分工合作完成的工作现在可以很轻易地开展。一位英国的工程师可以通过电子邮件、视频会议、即时通信软件等技术与中国的合作伙伴进行无障碍沟通，共同进行开发活动；一个印度的年轻人可以通过视频给远在美国的学生互动进行课后辅导，帮助其完成课后的自学和复习。信息化社会既是科技革命的成果，又带来了一场经济革命。

2. 信息技术革命引发了人们工作、学习和生活方式的改变

首先，现代信息技术的应用引发了工作方式的改变。在互联网时代，许多人选择在家中等非传统意义上的工作场所办公。这样既提高了工作效率，又增加了工作乐趣。同时，计算机技术的运用减轻了人们的工作强度，提高了工作效率，从而使人们从大量繁杂的事务中解放出来，有更多的时间谋求自身的发展。

其次，现代信息技术的应用给人们的生活带来了革命性的改变。当今社会，网络成了人们生活中不可或缺的重要组成部分。例如，商店会根据顾客网上的求购信息把货物直接送到顾客家里，银行则自动完成转账支付业务。

再次，互联网作为当今社会最大的资源库、知识库，为教育提供了更大的发展空间，从而引发了一场学习革命。随着信息高速公路的发展，现代信息技术在教育领域得以广泛应用。学生可以利用网络搜集相关资料，进行自主探究学习；教师可以通过各种教学录像、电视教育和人工智能课程来指导学生学习。互联网使原先相对狭小的教育空间变成了全方位的、开放性的教育空间。

3. 信息技术革命提高了管理的效率，带来了管理模式的创新

20世纪50年代以来，市场环境发生了很大的变化，顾客需求趋于多样化和个性化，市场竞争愈发激烈，传统的大规模、大批量、单功能的生产方式已经不能适应市场发展的要求。在这种背景下，越来越多的企业意识到仅靠自身的能力难以完全掌握满足市场需求的各种知识资源。自20世纪70年代以来，以微电子技术为基础的计算机技术和通信技术发展迅速，并在各个领域得到了广泛的应用，计算机辅助设计与制造（CAD/CAM）、计算机集成制造系统（CIMS）、管理信息系统（MIS）、企业资源计划系统（ERP）等信息系统的运用提高了管理的效率，为企业间的合作提供了技术支持。自20世纪90年代以来，光纤通信技术、计算机网络技术蓬勃发展，互联网为企业创造了一种超越时间、地域的交流方式，改变了企业内部和企业之间的业务联系方式，为深层次的产品信息共享和交换提供了技术条件。计算机、通信及网络技术的发展为管理模式的改变提供了技术条件，许多新型管理模式应运而生。

4. 信息技术革命为企业的服务外包提供了技术支撑

20世纪90年代以前，跨国企业之间主要借助于电话、邮递、传真等方式进行沟通与协调，这类沟通方式具有高成本和高风险的缺点。20世纪90年代以后，互联网技术的普遍应用使全球范围内的沟通变得非常容易，它不仅使服务变得可以交易，而且大大降低了跨国企业间的交易成本和风险，从而使服务外包成为一种应用越来越广泛的贸易方式。在过去，由于互联网尚未得到广泛普及与应用，企业即使愿意将一些非核心业务外包，在选择服务提供商时，地理距离始终是一个不容忽视的因素，距离的远近不仅关系到成本的高低，有时甚至影响到服务提供的可行性。而如今，随着互联网的普及与发展，即使服务提供商远在千里之外，开展业务外包的企业通过互联网也能使服务提供商与自己的业务运作相协调。也就是说，互联网的发展扩大了企业的选择范围，使其可以打破地域限制，

选择更为理想的服务提供商。

综上所述,以电子计算机为代表的现代信息技术为服务外包的发展奠定了坚实的技术基础和强有力的技术支撑。互联网的延展性和灵活性使地理位置、自然资源对企业的约束化于无形,市场可以无限制地延伸到任何时间、任何地点,从而为服务外包跨越时空障碍提供了技术支持。现代科技成果改变了经济运行方式和企业管理模式,企业可以通过互联网进行信息的搜集、加工、传递,从而使企业间的分工与协作更为容易,而且大大降低了运营成本。

二、国际服务外包的特点

我们熟知的外包行业最早是从制造业的外包开始的。起初外包的目的就是降低成本,在全球范围内进行资源优化配置,利用各自的优势发展全球经济。如今这种特殊经营策略进入了服务行业以及各个领域。发达国家和发展中国家巨大的资源成本差距使得很多发达国家的发包商将很多工作交由各种资源价格都很低廉的国家来做。发展到今天,行业不断前进的脚步赋予了服务外包更多新的特征,同时也带来了一些新的问题。

(一)跨国公司为主导

跨国公司在扩大生产制造外包的同时,迅速扩大了服务外包的规模。它们纷纷把价值链中的加工组装环节和一些辅助性服务外包出去。跨国公司在服务外包中的主导作用主要体现在跨国公司"以世界为工厂,以各国为车间",促使服务外包不断国际化。服务外包使跨国公司内部及相互之间的贸易成为当今国际贸易的一个重要影响因子,从而大大推动了经济全球化的发展。

(二)业务流程标准化

服务外包具有强大的流程化管理和标准化运营体系。标准化在提供技术互换性、遵守相应准则和提供客户信任度方面起着重要的作用。标准化使服务外包形成规模经济和技术经济。标准化的目的是通过减少流程错误来改进经营业绩并降低成本,促进沟通,从而获取利益。标准化的合同治理促进服务外包的成功。标准化对合同工作的完整性有积极的影响,标准和透明的流程意味着高度的完整性,直接影响着服务外包的成功和客户的满意度。标准化的关系治理促进服务外包的成功。标准化促进了企业之间的沟通,企业如果使用标准的业务流程,可以更容易地达到双方一致的理解,从而促进沟通和流程的执行与改进。

(三)业务管理契约化

由于外包供应商是外部独立运作的法人实体,外包供应商和发包商的关系是合作关系,而不是行政隶属关系,也不是一般性的买卖关系,因此发包商必须与外包供应商签订长期的合同或协议。外包合同是双方合作的基础,也是维持这种合作关系的可靠凭证,它直接关系到外包的成败,故发包商必须用具有法律效力的合同来约束接包商的行为,有效地降低外包的风险。发包方通过与接包方公司的谈判,最终确定的外包合同主要包括以下方面:外包项目的业务内容、外包的价格、双方的职责、双方的权利与义务、合作的期限、项目完成进度及要求、违规条款、商业保密条款、双方沟通机制、问题处理机制和退出外包机制。

(四)白领工作转移

与制造业的转移相比,服务外包相当于发达国家白领工作岗位的转移。随着新一轮全球化产业转移浪潮的推进,大约从 2003 年起,发达国家总体上属于服务业范畴的行业开始大规模地向海外转移。其显著特征是:发达国家的白领工作即科技产业和服务业向发展中国家转移。这一趋势出现的根本原因是:跨国公司和大的金融机构为了提高其在全球的竞争力,必须最大限度地节约成本,向劳动力素质较高且劳动力成本较低的发展中国家转移具有更高附加价值的服务性工作平台。现代通信手段,特别是互联网的快速发展使白领工作向海外转移成为可能。跨国公司的全球战略布局和员工的全球化已经成为不可逆转的发展趋势。发达国家部分行业的就业岗位流失严重,同时高薪职务如工程师、金融专家等的工资水平开始逐年下降。这对产业布局也形成了直接挑战。

(五)知识密集,附加值高,低消耗,无污染,不受地域限制

服务外包属于知识密集型产业,很多业务都需要从业人员有相关的培训教育经历和丰富的实践经验,并非像制造业一样,只要对工人进行简单的技能培训就可以从事生产,因此对人力资源的要求很高。来自 IBM 公司的调查数据显示,制造业来料加工的增值部分大都只有总规模的 2%~3%,最高不超过 5%,而服务外包的增值几乎是 100%。显而易见,服务外包具有高附加值性特征。服务外包不用进行实物生产,多数是依赖 IT 设备,对于资源的消耗比制造业低了很多,也没有废弃物的排放,是非常环保的产业。服务外包的接包商可以在本国也可以在世界上的任何一个角落,发包方不用担心对方在哪里。只要能提供高水平的服务,无论在哪里,都可以进行合作。

(六)中国接包商承接欧美发达国家订单仍然比较困难

目前从全球来看,欧美等发达国家是主要的发包方,市场比重也很大,进入这块外包市场是我国接包商的前途所在。但是,由于服务外包对于服务质量的要求很高,而我国和国际上的很多标准还存在差距,无论是管理模式还是文化交融都存在一定的问题,大规模承接欧美国家的大订单还比较困难。这就要求我国的接包商必须从自身开始努力完善管理制度,提高服务水平,加快与国际接轨的步伐,尽快融入全球巨大的服务外包市场。

三、国际服务外包的发展历程

服务外包经历了从 Web 1.0 时代的传统服务外包到基于 Web 2.0 时代的知识服务外包,再到目前基于 Web 3.0 时代的云外包的发展过程(霍景东,2015)。

1. 基于 Web 1.0 的传统服务外包

基于 Web 1.0 的传统服务外包是以更低的成本完成不愿意做的事,重点是业务流程外包,包括:为客户企业提供后台管理,人力资源管理,财务、审计与税务管理,金融支付服务,医疗数据及其他内部管理业务的数据分析、数据挖掘、数据管理、数据使用等企业内部管理服务;为客户企业提供技术研发服务,为企业经营、销售、产品售后服务提供客户分

析、数据库管理等运营服务。软件及信息服务外包,包括:为金融、政府、教育等行业提供定制软件开发,嵌入式软件、套装软件开发,系统软件开发,软件维护、培训、测试等软件服务;为客户内部提供信息系统集成、网络管理等信息系统应用服务以及基础信息技术管理平台整合、IT 基础设施管理、数据中心、托管中心、安全服务、通信服务等基础信息技术等。

2. 基于 Web 2.0 的知识服务外包

基于 Web 2.0 的知识服务外包主要是战略性/选择性外包,重点是知识产权研究、医药和生物技术研发和测试、产品技术研发、工业设计、分析学和数据挖掘、动漫及网游设计研发、教育课件研发、工程设计等领域,以及为客户提供采购、物流的整体方案或者为企业提供内部管理、业务运作流程设计服务等。

3. 基于 Web 3.0 的云外包

以云计算为基础的按需服务。云外包是基于"云平台""云模式"和"云理念"的外包服务,它包括三个层面的内容:一是基于"云平台"的外包,即"云计算"和 SaaS(Software-as-a-Service,软件即服务)模式的外包服务;二是基于"云模式"的外包,即外包企业将自己的服务模式从线性的传统点状服务模式转变为非线性的 PaaS(Platform-as-a-Service,平台即服务)的平台服务模式;三是基于"云理念"的外包,是指集聚海量个人和企业服务资源的"服务云",即众包的升级版。云外包的基本公式为:云外包=(软件云+平台云+设施云)×服务。云外包的重点包括 SaaS、PaaS、IaaS(Infrastructure-as-a-Service,基础架构即服务)、BPaaS(Business Process-as-a-Service,业务流程即服务)等。云外包不仅是发展阶段的升级,更是对服务外包业务模式的根本性变革。表 9-1 叙述了云外包对传统外包模式的变革效应。

表 9-1　云外包对传统外包模式的变革效应

业务类型	变革效应
BPO	将形成 SaaS(软件即服务)模式下的云服务,通过标准化、模块化和流程化的云平台,为客户提供统一和即需即用式的无缝服务
软件外包	将形成 PaaS(平台即服务)模式下的云服务,服务商通过统一的云应用程序开发及部署平台,进行内部开发、测试以及与客户的协调开发管理
IT 基础设施服务	将形成基于 IaaS(基础架构即服务)模式下的云服务,即以服务形式提供服务器、存储和网络硬件以及基于硬件的 IT 服务,信息技术外包(ITO)也将重新定位为信息技术云外包(IT Cloud Outsourcing,ITCO),在数据中心和基础设施管理方面,"远程基础设施管理"(RIM)将成为可行的运营模式
服务交付	将促进客户对服务的管理从"工厂式"转变成"供应链"式,即时获取(Just-In-Time)、按使用收费(Pay-As-You-Go)等精益生产模式将应用到管理服务和外包过程中
外包企业运营模式	向非线性收入增长模式,即与劳动为基础的增长没有直接关联,与服务的能力和规模正相关的模式转型

资料来源:鼎韬. 服务在云端——"云外包"概念白皮书[EB/OL]. 中国服务外包网. http://www.chnsourcing.com.cn/special/2010/cloudpowered-outsourcing/.

四、对国际服务外包的几点深入思考

针对国际服务外包这种现象，国内学者进行了大量的思考与总结，代表观点如下（姜荣春，2009）。

(一)国际服务外包发展代表经济全球化发展的新趋势

首先，经济全球化为离岸服务外包的发展提供了适宜的外部条件。国内外学者对"全球化"的理解存在众多分歧。有学者认为，全球化包括经济全球化、政治全球化、文化全球化等诸多方面；另一些学者则认为，全球化就是指经济全球化。不管怎么理解，经济全球化是其重要内容和表现之一。西方媒体、政府和学者（尤其是经济学家）在20世纪90年代开始广泛使用该词，是指当前经济发展的一种趋势，该趋势最基本的特征是生产要素在全球范围内的跨界流动。对于经济全球化，中国社会科学院课题组认为，经济全球化是市场化的延伸，包含交易范围与交易制度两方面内容。张燕生（2002）认为，经济全球化是全球市场开放与运输、通信技术革命带来的必然结果，其本质是市场体制的全球化。不管对全球化或经济全球化如何理解，20世纪90年代以后，经济全球化出现了新的特征、新的趋势（张燕生，毕吉耀，2003）。以IT技术为核心的技术革新浪潮席卷全世界，全球范围内的通信成本迅速下降，便捷程度则飞速提高，信息传输量大得惊人，由于地理距离造成的障碍几乎可以忽略不计，客观上推动了可贸易资源全球配置效率的提高，使全球化进程大大加速。企业可以跨越时空，到全球寻找质优价廉的生产要素，提高生产效率。而现代服务产品的生产与销售主要借助于通信技术，尤其是网络技术在全球的普及对于交流打破时空限制起到了关键作用。离岸服务外包就是在这种背景下出现并迅速发展起来的。

其次，经济全球化趋势使企业被迫直接面对全球竞争，竞争程度空前激烈。为应对全球竞争，企业或主动或被动地放眼全球应对挑战、寻找机会。资源转移为富有远见的企业与它们的合作者提供了新的市场机会。在实施离岸服务外包战略方面，金融服务业走在前列。比如通用电气金融（GE Finance），HSBC和雷曼兄弟（Lehman Brothers）都是离岸服务外包最早的实施者。离岸方式对于金融服务业特别具有吸引力，是由其工作性质和工作内容决定的。金融产业内的大部分工作都与数据处理有关，该项工作在美国工资成本很高，而若转移到海外的新兴发展中国家，如印度、菲律宾等，成本可以削减30%～60%。离岸外包的经济效应如此之大，对其他企业的示范效应非常显著。宝洁公司（P&G）将其薪水册、差旅费、津贴、应收账单、发票制作以及其他工作委托给哥斯达黎加、菲律宾等地加工处理，在这些地方为P&G公司工作的有7000人之众。除了成本削减效应之外，很多企业认识到，将大部分无关紧要的后台工作外包出去，使它们更集中精力做好最擅长的部分，如基础研究、品牌建设或销售管理等。把哪部分外包出去，取决于企业对自身的定位，在取得经济实效的同时，要有利于打造或保持企业核心竞争力。

(二)国际服务外包是一种新型生产方式长期持续演化的必然结果

与以往相比，外包是一种崭新的生产方式，从某个角度讲，是市场对企业功能的替代，与一体化、多元化趋势共存（后者是企业对市场功能的替代，两者都是效率原则的体现）。

企业离岸服务外包是制造业离岸外包的自然延伸,由制造业扩展到服务业、由本土外包发展到离岸生产,是外包发展不断深化的必然结果,是市场体制在全球范围内作用程度不断强化的表现,反映了自亚当·斯密以来的专业化分工依然是一个进行中的概念,而且还在不断深化与细化。从逻辑上讲,与以往的经济学理论一脉相承,只是在新的历史条件下折射出新的特征。要想完全理解其对产业结构的影响,还需要长时间的观察研究。

在 20 世纪 70—80 年代期间,旅行与交流成本变得更加便宜,制造业外包随之出现。最早发生在美国的纺织业,当时全球纺织生产能力急剧膨胀,而需求相对疲软;价格低廉的进口商品充斥市场,在本土生产无利可图。这一现状逼迫美国纺织生产能力要么转移到海外,要么彻底退出市场。同样的遭遇发生在同样为劳动密集型的产业中,如钢铁行业、电子产业等。

到 20 世纪 90 年代中后期,这种趋势扩展到服务业。随着全球经济一体化的趋势不断加强,国际贸易壁垒不断减少,外包现象由传统的蓝领制造业岗位,扩展到新兴的白领服务业岗位。在网络时代,企业的地理位置越来越无关紧要。网络的普及,使企业可以随时随地将知识性工作分发到任何地方;在美国需要每小时花费 12~18 美元才能雇用到知识型雇员,而在中国或印度,同样层次的人才只要每小时 2~3 美元。拥有大量低成本、受过良好教育的人才储备,使这些新兴经济体面临重要机遇。

(三)国际服务外包是企业对世界范围内通货紧缩与全球竞争的反应

顾客需求永无止境,更好、更快、更便宜是企业持续面对的压力,以更低的价格提供更多的功能与服务迫使企业从事离岸外包。中国低廉的劳动力在制造业领域显示出强大优势,而印度的后台管理与技术应用服务方面成为服务外包的理想栖息地。产品与服务不断下降的价格明白无误地昭示了离岸外包的经济效应。世界因此面临通货紧缩的形势。通货紧缩反过来进一步加剧了企业对外包的需求。固然消费者喜欢低价,中小企业却无法以低于成本的价格提供商品和服务,要么跟上要么出局。因此,如果说离岸外包是实力雄厚、富有远见的跨国公司的主动选择,对大多数中小企业来说,却是被动应付生存压力的结果,客观上使其成为一种影响广泛、发展迅速的潮流。作为咨询、技术与外包服务的提供商,凯捷咨询(Capgemini)与索尼(Sony)具有多年良好合作关系。在 2002 年,后者还是与印度维布络(Wipro)签订了服务合同,Wipro 为 Sony 在美国的电视机和计算机装配厂提供 500 万美元的信息技术服务。Sony 仅此一项就节约成本近 30%。在这种服务价格水平上,Capgemini 根本无法与 Wipro 竞争。其中原因,除了低成本劳动力,还由于 Wipro 具有丰富的技术经验与规模经济优势。因此在合理的质量水平上,成本持续下降,是企业积极从事离岸外包服务的根本动力。

当然,跨境服务外包成为一时潮流,并非降低成本这么简单。从宏观效应看,外包推动服务领域专业化分工程度不断加深;从微观效应看,是企业经营管理模式与合作关系的演变,发生这一演变的动力,根据有关研究,可大体依次归纳为成本削减 53%、提高质量 19%、流程提速 11%、合并效应 10%,包括时差在内的其他因素为 7%。天下没有免费的午餐,对企业来说,外包的风险主要在于质量的可靠性与生产过程难以做到有效监督。具体来说,失控产生的风险占 42%,其次为范围和规模因素 24%、语言 17%、文化 11%、时差和其他因素分别为 4% 和 2%。但是,这些顾虑随着发展中国家的外包业务经验不断丰富,熟练程度和技术水平不断提高,已经有很大改善。大量的具有良好教育经历和经过高水平培训的中层管理人员辅以先进的监控技术和对国外雇员形成有效监督,将会使离岸服务生产水平得到显著改善。

(四)国际服务外包的人口学因素

发达国家普遍存在人口老龄化与出生率下降的情况,劳动人口占比重过低,劳动人口匮乏,也是发生离岸外包的重要原因。美国与欧盟地区的人口结构正在发生显著变化。尽管吸收了大量移民,随着婴儿潮出生的一代人进入 50～60 岁区间,这些国家的平均年龄还是迅速上升。与此同时,那些古老的国家,比如印度和中国,人口年龄结构则更加年轻化,劳动力充足。据《商业周刊》(*Business Weekly*)报道,53% 的印度人口年龄在 25 岁以下,在中国,这一比例是 45%。到 2020 年,47% 的印度人口年龄介于 15～59 岁之间,目前这一数字为 35%。人口因素产生如下几种效应:一是跨国公司利用离岸生产的低成本劳动力获得可观的经济收益,用以补偿本土员工的高工资、高福利;二是日益增加的移民人口为派遣人员到离岸外包东道国跨国公司工作提供了条件,这些公司需要到本土以外建立离岸中心或外包基地,以吸引当地的优秀员工并开辟新市场,壮大其实力。

(五)国际服务外包的政治含义

从全球看,离岸服务外包已经成为一个不可逆转的潮流。但是,政界人士为满足选民要求,可能会在离岸服务外包发展的道路上设置障碍。服务外包有理由引起政界的注意。它将对国家竞争力产生深远影响,通过劳动力资源的全球配置,影响就业结构与收入分配,它导致的白领工作流失引起了欧美发达国家各界人士的恐慌。经济结构的剧烈变化引起了公众的反对,公众呼吁政府采取措施以遏制服务外包趋势。2002 年,美国 eFunds 公司将其呼叫中心从新泽西州转移到印度孟买,该举动激怒了当地政府,他们认为将工作机会转移到海外降低了当地人民的福利水平。2003 年,州政府要求 eFunds 公司将呼叫中心移回美国,这使该公司成本每年上升 90 万美元。这样的例子层出不穷。无论是否进行政治干预,工资下降的趋势都越来越明显。以 IT 部门为例,美国程序员的年均工资为 70000～100000 美元,外加各种补贴与福利数额不等。随着离岸外包的发展,工资水平已经缩水至年均 40000～50000 美元。工资下降对经济体的正常运行产生不良影响,表现之一就是消费信贷中的顾客负债迅速膨胀。离岸外包置换出的失业工人急剧增长,对再培训提出迫切要求。再培训的目标、成本还不明确,是一件既耗时又费力的浩大工程。无疑,离岸服务外包对经济层面的深层影响并没有完全显现。

除了就业与劳工权利,服务外包还涉及数据资料保护、知识产权、移民、税收、贸易进出口管理以及国家安全等非经济因素。在当前管理措施与法律制定严重滞后于实践发展的情况下,这些因素很容易演化为政治问题,甚至反映到政府经济政策中。比如,2004 年 1 月,布什总统签署法令,禁止各联邦政府部门将合同提供给向海外分包技术性工作岗位的企业,马里兰、印第安纳、新泽西等 8 个州都采取了类似的措施。

第二节　国际服务外包理论

服务外包(outsourcing in services),是一种新型经营管理策略,具体意思是指将一些原来由企业内部人员负责的重要但非核心的服务业务,如财务、初级技术开发、采购、人力资源管理、营销等交给其他企业或专家去做。发达国家和地区的企业、政府部门和其他组织如学校、医院等通过国际外包可以整合利用国际范围内尤其是发展中国家的专业化资源和服务,从而达到降低成本、提高效率、充分发挥自身优势的目的。

一、国际服务外包理论解释

(一)比较优势理论的解释

国与国之间的要素禀赋差异是比较优势,进而也是导致外包的根本原因。格拉斯和萨基(Glass & Saggi,2001)考察了一个包含南北国家厂商的产品周期模型,认为北方国家厂商会将初级阶段产品的生产外包给低工资的南方国家,而其自己则进行具有比较优势的高级生产阶段,如 R&D 活动。格罗斯曼和赫尔普曼(Grossman & Helpman,2003)从规模经济的角度认为,外包之所以产生,是因为对于一个复杂的产品,单个厂商生产其所有部件的成本太过高昂。

(二)战略管理理论的解释

以资源为基础的理论是现代企业战略管理的主导理论。该理论认为,企业的竞争优势是由其能力所决定的。一家公司能力的差别是特殊能力与一般能力的差别。特殊能力也叫核心竞争力。其最重要的特点是竞争对手无法仿制,或仿制起来难度很大。不可仿效这种特征的战略意义在于核心能力使企业处于竞争优势的地位。一个企业要想可持续发展,必须发现并创造自己的核心能力。这种由核心能力所产生的竞争优势就是绝对优势。注重企业的核心竞争力,必然要求企业根据自身的特点,专门从事某一领域、某一专门业务,在某一点形成自己的核心竞争力,而将一些非核心业务外包给其他企业,即所谓的业务外包。

(三)交易成本理论的解释

所谓交易成本,简单地讲就是指人们完成一笔交易所付出的货币、时间、精力和体力等各种成本。根据人们研究具体问题的不同,交易成本的分类方法可以有很多。根据一桩交易由内部完成和由外部完成所产生成本的不同,可以把交易成本分为内部交易成本和外部交易成本。这种分类研究认为,如果一桩交易的外部交易成本大于内部交易成本,则企业应该选择"以企业代替市场"的方式(如兼并、合资等)来节省资源,使交易成本更低;相反,如果其内部交易成本大于外部交易成本,则企业应该选择"以市场代替企业"的方法(如外包等)使交易成本更低。从这一理论的角度看,可以得出一个结论:如果一项业务的内部交易成本大于外部交易成本,那么这项业务就应该采用外包的方式来经营;相反,则应该由内部来完成。

(四)价值链与产品内分工理论的解释

现代服务外包是产品内分工理论对服务业生产方式以及其他行业服务性投入流程进行重组和变革的产物,由此推动的服务业国际转移对改写全球经济版图以及发展中国家发展战略的选择都具有重要意义。

进入 20 世纪 90 年代以后,产品内分工理论开始盛行。这个时期一些主流经济学家对产品内分工的一般经济理论进行了研究,虽然他们对产品内分工范畴的提法大相径庭,但是他们的研究已经立足于产品内分工现象本身,其研究的基准也开始转向基本经济学概念和范式的运用。

克鲁格曼(Krugman,1994)将产品内分工现象描述为“分割价值链”,并分析了在全球领域,产品内分工体系下,南方国家对北方国家的经济冲击;同时,得出结论,南方国家的兴起和其在全球化价值链中的地位不会危及北方国家的经济利益,产品区段全球分工生产是一个“双赢”的过程。接着克鲁格曼又重新审视了全球化产品内分工体系,并指出,全球贸易的增长很大程度上取决于中间产品贸易的迅速扩张。从以上论述来看,克鲁格曼是比较赞成全球范围进行的产品内分区段生产的。

此后,一些经济学家同样从产品内分工的视角来审视一些国际贸易问题。巴格瓦蒂和德赫贾(Bhagwati & Dehejia,1994)用“万花筒式比较优势”(kaleidoscope comparative advantage)定义产品内分工。他们综合考虑了北方国家将产品的低区段放在南方国家后,北方国家非技术工人和技术工人的工资率各自受到的影响。随后,芬斯切和汉森(Feenstra & Hanson,1995)用了一个连续中间产品投入的生产模型来分析 20 世纪 80 年代美国非技术工人的就业率低和相对工资下降的原因,并得出结论,美国将一些产品的生产区段外包给国外企业在一定程度上引发了国内失业和工人的报酬下降。紧接着,芬斯切(Feenstra,1998)又使用“生产非一体化”(disintegration of production)和“贸易一体化”(integration of trade)的概念来表述产品内分工盛行的现代国际贸易和全球生产的特点,并且在此框架下分析了 20 世纪 70 年代以来,世界中间产品贸易迅速扩张的现实和原因、生产全球化对非技术工人就业和工资率的影响及现实状况下世界各国贸易战略政策的调整。此外,里莫(Leamer,1996)将产品内分工定义为“非本地化”,并考虑了全球产品内分工对世界收入差距增大的效应。

虽然 20 世纪 90 年代这条产品内分工理论发展的脉络较为零散,但是这其中还是有一条比较清晰的研究主线。这条研究思路中的学者对产品内分工冠以“零散化生产”“外包”和“转包”等理论范畴,这些概念随后便成了主流经济学对“产品内分工”经济现象的称谓。这条主线对产品内分工理论引入了纯贸易理论分析框架,取得了不少成果。琼斯和凯茨考斯基(Jones & Kierzkowski,1988)的研究是这条思路的铺垫,他们把生产过程分离开来并散布到不同空间区位的分工形态称为“零散化生产”。该研究得出结论,服务活动对于开展产品内分工是十分重要的,并指出比较优势和规模报酬递增是推进生产过程分散化进程的主要因素。顺着以上的研究思路,昂特(Arndt,1997)利用国际贸易常规分析技术,对全球外包和转包等产品内分工的现象进行了研究。他指出,如果外包在劳动力非充裕国和劳动力充裕国之间发生,并且有同时的产品内分工,将同时改善两国的就业和工资率;此外,外包还可以提高企业在海外市场的竞争力。接着,迪尔多夫(Deardorff,1998)在李嘉图框架和 H-O 框架下分别讨论了产品内分工理论,并给出了一系列利用传统国际贸易理论研究的技术手法构建的模型;特别是在外包模型中,得出了在全球产品内分工体系下,各国要素非均等化的结论。接着,昂特和凯茨考斯基(Arndt & Kierzkowski,2001)编著的名为《零散化:世界经济中新的生产模式》(*Fragmentation: New Production Patterns in the World Economy*)的论文集系统总结了以上一些研究成果。因为这本论文集收录了 20 世纪 90 年代关于产品内分工理论的零散研究成果和对于零散化、外包问题的系统研究成果,故而成为产品内分工理论的一个重要文献和里程碑。

进入 21 世纪以后,产品生产工序的世界延伸成为国际贸易的主要形式,这种分工形式的改变引发了各国国内要素利润的变化,这导致国际上对于全球生产形式的质疑,并由此开始了一场"贸易保护主义"和"贸易自由主义"在产品内分工问题上的激战。这场激战是一股"新古典回归"热潮,因为论战经济学家秉承了传统贸易理论的解释工具,并由此形成自己的理论逻辑。这场争论尤以萨缪尔森(Samuelson,2004)和巴格瓦蒂、潘纳格瑞亚和施瑞尼瓦桑(Bhagwati,Panagariya & Srinivasan,2004)的角逐最为引人关注。他们争论的焦点在于探讨外包对"外包"国是否存在福利分配转移影响。

萨缪尔森的模型推理显示,从自给自足状态向基于比较优势的对外贸易过程中,两个国家将共同享受得自国际贸易的利益,这是传统贸易理论已经严格证明过的。之后,当某一国在其出口产品生产上的生产力提高后,将降低其向另一国出口该产品的价格,则另外一国从该国购买该产品将付出更少的代价,在分工不变的情况下,该国将获得利益的提升。如果某国在其进口产品(也就是另一国出口产品)生产上的生产力得到提高,并当这种生产力的提高足以平抑之前两国在此种产品上的优势差距,则另外一国在该产品生产上优势全无,随之而来的是贸易利益的丧失。由此,萨缪尔森得出结论,美国等发达国家的公司将一些产品生产工序外包给中国、印度等劳动力便宜的发展中国家会直接引致发达国家国内失业状况的恶化,降低发达国家的贸易利益;而且,如果其他条件不变,这种恶化不是短期行为,而是长期趋势。

巴格瓦蒂、潘纳格瑞亚和施瑞尼瓦桑认为,萨缪尔森的研究不认同更便宜的进口产品会使发达国家的福利提升的原因是他所设定的模型中不准确地将外包行为在一开始的均衡状态中就被设定为一种出口行为。针对这个不足,巴格瓦蒂等人在模型的逻辑证明过程中,将被"外包"的工序阶段所生产的中间品在开始的均衡状态设为"非贸易"的,而生产力进步的直接效果是将之前非贸易的服务外包变为了可贸易的服务外包。模型分析结果表明,美国等发达国家的外包确实会将一些低技能工作机会转移到海外,但是由于这种转移节约了生产成本,会使发达国家提高来自贸易的利益;同时,与低技能工作机会的流失相对应的是高技能工作机会的创造,虽然这个过程比较长,但是长期内外包行为不会使发达国家整体福利趋于恶化。新的分工形式必然给各国造成福利得失,所以对于贸易得失界定的冲突在所难免。

二、国际服务外包效应及实证检验

国际外包中的发包方和接包方，不是那种一方的获利以牺牲另一方的利益为代价的关系，它主要是基于比较优势的转移，并引发出这种转移所带来的积极效应和消极效应。

(一)积极效应

1.就业效应

对于承接国而言，承接国际外包可以从直接和间接两个方面促进就业，即带来直接就业效应和间接就业效应。直接就业效应产生于服务工作从发包国直接转移到承接国，带来了新的就业岗位，引起承接国就业人数的增加。

间接就业效应一方面体现在对承接国知识型劳动力就业所带来的推动作用。承接国际服务外包有助于提升承接国服务业的技术，进而间接地、广泛地创造更多知识型劳动力的就业机会、促进知识型劳动者尤其是大学生就业，使大量高素质劳动力投入社会生产活动。从我国相关数据就可见一斑：到2011年底，我国服务外包从业人员共318.2万人，其中大学以上学历223.2万人，占总数比重70.1%；其中新增服务外包从业人员85.4万人，新增大学毕业生58.2万人，占比达到68.1%。

承接国际服务外包的间接就业效应另一方面表现在拓展承接国就业空间上。承接国际服务外包之前，承接国投入的主要是低技能的劳动力，而承接后受需求推动，承接国日益重视教育尤其是高等教育，增加了高技能劳动力的供给，使高技能劳动力价格相对下降，高技能劳动力密集型的生产区段开始凸显成本优势，最终带来承接国研发等服务部门就业岗位的增加，即拓展承接国的就业空间。

通过以上分析，可以看出承接国际服务外包所带来的各种就业效应之间是紧密联系、环环相扣的。

事实也证明，承接国际服务外包在给承接国带来相关服务业发展的同时，也带来了就业的增长。例如，印度因承接服务外包新增了数百万个就业岗位，其中仅 Infosys、TCS 等印度外包巨头的员工就已经超过20万名。

2.直接经济效益

这方面可以从承接方和发包方分别考察。

从承接方来看，外包作为经济和贸易的重要组成部分，有助于承接国资本流入、增加外汇收入、引进先进技术和管理模式，对发展中国家的经济有积极作用。据分析，服务外包的利润率约为10%~25%，比制造业5%的利润率高出很多，而且承接服务外包对GDP的贡献是承接制造业外包的10倍以上。由此可见其显著的对于经济的促进作用。

从发包方角度来看，购买服务所带来的价值也非常可观。一方面，外包有利于企业降低成本，提高效率。德勤(Deloitte)咨询公司调查的42家运营商中，53%的企业最主要的动力就是削减20%以上的成本，包括人员工资、招聘成本、国家保险以及房地产等。麦肯锡环球研究所估计，西方公司每向海外转移1美元业务，能降低成本58美分，同质同量的服务外包还可以平均节省费用65%~70%。另一方面，对整个国家而言，外包也能创造巨大的价值。

离岸外包所带来的另一个经济效应，就是提高了服务质量。离岸外包的巨大优势之一就是能充分利用世界不同时区的差异，24 小时不间断地工作，从而大幅度缩短先进数据服务和应用产品的上市周期。因离岸外包而获得丰厚收入的东道国将会花更多的钱进口工业化国家的先进产品。

3. 工资效应

国际服务外包带来的工资效应从微观层面可以分为直接效应与间接效应。直接效应表现在，在离岸服务外包造成与发达国家外包职位之间竞争激烈、收入水平下降的同时，承接国因为吸纳了大量相关服务行业的就业，这些岗位一般在当地收入比较高，提高了该行业的薪水和平均收入水平。服务外包行业与流水线或其他制造业相比，是典型的高收入行业。在印度，即使从事国际服务外包中收入最低的工作，如呼叫中心、客户服务等，其收入也排在其国内各行业平均收入的前十位。因此，服务外包有利于承接国整体工资水平的提高。这是承接国参与国际分工获得的国民利益，也是重要的分工利益；当然也可能同时造成一国或地区内部收入差距的扩大。

间接效应表现在，服务外包在降低成本、提高运营效率的同时，向消费者提供更多更优质而且价格更低的商品和服务，给他们带来正的收入效应。

4. 技术溢出效应

随着国际服务外包涉及的环节日益复杂，在价值链中的位置也越来越高。同时，服务的特性决定国际服务外包需要供应商与客户进行大量的业务沟通和交流，因此，相对于制造业中的加工贸易形态，其具有更强的知识外溢效应。承接服务外包带来的技术溢出效应，主要体现在承接国一方，通过以下几个途径实现。

(1)跨国公司的培训。在服务外包中，为了满足自身的技术标准、管理与质量要求，跨国公司通常要对本土企业进行知识培训。这种培训直接提高了本土企业人员的技术、管理素质，提升了承接国劳动力的技能水平。有学者研究表明，通过外包企业对低工资国家雇员培训，服务业外包可以产生外溢效应，使承接国竞争企业获益。

(2)"干中学"效应。东道国企业的技术和管理水平会随着不断承接服务外包而提高，从而提高企业整体的竞争力水平。由于外包业务的发包方与承包方在技术方面有密切合作，因此承包方可以通过"干中学"掌握一些技术。另外，承接技术的同时，发包方必然还会转让一些与技术水平相匹配的管理理念和方式，这都有利于东道国企业管理和技术水平的提升。马库森(Markusen,2004)认为，东道国劳动力与国外专家一起工作，虽然不同于教育学习，却是另一种获取技术的方式，是一种实践性学习，或者说是一种形式的"干中学"。同时，在承接国际外包业务的过程中，东道国企业也参与到国际竞争的进程中来，从而有利于企业更好地发挥后发优势，提高企业竞争力，乃至带动整个行业和经济的发展。

(3)海外人才回国发展带来的技术溢出效应。国际服务外包的发展会带动承接国的人才回流，从而产生互动发展的效用。20 世纪 90 年代以来，爱尔兰国际服务外包产业的发展，激发了对高技能劳动力的需求，大量人才从英美归来。与美国软件业保持联系与合作的印度裔科学家的回归，同样为印度软件产业的技术水平跻身世界前沿做出了巨大贡献。韩国IT服务部门的迅速发展也与韩国大批海外人才的回归分不开。承接服务外包不仅吸引了回流的人才,而且也引发了外国专家、人才的流人,而海归人才、外国专家与国内员工共同工作必然会促进知识技术外溢。

(4)人员流动。管理学大师迈克尔·波特(Porter,1998)曾形象地说过:"对于产业而言,地理集中性就好像一个磁场,会把高级人才和其他关键要素吸引进来。"在承接国服务外包产业集聚区,服务外包公司既有跨国公司的子公司,也有当地公司,由于同处于产业园区,这两类企业的人员流动较为频繁;外资公司员工进入本土企业,带来丰富的知识和技术;同时,本土公司为承接服务外包业务,也会聘用一些国外的技术和管理人员。这些人才之间的流动,会促进本土员工接触到先进的服务理念、方法,并获得一些新知识和管理技能。

5.人才培养效应

通过以下几个途径,承接国将获得大量的人力资本积累。

(1)业务培训。服务外包业务的提供质量首先取决于员工的业务水平和积极性,这种特征决定了企业有较大动力开展培训和职业性教育。跨国公司产业转移的知识含量越高,培训成本越高,人力资源开发的作用就越大。*Etimes*杂志刊登的研究证明,通过离岸外包,跨国公司"开始使用发展中国家水平较高的工程师,并建立培训制度,使本土工程师水平达到一定程度后能够承接部分设计业务。这些本土设计师、工程师从跨国公司的培训和业务中获取经验,并不断地提高新的技术,在市场竞争中不断获得新的机会"。对教育和培训的投入是促进人力资本积累最有效的途径,对承接国的技术进步、劳动生产率都有积极作用,能拉动该国经济增长。

(2)跨国投资和技术转移。服务外包常常伴随跨国投资和技术转移,而技术转移又促进劳动力技能水平的提升。这是因为,从承接国角度看,那些适应能力很强、具有丰富知识储备的员工最先使用新技术,从而降低了生产成本并提高了累积知识;当这种知识得到普及,只要是接受过较高教育的人就可以获得这种技能;当一种通用技术变得很成熟且较低能力的人也能掌握这项技术和知识时,从整个社会来看,劳动者技能得到了提升。

(3)投资教育。承接国服务外包部门的员工一般是高技能、高学历的劳动力,具有较高的收入。而较高报酬又会带来信号效应,激励更多的人投资教育;同时,服务外包也促使个人进行预防性教育投资。这是因为,为了避免由于自身技能低而进入风险高的部门,当教育成本降低时,主动接受教育的人将会增加。因此,服务外包作为风险低的就业部门,能够激励预防性教育投资。国际服务外包在一定程度上会刺激承接国政府对教育尤其是高等教育的投资,教育所培养出的大量人才反过来也成为吸引国际外包的重要因素。因此,国际服务外包与承接国教育发展呈良性互动关系。

6.贸易投资效应

作为一种跨境交易,国际服务外包加速了全球化分工,一定程度上改变了国家间传统贸易模式,大大提升了承接国服务贸易的竞争力和发展水平。从现实实践看,由于离岸服务外包大部分与信息技术有关,故这里仅采用国际收支平衡表中服务贸易项下的计算机与通信服务、其他商业服务这两项来反映这种效应,尽管这两项并不等同于离岸服务外包额,但能在一定程度上反映离岸服务外包的变化趋势。从全球来看,2012年计算机与通信服务增长6.12%以上,其他商业服务增长1.93%,远远超过国际贸易的0.42%增长速度。

离岸服务外包对跨国投资的影响更为显著。从宏观看,国际服务外包将导致更多的跨国投资。若承接国可以提供优质的投资政策和环境,那么跨国公司将会在承接国设立子公司,因此,跨国公司的进入对服务业亟待发展的国家和地区来讲是有益的。

(二)消极效应

承接国际服务外包在给东道国带来有利影响的同时,也会对东道国特别是发展中东道国国内经济的发展造成不利影响。

从大的方面来讲,对国家的经济安全具有不利影响。联合国贸发会议的报告指出,虽然发展中国家在服务外包领域的技术水平有所提升,但基本上仍处于产业价值链的低端。发达国家企业仅仅把发展中国家作为其廉价劳动力的供应地,只是将非核心业务和标准化的科技类项目外包出去。即使是首屈一指的承接国印度,虽然服务外包领域技术水平有所提升,但基本上仍处于价值链的低端。

另外,外包服务部门尽管成为一些国家经济的主要增长点,但这些部门的发展过于依赖发包的少数发达国家,这就使得本国的经济发展具有很大的脆弱性。与外商直接投资不同的是,服务外包是以外包契约为基础的,双方均有可能产生违约或不完全按照合同执行的情况,这样外包合同就可能产生道德风险。这种风险主要是由资产专用性(asset specificity)导致的套牢问题(holdup problem)。这是由于接包企业所生产的中间投入品具有较强的针对性,基本上只能出售给特定的发包企业。这种资产的专用性在一定程度上削弱了承包方生产的灵活性,不利于增加利润,提高了对发包方的依赖性。在信息不完全条件下,承包方可能为了避免被"套牢"而不严格按照契约的要求研发特定的中间投入品,设法增强中间品的通用性。就发包方而言,为了消除企业的这种倾向,要么支付额外的成本,要么转由自己组织研发。

同时,部分国家和地区在国际服务外包中继续被边缘化。服务外包主要集中在一些发达国家和新兴市场经济国家,而一些最不发达国家从中所得甚少。2004年联合国贸发会议的调查显示,在欧洲500强企业国际服务外包中,印度占33%、西欧占29%、中东欧占22%,而非洲不足4%。因此,最不发达国家在全球服务外包的进程中逐渐被边缘化,差距也会进一步扩大。

第三节　国际服务外包分类与发展趋势

一、国际服务外包分类

服务外包的定义回答了"外包是什么"这个问题,那么外包的分类将清晰地说明外包可以"包"什么。由于对服务外包的研究处于领先地位的都是一些咨询管理公司,因此关于服务外包的分类一直处于一个比较混乱的状况,并没有明确的规定,但是随着服务外包的发展,一些分类方法得到了越来越多企业和研究者的承认。

根据服务外包动机,可将服务外包分为策略性外包、战略性外包和改造性外包;根据服务外包形式,可将服务外包分为产品或组件外包和服务项目外包;根据服务外包转包层数,可将服务外包分为单级外包和多级外包;根据服务外包承包商数量,可将服务外包分为一对一外包和一对多外包。但是使用最为广泛的分类方法是,美国的 Gartner 公司按照发包的业务领域和最终服务的市场,将服务外包分为信息技术外包(information technology outsourcing,ITO)、业务流程外包(business process outsourcing,BPO)和知识流程外包(knowledge process outsourcing,KPO)。三者都是基于 IT 技术的服务外包,各类业务又发生着交叉和传递影响。ITO 强调技术,更多涉及成本和服务。BPO 更强调业务流程,解决的是有关业务的效果和运营的效益问题。KPO 是比业务流程外包更为高端的知识工作的外包。KPO 不对客户做出具体的建议和推荐,只为其提供一些可供选择的方案;与 BPO 相比,KPO 更加用户化,具有更高的附加值。在一定程度上,KPO 处于价值链更为上游的位置,因为从事 ITO 和 BPO 业务的咨询公司、研究公司也属于 KPO 公司的客户。但是要让 KPO 发挥具体的作用,还需要很长的实践阶段。

(一)信息技术外包

1.定义

信息技术外包(ITO)是企业向外部寻求并获得包括全部或部分信息技术类的服务,即服务外包发包商以合同方式委托信息技术外包提供商向企业提供部分或全部信息技术服务功能。企业以长期合同的方式委托信息技术服务商向企业提供部分或全部的信息功能。

2.特征

信息技术外包强调技术,更多涉及成本和服务,对服务承接方的 IT 知识技术及软件技术要求较高。

3.业务范围

(1)系统操作服务,即企业将系统操作外包。比如,企业将员工数据库的录入、查询、报表生成、图像处理等业务外包给第三方。目前,数据中心是信息技术外包中最大的细分市场,占 4/5。

(2)系统应用服务,即企业将其应用系统的设计、升级、维护等活动外包。比如,企业将其投资的大型 ERP 系统的日常维护外包给第三方。目前,在所有信息技术外包业务范围中,系统应用服务增长势头最强劲。

(3)基础技术服务,即企业将 IT 系统技术支持外包。比如,企业可将其 IT 系统支持交给诸如微软等专业公司。员工在工作中遇到需要解决的技术问题时可通过微软专用技术支持热线寻求帮助。技术支持服务的发展源于国际化公司越来越关注建设自身的核心能力。

(二)业务流程外包

1.定义

业务流程外包(BPO)是企业将自身基于信息技术的业务流程委托给专业化服务提供商,由其按照服务协议的要求进行管理、运营和维护服务等。服务内容包括企业内部管理服务、企业业务运作服务、供应链管理服务等。业务流程外包的基本操作流程见图9-1。

业务流程外包其实包含着业务流程管理,打破了传统功能性瓶颈之间的障碍,例如订单处理、呼叫服务中心等。业务流程外包是将业务流程或职能外包给专门的服务供应商,并由供应商对这些流程进行重组。

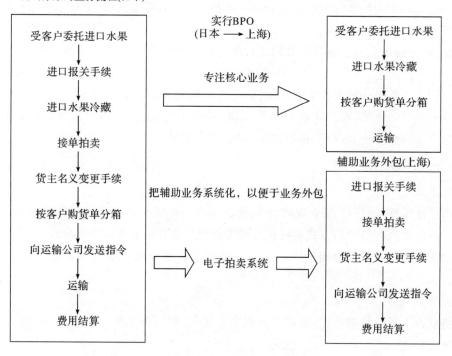

图 9-1　业务流程外包(BPO)的基本操作流程

2.特征

跨国公司将其企业的服务职能或流程(非核心业务)外包给国外某些成本较低的第三方,由第三方按照契约和既定的一系列标准来完成这些服务职能或流程。BPO 更强调业务流程,解决的是有关业务的效果和运营的效益问题。BPO 往往涉及若干业务准则并常常要接触客户,因此意义和影响更重大。不仅 IT 行业需要 BPO,而且 BPO 的每项业务都离不开 IT 业务的支持,从而产生信息技术外包(ITO)的机会。

3.业务范围

BPO 主要包括三类业务,分别是:

(1)企业内部管理数据库服务,如人力资源管理、销售管理、财务管理。

(2)企业业务运作服务,如呼叫中心、客户咨询、金融信用。

（3）企业供应链管理数据库服务，如采购、仓储、运输。

（三）知识流程外包

1.定义

近几年，知识流程外包（KPO）这一术语变得很普遍，它用来描述作为流程一个部分的服务，这些服务都使用更高层次的知识，也包括更深的内涵。与传统的 BPO 相比，知识流程外包强调对跨国公司业务流程生产的高端环节（知识管理业务）进行转移，从而使接包企业获得更高的附加值。知识流程外包过程涉及要求专业技能的知识密集型业务流程。

知识流程外包是指利用书籍、数据库、专家、新闻、电话等多种途径来获取信息，并对信息进行即时、综合的分析研究，最终将报告呈现给客户，作为客户决策的借鉴。KPO 给企业带来的好处有：缩短从设计到市场的导入时间，有效管理关键硬件，提供有关市场、竞争情况、产品和服务的研究，提升组织在业务管理方面的有效性，帮助快速处理预想的业务场景。

2.特征

知识流程外包是业务流程外包的高智能延续，是业务流程外包最高端的一个类别，是新近发展起来的，专指那些比较高端、附加值大、主要处于价值链上游的国际 IT 外包服务业务。其中心任务是以业务专长而非流程专长为客户创造价值。由此，知识流程外包将整个外包产业推向更高层次的发展，更多地寻求先进的分析与技术技能，以及果断的判断。

同时，由于知识流程外包更加集中在高度复杂的流程，这些流程需要由广泛教育背景和丰富工作经验的专家们完成。工作的执行要求专家们对某一特殊领域、技术、行业或专业具有精准、高级的知识。

3.业务范围

知识流程外包主要业务范围包括产品研发、金融分析、市场研究等服务外包。

ITO、BPO 和 KPO 的业务内容比较如表 9-1 所示。

表 9-1　ITO、BPO 和 KPO 的业务内容

类别		内容
信息技术外包（ITO）	系统操作服务	银行数据、信用卡数据、各类保险数据、保险理赔数据、医疗/体检数据、税务数据、法律数据（包括信息）的处理及整合
	系统应用服务	信息工程及流程设计、管理信息系统服务、远程维护等
	基础技术服务	承接技术研发、软件开发设计、基础技术或基础管理平台整合及管理整合等

续表

类别		内容
业务流程外包（BPO）	企业内部管理服务	为客户企业提供各类内部管理服务,包括后勤服务、人力资源服务、工资福利服务、会计服务、财务中心、数据中心及其他内部管理服务等
	企业业务运作服务	为客户企业提供技术研发服务、销售及批发服务、产品售后服务(售后电话指导、维修服务)及其他业务流程环节的服务等
	企业供应链管理服务	为客户企业提供采购、运输、仓库/库存整体方案服务等
知识流程外包（KPO）	产品研发服务外包	科学研究试验、动漫制作、金融数据分析、市场问卷调查等
	金融分析服务外包	
	市场研究服务外包	

二、主要服务外包活动介绍

根据服务外包业务类型的不同,服务外包的具体内容包括以下几大类。

(一)后勤服务外包

1. 定义

后勤服务外包指企业将非核心业务强化压缩,将接待、勤务等非核心业务外包给专业服务公司。

2. 业务形式

专业化后勤服务公司除提供办公室租赁、文印、传真、网络、清洁、食堂等服务外,还可提供临时性会议室、临时秘书服务,甚至虚拟办公室。

 专栏

REGUS——世界商务后勤外包承接商的龙头老大

REGUS 公司是一家总部设在英国伦敦的跨国企业,主要从事与物业管理相关的中介服务。它拥有 400 多个商务中心,是覆盖 50 多个国家和地区的世界性大公司。REGUS 公司在中国的分支机构设在上海金茂大厦。目前,REGUS 公司是全球这个领域规模最大、市场份额最多的企业之一。它还是伦敦交易所的上市公司,并且在美国纳斯达克市场上业绩优良。

REGUS 公司主要从事与物业管理相关的中介服务,具体可分为"物业租赁服务""物业中介服务"以及"附加服务"。REGUS 公司提供的服务不是捆绑式的销售,而是根据不同的需要,由客户自助式地进行选择,REGUS 公司则根据提供的服务向客户收取一定的费用。

REGUS 公司的基本服务产品包括:①按天租用的简易办公室和按小时租用的简易会议室;②电话可视会议服务;③全套配备、按天或按小时租用的会议室;④短期租用配备家具、服务人员以及办公设备的办公室;⑤按客户要求设计的商务中心(长期)。从以上服务可以看出,该公司的服务呈阶梯式上升,其优点是选择性强,不同层次的客户都能找到自己满意的办公场所。REGUS 的口号:"今天签约,明天搬入;提个手提箱,轻轻松松办公。"

资料来源:REGUS 公司介绍,http://www.regus.cn.

(二)客户关系外包

面对激烈竞争的市场环境,客户满意度和保持率越来越重要。良好的客户关系成为企业赢得客户、获取生存发展的关键,因此客户关系管理(customer relationship management,CRM)也从幕后走向前台。

1.定义

客户关系外包是指企业将非核心并难以自行处理的客户业务,交给外包服务商管理。如呼叫中心和电子邮件业务,因为在很多情况下,企业自身的雇员不一定能及时处理客户的电话,难以应付短期内大量涌入的客户信息,所以很多企业将其外包。

2.业务形式

CRM 有不同的类型:运营型 CRM,又称前台客户服务活动,与客户直接发生接触和交流。分析型 CRM,又称后台客户服务相关活动,包括数据储存、数据分析、决策支持等,其基本职能是把大量的销售、服务、市场和业务数据进行整合,将数据转化为信息,再将信息转化为知识,从而为客户提供有价值的服务,它回答"谁是最有价值的客户""什么促销手段能够赢得最好的客户""如何获得交叉营销和追加销售机会""谁是处于流失边缘的客户""如何提高客户满意度"等问题。

 专栏

美国孟山都的成功案例

美国孟山都(Monsanto)公司开发了一种名为 Nutra Sweet 的糖类替代食品和一种名为 Equal 的甜化剂。为更好地销售商品,Monsanto 公司把客户服务方面的主要工作外包给一家专业客户关系公司 Affina。当客户拨打免费客户服务热线以及通过网络发送 E-mail 咨询或要求购买 Nutra Sweet 与 Equal 食品时,由接受过 Monsanto 公司严格培训的 Affina 代理商直接回答和解决客户提出的相关问题和事项。Affina 公司的电话中心把来自 100 万个客户的信息集成到一个客户关系数据库中分类保存,并定期维护、更新。此举不仅使 Monsanto 公司准确、有效地保存下自己的客户信息,还对所有客户的偏好、购买习惯、需要数量、意见要求等重要信息拥有更为客观的了解和把握,从而能及时调整市场销售策略。实施非核心业务的外包策略使 Monsnato 公司将其主要的时间和精力用于新产品的研发。

(三)研发外包

进入知识经济时代,很多科研项目的推进不仅需要高水平的技术、丰富的经验、巨额的资金和先进的仪器设备,而且需要依靠市场和项目领域内的著名学者与专家。很多企业的内部条件难以完全具备。同时,众多专业研究机构则人才聚集,专业化造诣深厚,研发经验丰富,在科技研发方面具有明显优势。当企业没有时间或财力从内部获得完全的专业技术、设备以及专业化研发人才时,把独立的研发项目外包给高水平的专业机构是一种最佳解决方式。

1. 定义

研发外包是指将原本由企业内部投入大量资源进行的研究与开发工作,委托给外部特定领域更加专业的企业、科研机构或学校等完成。

2. 业务形式

选择合适的外包研究合作伙伴,有利于获得和利用高素质研究人员的技术、经验和设备,这些条件是个别企业难以全面拥有的。承接合同的企业机构在雇用高素质研究人员方面有明显优势,因为他们能够获得更多项目和培训机会。

(四)人力资源管理外包

人力资源管理历来是企业的重要成本中心,因此在企业精简和成本控制的组织变革中,它总是第一个被纳入变革的领域,往往会导致人力资源部门职能的简化甚至取消。对于很多面临经营窘境的企业来说,人力资源管理职能犹如鸡肋,有时它力量不凡,能救企业于水火;有时它代价高昂,妨碍企业效率提高。服务外包为解决这一问题提供了新的思路和方案。

1. 定义

人力资源外包是指企业将过去通常由内部专门机构进行的人力资源管理职能转由外部服务提供商承担,如将人员招聘、人才租赁、人员重置、薪酬福利管理、员工培训开发、继任计划等外包给专门从事相关服务的外部机构。

2. 业务形式

初期的人力资源管理外包仅包括诸如代为招聘雇员、档案管理、考勤管理、绩效考评、薪资福利等业务,通常被称为“人事代理”。近年来,随着市场竞争的日趋激烈,人力资源外包的意义无论内涵还是外延都在不断拓展。企业人力资源管理外包逐渐从基础性、常规性、作业性的业务,向高端、战略性的业务转移,诸如人力资源规划、制度设计与创新、人才资源管理流程整合、薪酬调查及方案设计、中高层人员的选聘以及员工的教育培训、员工关系协调等业务。

（五）销售外包

1.定义

销售外包也称营销动态联盟,是指企业突破自身的行政界限,扩大了企业营销资源的优化配置范围,借助外力加速自身发展的一种营销形式,是一种对市场需求做出快速反应、迅速占领市场的新型营销模式。

2.业务形式

销售外包的业务形式主要有以下几种:

(1)总代理。一些国际品牌如 IBM、微软、康柏、Sony 等进入海外市场均是采用总代理形式实现的。

(2)特许经营。以麦当劳、肯德基、德克士、必胜客、星巴克为典型代表。

(3)网络营销。以互联网为传播手段,通过对市场的循环营销传播,达到满足消费者需求和商家诉求的过程,如阿里巴巴、京东商城等。

 专栏

肯德基的销售外包战略

特许经营对肯德基公司在中国的扩张起了重要作用。所谓特许经营是指由特许经营者向转让者付一定的转让费而获得的专利、商标、产品配方或其他任何有价值方法的使用权,转让者不控制战略和生产决策,也不参与特许经营者的利润分配。肯德基所采用的经营手段正是这种特许经营的销售外包方式,肯德基提供品牌、管理和培训以及集中统一的原料、服务体系,合作方利用统一的品牌、服务来经营,最后双方按照约定来分享商业利益。

20 世纪 80 年代,中国刚刚对外开放,肯德基在中国发展的风险较大,所以特许经营成为肯德基进入中国市场的首选经营方式。特许经营的另一个好处是肯德基公司可以保证在投资很少的情况下得到稳定的收入,它会对现有的经营状况产生杠杆作用。正是由于制定了正确的进入中国的市场战略,肯德基公司自 1986 年从美国引入中国以来,就在中国遍地开花了。

（六）物流管理外包

物流是为了满足消费者需求而进行的对货物、服务及相关信息从起始地到消费地有效流动和存储的计划、实施与控制过程。第二次世界大战后,物流业获得了长足的发展,被普遍认为是"经济领域的黑暗大陆",是节约成本的最后领域。物流管理外包从 20 世纪 80 年代中后期开始在美国流行。

1.定义

物流管理外包又称为第三方物流(third party logistics,3PL)或合同制物流(contract

logistics），指物流服务提供商借助现代信息技术，在约定的时间、空间位置按约定价格向需要物流服务的厂商提供约定的个性化、专业化、系列化的服务。对接受物流服务的企业而言，物流管理外包意味着它们借助于外部力量完成本来由企业内部机构承担的物流功能。

2.业务范围

目前物流管理外包的内涵不仅包括仓储、运输和电子数据交换（electronic data interchange，EDI），还包含履行订货、自动补货、选择运输工具、包装与贴标签、产品组配、进出口代理等。

（七）财务管理外包

财务管理外包是指由专门的财务会计公司为客户企业提供财务会计服务。以前几大会计公司主要是为大企业提供审计财会服务，或者为债券、股票上市等特定融资项目提供会计服务，各类企业仍有功能相对齐全的内部财会部门提供日常服务。外包意味着这类常规财务会计（finance and accounting，F&A）职能也部分地由外部专业性公司提供。

 专栏

埃森哲与英国石油的财务会计外包合作

埃森哲（Accenture）与英国石油（BP）合作发展财务会计外包，是财务管理外包的经典案例之一。BP 作为大型石油天然气跨国企业，拥有欧洲和阿拉斯加的上游产业（石油和天然气的开采生产）和美国的下游产业（提炼、运输、销售）。1991 年，它们开始合作，Accenture 与 BP 建立了一个共享服务中心，为 BP 以 Aberdeen 为总部的欧洲上游产业提供财务会计后台办公服务（a shared service center for F&A back-office service），代替 BP 原来横跨欧洲的 6 个 F&A 中心。由于初期合作成功，BP 决定外包它在美国产业的大部分财务会计后台办公中心。1996 年，BP 与 Accenture 签订了 10 年合同。后来该合同进一步调整，以适应 1998 年、1999 年 BP 一系列重大并购后的业务活动和环境变化。最初外包是为了节省成本，后来成为并购战略的重要支持措施，保证尽快使新公司的业务和支持活动一体化，以保证实现最大利益。BP 从合作中得到的最大好处是，能够根据市场变动对业务扩张和收缩进行快速调整反应。总体上看，成本降低的同时，服务水平仍能保持不变甚至有所上升。BP 认为，它与 Accenture 的合作对它 20 世纪末并购的成功具有关键作用。

（八）文件服务外包

1.定义

文件服务外包是指以文件管理为主要内容的办公系统服务外包。

2.业务范围

文件不仅是办公活动的基本内容之一,也是很多公司活动的中心内容之一。实际上文件不仅有打印成本,而且包含 6 倍以上的非打印成本。文件服务外包包括从文件生成、制作、发送到文件管理的各个环节。文件服务外包提供商的质量依靠多年实践积累的知识、技术、专业人员以及工作流程得以保证。

 专栏

日本富士施乐商业服务

日本富士施乐商业服务 XBS(Xerox Business Service)是全球文件咨询与外包服务的领导者。据估计,全球文件打印费用为 1170 亿美元,然而相关流程费用为 7020 亿美元,这说明 1 美元的文件打印,需要 6 美元多的流程费用,包括生成、制作、审查、发放、储存以及与此相关的管理等。

该企业将传统的打印机等设备销售和售后服务,逐步拓展为文件管理外包服务,其服务外包收入已经占到全部收入的 10% 以上,承担的外包服务主要包括:促进文件电子化,改善工作流程;随时随地按需打印文件;管理全部打印,包括外印部分的费用;提供首尾相连的文件管理能力等。

三、国际服务外包的发展动因与意义

(一)国际服务外包的发展动因

为了更好地理解国际服务外包的发展动因对服务外包的影响,可以将服务外包的发展动因用图 9-2 所示的框架表示出来。

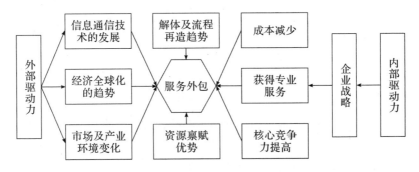

图 9-2　服务外包的发展动因框架

服务外包的发展动因主要包括经济动因、技术动因、市场动因和政策动因。

经济动因是企业选择服务外包的主要动因。企业需要节约成本,集中精力发展具有核心竞争力优势的业务,从而在竞争日益激烈的市场上占有一席之地。经济动因包括八个方面：提升核心业务竞争力、降低成本、改善服务质量、提升企业绩效、获得外部先进技术和专业人才、缩小公司规模、优化配置资源和创造就业机会。经济动因对服务外包的影响程度最高。

技术动因为企业服务外包提供了技术支持。没有计算机技术和互联网技术的发展，服务外包还只能停留在假想阶段。正是因为技术的支持，才为服务外包搭建了一个和谐运营的平台，实现跨时间、跨地域的操作和信息交流。我们不得不感谢信息技术革命给世界带来的利益，服务外包正是借助技术革命的力量在国际贸易大舞台上崭露头角。技术动因对服务外包的影响同样站在一个重要位置。

市场动因和政策动因是影响服务外包开展的环境因素。正是因为激烈的市场竞争，使得企业不得不考虑到将有限的资源和精力集中到核心业务的发展和经营上。没有几家企业可以将所有业务都发展到最具有优势的状态，因此，企业不得不考虑将那些非核心业务外包出去，这样既可以集中力量发展核心业务，也可以利用其他企业所具有的优势资源发展非核心业务。因此，市场环境因素是影响服务外包一个不可忽略的方面。随着全球经济一体化进程的加快，各国为了吸引外资，同时将自己的业务发展到其他国家去，都不同程度地开放了市场，递减关税，提供各种优惠政策，使服务外包的发展处于一种积极推进的政策环境中。同样，政策动因也是服务外包发展过程中不可缺少的影响因素。

(二)发展国际服务外包的意义

发展国际服务外包有利于提升服务业的技术水平、服务水平，推动服务业的国际化和出口，从而促进现代服务业的发展。其对经济的具体作用表现在以下几个方面。

1.有利于提升产业结构

承接外包服务，可以增大服务业占 GDP 的比重，提升产业结构，节省能源消耗，减少环境污染。服务外包产业是现代高端服务业的重要组成部分，具有信息技术承载度高、附加值大、资源消耗低等特点。承接服务外包对服务业发展和产业结构调整具有重要的推动作用，能够创造条件促进以制造业为主的经济向服务经济升级，推动增长方式向集约化发展。

2.有利于转变对外贸易增长方式，形成新的出口支撑点

承接外包服务，可以扩大服务贸易的出口收入。近几年来我国外贸出口在稳步发展，但同时也遇到许多问题。如出口退税政策的调整、国外贸易设限不断增强、贸易摩擦不断增多、人民币汇率不断提高等，要保持持续快速增长已经越来越困难。而发展服务外包，因其对资源成本依赖程度较低、国外设限不强，具有快速增长的余地，从而有望成为出口新的增长动力。

3.有利于提高利用外资水平，优化外商投资结构

中国制造业利用外资有 20 多年的历史，取得长足进步。随着经济的不断发展，各个城市都将面临或已经面临着能源资源短缺、土地容量有限的现实问题。据相关资料披露，在全国 15 个副省级城市已经有许多外资的二产项目虽通过审批却很难落户，即便是三产，由于国家对房地产项目的限制，今后也将面临困难。而服务外包项目由于对土地资源

要求不高,一旦外商有投资意向,落户概率将远高于二产项目。中国下一轮对外开放的重点是服务业,服务业的国际转移主要就是通过服务外包来实现的,承接服务外包产业,就能够实现国际先进服务业逐步转移,从而优化利用外资的结构,更加适合城市经济的和谐发展。

四、全球服务外包发展现状与趋势

(一)全球服务外包发展阶段

从全球范围来看,服务外包于 20 世纪中后期才开始兴起,全球服务外包发展经历了三个阶段,产业发展逐渐成熟。

1. 第一阶段

以 IT 服务外包为特征的初始阶段是 20 世纪 80 年代初到 90 年代初。这一阶段起始于 20 世纪 80 年代 IT 产业的软件服务,随着网络技术的发展和通信成本的下降,以 IT 服务为起点的服务外包产业应运而生。凭借互联网和电信技术的广泛普及,服务外包领域也从单一的 IT 服务向其他服务业扩展,许多发达国家开始把大量服务性、知识性的职位向低工资国家转移。在这一阶段,随着 WTO 规定的转变,信息技术外包和业务流程外包获得了更普遍的运用,以 IT 为主的服务外包越来越普及。这一时期的策略是将 IT 系统的维护、开发和应用外包给第三方来实施,而服务外包的主要目的是为了满足大量的 IT 服务需求,同时也可以提高企业所需的服务质量并控制成本。许多著名的 IT 公司利用 90 年代 IT 服务的市场需求,开始提供专业的 IT 服务,且逐渐使之成为公司的主业。IBM 以前是计算机硬件制造厂商,为了适应市场需求的变化,在 90 年代初进行经营战略调整,改组为以提供 IT 服务为主的企业,从而使自身从衰退重新走向振兴。企业最初进行服务外包的目的是为了降低成本。

2. 第二阶段

以业务流程外包为特征的发展阶段是 20 世纪 90 年代至 21 世纪初。这一阶段,得益于 IT 行业的迅速发展、网络技术的发展和通信成本的下降,外包作为企业一种管理方式的可操作性大大增强,服务外包得到比较快的发展。尤其是在 2000 年后经济全球化的大背景下,企业为了获取竞争优势,纷纷采取提升运营效率和削减开支的各项措施。同时,传统的 IT 服务外包已经不能满足客户对成本、速度和灵活性的需求,而业务流程外包(BPO)则适应了这一潮流,这使 21 世纪初成为业务流程外包迅速发展的阶段,BPO 成为这一阶段服务外包发展的主要趋势。业务流程服务外包的内容从 20 世纪 90 年代的会计服务、薪水管理、票据处理等少量简单的业务流程服务发展到现在的覆盖面较广、层次较深的一系列业务流程,主要涵盖了像金融、银行、保险、人力资源发展、健康培训、抵押和信用卡服务、资产管理、客户接待、物流和配送、工程、采购、实物资产、市场和销售以及与网络有关的服务等。

3. 第三阶段

知识流程外包快速发展的成熟阶段是 2000 年以后。服务外包发展的第三阶段是以知识流程外包(KPO)的出现为特征,多种外包形式混合、快速发展的阶段。进入 21 世纪以来,服务外包出现了一些新的趋势,某些企业将自己价值链高端的高知识含量业务进行外包,形成了知识流程外包。主要包括知识产权研究、数据检索分析、技术研究与开发和药物、生物技术等。由于此类业务涉及很多企业的核心技术和高端知识,因此 KPO 专业服务机构毕马威(KPMG)甚至预测 KPO 时代已经来临,KPO 被视为第三代外包流程——正逐渐成为现实的、主流的外包选择之一。国际数据公司(IDC)的研究结论显示,未来 KPO 增速将加快。与之前其他外包方式相比,KPO 最具吸引力的地方在于知识套利,其涉及外包中更高技能的流程,而不在于降低成本的潜力。

(二)全球服务外包发展规模

受累于金融危机带来的全球经济衰退,服务外包产业于 2009 年经历了近年来最艰难的时期,但全球外包产业发展的大趋势并未改变。总体来看,金融危机导致的全球服务外包增速放缓只是暂时现象,随着后危机时代的到来,服务外包产业已逐步恢复快速增长。

自 2008 年下半年开始,全球服务外包合同金额明显下降,离岸服务外包业务量急剧收缩,2009 年产业经历了近年来的最低增长,但该新兴产业显示出了较强的生命力。2010 年,国际数据公司(IDC)表示,全球 IT 支出已经显示出从经济危机中复苏的迹象,全年支出增长 6%,其中服务支出增长超过 2%,软件和硬件支出分别增长 4% 和 11%。随着全球 IT 支出的增长,IT 服务市场也由 2009 年的负增长转为正增长,未来市场将向更乐观的方向迈进。2011 年,全球信息技术服务市场保持良好的发展态势。2011 年全球 IT 服务支出总额达到 6270.5 亿美元,增长率达到 7%。2011 年全球 BPO 市场较 2010 年实现更快的增长,全年支出达到 1564 亿美元,增长率为 7.6%,增长速度超过 IT 服务支出。得益于云计算等新兴技术手段的运用,整合资源渠道、提供行业平台型的业务流程整体解决方案成为可能;同时在超大型的计算能力和存储能力的帮助下,流程服务的业务承接能力和业务覆盖范围都得到了更大的拓展。云计算、大数据、移动互联和社交网络等第三平台技术的迅速发展和广泛应用,成为服务外包增长的重要驱动因素,服务外包市场规模仍继续扩大。IDC 数据显示,2013 年全球 IT 服务、业务流程外包两大项服务支出合计约 10187 亿美元,较 2012 年增长 4.8%。其中,全球 IT 服务支出 6838.7 亿美元,较 2012 年增长 4.2%,占全球 IT 技术及相关服务支出的 67.1%;BPO 支出 3348.3 亿美元,较 2012 年增长 6%,占 32.9%。据麦肯锡公司预测,全球外包的潜在市场到 2020 年将增长至 1.65 万亿~1.8 万亿美元。

全球离岸市场上,尽管目前发达国家受 GDP 增长放缓的制约,服务需求增长速度在减缓,但由于具有良好数理逻辑基础的工程技术人员供给不足、人力资源成本高以及服务外包管理能力日益成熟等,发达国家离岸业务的增长速度仍在加快。按照印度软件和服务业企业行业协会(NASSCOM)的统计,发达国家的 GDP 增长与服务需求增长以及离岸服务增长三者之间的比例关系为 1:2:4。行业专家称,从 2010 年开始,国际离岸服务需求的增长速度已恢复到 2008 年全球金融危机之前的水平。传统发包地需求复苏,新兴国家发包需求显著增加。随着经济开始逐步走出低谷,许多被放弃或推迟的外包计划重新启动,传统发包市场缓慢复苏。在 IT 影响扩展和全球化进程加速的作用下,中欧、中东、非洲、拉丁美洲和亚太等新兴国家或地区的发包需求在全球发包市场中所占的份额增长迅速。IDC 公司所做的全球 IT 需求预测中,"金砖四国"的增长将领跑全球,未来必将成为市场增长的新兴拉动力量。离岸服务外包仍将快速增长。由于离岸服务外包可为企业提供在全球范围内寻求低成本、高效益的服务以降低成本支出,因此离岸外包迅速成为部分发达国家企业提升竞争力的重要选择。科尔尼公司(A. T. Kearney)在 2010 年的报告中指出,即使在金融危机时期,全球也没有出现"回岸"现象;由于裁员主要发生在在岸地国家,因此危机中离岸地员工所占比例反而会上升,经济回暖后由于效率差异,离岸外包需求将再度上升。报告指出,2013 年全球离岸服务外包总支出为 1684.9 亿美元,较2012 年增长 17.9%,到 2016 年预计达到 2688 亿美元。总体来讲,虽然短期内离岸外包遭受了暂时性的挫折,但从中长期来看,随着信息技术的进步、发达国家人口日益老龄化、发展中国家服务水平和能力的提升,服务业的全球化趋势并不会改变,服务的全球化供应进程才刚刚开始,尚蕴含着巨大的市场潜力。

从发包国来看,全球服务外包发包方仍然以发达国家为主。金融危机后,发达国家贸易保护主义、就业回流的趋势都影响了发包规模的增长。美国仍是最主要的发包国,2013年支出达到 1054.8 亿美元,占全球总量的 62.6%。其次,"众包模式"已经被各主要发包国家广泛采用。从接包国来看,印度、中国仍是主要承接国;承接国中,发展中国家数量迅速增加,凭借人力成本优势融入全球价值链,推动服务外包转型升级,马来西亚、墨西哥、越南、菲律宾等国家都有很好的表现,已经对印度、中国带来较大挑战;承接国竞争呈现差异化特点,多数承接国根据自身产业成熟度、语言优势和国际品牌进行清晰的产业定位,在本国政府的大力扶持下,展现出差异化的国际竞争优势。

(三)印度、爱尔兰、俄罗斯等主要接包国的发展状况与特点

1.印度

印度目前仍然是全球最大的离岸外包目的地,2012 年占全球 ITO 市场 61%,BPO、KPO 市场 35% 的份额。印度服务外包产业呈现持续增长态势,其主要原因:一是印度具有较高素质、低成本的人力资源,较发达的高等教育和技术教育,这是促进服务外包产业发展的重要因素;二是印度保护知识产权的法律体系比较健全,政府根据形势发展对相关法律及时进行调整和修订,印度版权法被认为是世界上最严格、最接近国际惯例的版权法之一;三是印度政府加快软件园区、出口加工区、经济特区等园区建设,注重发挥行业协会作用。此外,印度的时区优势非常明显。印度处于东四区(GMT + 4.5),这使它能够正好和美国互补,形成一个完整的 24×7 的服务结构,这是美国很多公司选择在印度设立呼叫中心的一个重要原因。金融危机以来,印度服务外包产业凸显了脆弱性:一是服务外包市场过于狭窄,美国、英国占印度外包出口市场的 80% 左右;二是劳动力成本上升;三是来自其他国家的竞争增强。为此,印度外包企业正在不断探索开辟新型商业模式,并把业务转向国内二三线城市,以继续保持全球服务外包首选地的地位。

2.爱尔兰

软件和服务外包产业在爱尔兰的经济发展中发挥了重要作用。目前欧洲市场 43%

的计算机、60％的配套软件都是爱尔兰提供的。爱尔兰有"欧洲软件之都""新硅谷""软件王国""欧洲高科技中心"等称誉,形成了以软件业为龙头,电子、计算机等高新科技产业为支柱的产业结构。爱尔兰服务外包产业快速发展的主要原因:一是大力吸引外资,香农开发区已经成为爱尔兰最大的 FDI 聚集地,也是全球最重要的服务外包基地之一;二是劳动力成本相对较低,且教育水平高;三是充分利用地缘、文化优势。爱尔兰是英语国家,又是欧盟成员国,欧盟成员国公民在爱尔兰享有务工自由,劳动力流动便捷。此外,爱尔兰法律环境完善,在知识产权、专利等方面沿袭欧洲惯例。

3. 俄罗斯

俄罗斯服务外包产业近几年逐步发展起来。据 IDC 测算,2013 年俄罗斯 IT 市场规模达到 348 亿美元,比 2012 年增长 7％。在俄提供 IT 软件相关服务的公司主要分为三大类:第一类是系统集成商;第二类是主要为客户提供软件开发服务的企业;第三类是跨国公司研发中心和科学研究机构,约占软件出口总量的 15％。俄罗斯服务外包产业发展具有近岸外包、人力资本、高级别业务模式、持续改善的营商环境等方面的优势。俄罗斯已经正式成为世贸组织的第 156 个成员,将在国际投资与贸易方面更积极地向国际通行规则靠拢。在知识产权保护方面,俄罗斯的版权法为软件、影像、音乐和视频等提供保护,并扩展到任何版权法的保护对象。从服务外包产业发展前景看,俄罗斯处于不断上升过程中:一是俄罗斯服务外包产业的重点在一些高端领域,这使它能够避免与印度、东南亚等发展中国家之间开展直接竞争,打造自身的特色优势;二是靠近欧洲目标市场,有利于欧洲客户开展对俄外包业务。

五、中国服务外包产业发展现状及存在的问题

作为全球第二大服务外包承接地,中国在金融危机中显现出了良好的抗风险能力,保持了持续健康的产业发展态势。未来中国在全球服务外包中的地位将越来越重要。

(一)多方推进,产业发展取得巨大成就

1. 增长态势迅猛,市场开拓成效显著

2013 年,中国共签订承接服务外包合同 167424 份,合同金额 954.9 亿美元,同比增长 55.8％;执行金额 638.5 亿美元,同比增长 37.1％。其中,承接国际服务外包合同金额 623.4 亿美元,同比增长 42.2％;执行金额 454.1 亿美元,同比增长 35％。中国服务外包产业无论是订单数量,还是从业规模,都有了长足的发展。一批大型领军企业快速成长,在引领本土产业发展的同时,积极开拓海外市场,参与国际竞争。截至 2011 年年底,离岸外包合同执行金额超过 1 亿美元的大型企业达到 22 家,支持企业做大的政策成效显著。同时,服务外包在岸市场获得突破性发展,为企业提供了更广阔的市场机会。

2. 政府创新机制全力推动,产业发展环境逐步优化

中国对服务外包的重视源于 20 世纪 80 年代,目前已在国家层面形成了由国务院主导、部委联合和多层共建的机制。服务外包作为新兴的战略性产业,备受各界关注,国务院先后出台了一系列扶持性的政策措施,地方政府也配套出台了特色产业政策,迄今已初

步建立起较为完善的服务外包产业政策支持体系。2011 年,国务院颁布了《进一步鼓励软件产业和集成电路产业发展的若干政策》(国发〔2011〕4 号),并决定开展深化增值税制度改革试点工作。这两项具有重大意义的政策将从推动在岸服务外包市场发展、降低企业境内转包和分包业务成本等方面,促进服务外包企业的发展。

对于以信息和数据作为产品的服务外包产业,安全、公平的商务环境至关重要。各地在加大政策扶持力度的同时,不断加强知识产权和信息安全保护力度,以更好地接轨国际市场,营造出高标准的行业法律制度环境。

3. 产业集聚初显,差异化发展受到重视

四大板块集聚、东西映射、联动发展的格局初步形成。根据《国民经济与社会发展第十一个五年规划纲要》关于"加快转变对外贸易增长方式……建设若干服务业外包基地,有序承接国际服务业转移"的要求,我国先后指定了北京、天津、上海、重庆、大连、深圳、广州、武汉、哈尔滨、成都、南京、西安、济南、杭州、合肥、南昌、长沙、大庆、苏州、无锡、厦门等21 个城市为"中国服务外包示范城市",并以技术先进型服务企业的认定为基础。在示范城市实施税收减免、财政支持、环境建设、投资促进、综合协调等优惠政策,以推动产业发展。

自设立以来,服务外包示范城市已逐渐成为产业发展的主要力量。各类产业政策在示范城市的成功试点和扩大推进,极大地提升了中国服务外包企业的市场竞争力,优化了产业发展环境。从 2011 年全国各大城市服务外包产业的发展情况来看,示范城市各项主要指标增幅均超过了全国平均水平。其中,示范城市签订的离岸合同金额占全国的92.3%,离岸执行金额占全国的 91.9%,新增企业数占全国的 63.8%,新增从业人员占全国的 77.8%,发挥了良好的示范带动作用。

先发优势区域主要集中在四大板块:环渤海与东北、长三角、珠三角和中西部,形成东西映射、南北呼应的发展格局,其中长三角的集聚规模处于全国领先地位。同时出于自身优势的差异和协调发展的考虑,城市服务外包产业的发展将更加注重突出特色和整体布局,各城市之间的"同质化"竞争现象将逐渐得到抑制。不同地区和同一地区内各城市将通过产业链、业务和目标市场,从多维度对服务外包产业进行定位,自发形成差异化的产业竞争格局,从而实现各城市的共同发展。

(二)存在的主要问题

1. 基础设施建设投入不足

一是服务外包公共服务平台建设需要进一步加强。移动互联、大数据等新技术的应用和"智慧城市"建设对服务外包发展的推动,要求加快相应公共服务平台的建设。但目前公共技术服务平台建设投入不足,难以资源共享等问题突出。例如,大连现有互联网带宽、网络技术支撑平台、云计算、电子商务、移动互联等平台已经不能满足企业自主创新和发展网络产业的要求;软件和信息技术服务业在研发投入强度方面低于全国平均水平,导致在创新方面存在新技术、新模式储备不足,后续发展乏力等问题。

二是服务外包园区建设存在配套设施不完善、载体空间不足等问题。例如,目前成都共认定了 9 个服务外包示范园区,但这些园区的产业环境配套及公共服务都有待完善。

2.服务外包企业竞争力不够强

各地服务外包企业普遍存在规模小、市场开拓能力差、接包能力较弱、效益偏低、缺乏大企业支撑和龙头企业的引领等问题。对苏州 400 多家服务外包企业的调查数据显示,2012 年,苏州服务外包企业户均从业人员 153 人,人均营业额仅 45.6 万元,营业收入利润率(毛利率)为 5.5%,主营业务成本水平 70.3%。2012 年,成都企业规模大都在 500 人以内,超千人服务外包企业仅有 10 余家,尚无一家超过 2000 人。企业普遍反映,成本过快增长加重了企业负担。2012 年,大连软件和信息技术服务业工资上涨 15%,人工成本、办公成本、税负等增长导致不少企业经营困难。2012 年,上海职工平均工资为 56300 元(同期全国城镇单位在岗职工平均工资为 47593 元);上海企业为员工缴纳的社会保险费、其他福利费也远远高于全国平均水平;2012 年上海房价收入比达 11.7,居全国 35 个大中城市第四位,房地产价格高还导致办公场所租金偏高,尤其是中心城区商务成本的不断提升,已经成为制约服务外包企业发展的因素之一。

3.中高端人才缺乏制约着服务外包产业成长

服务外包产业普遍存在基础性人才相对较充足、中高端专业技能人才相对缺乏、人力资源结构不合理、高校专业人才培养数量不足、校企合作缺乏有效对接、人才吸引力不强等问题。根据上海的调查,服务外包企业对项目管理人才、技术人才、市场开拓和营销人才等需求较大。截至 2012 年年末,上海市高校培养服务外包相关专业人才近 8 万人,但这些高端人才仍严重不足。目前上海在高端人才引进、税收政策等方面依然存在障碍,人才吸引力减弱。合肥的软件信息类、语言类、管理类高端人才大多流向北京、上海、广州及南京、武汉、深圳等大城市。浙江省服务外包人才的结构性问题较为突出,主要表现在,人才区域分布严重不平衡及中高端人才匮乏:服务外包从业人员有 70% 集中在杭州;在从业人员中,基础操作型人才较多,而复合型中高端人才,尤其是领军人才缺乏。高端人才短缺一直是困扰大连服务外包产业创新的瓶颈,2012 年呈现出人才从结构性短缺向全面短缺蔓延的趋势。中高端及部分专业型人才匮乏,也造成人力资源成本过快增长。

4.服务外包产业政策存在的突出问题

目前,对于服务外包企业开拓国际市场方面的政策配套扶持相对滞后,鼓励服务外包企业发展的相关配套政策落实较慢,系统性和协调性不足,缺乏对技术创新、人才、投融资的鼓励措施等。

☞ **重要概念**

服务外包;国际服务外包;云外包;信息技术外包;业务流程外包;知识流程外包

☞ **思考题**

1. 国际服务外包具有哪些特征和类型？
2. 试分析国际服务外包的经济效应。
3. 国际服务外包给发展中国家带来了哪些新机遇和挑战？
4. 国际服务外包和国际制造业产业转移各自基于怎样的背景和理论？
5. 如何看待国际服务外包的开展？

参考文献

[1] Arndt,S. W. Globalization and the open economy[J]. *The North American Journal of Economics and Finance*,1997,8(1):71-79.

[2] Arndt, S. W. & Kierzkowski, H. *Fragmentation: New Production Patterns in the World Economy*[M]. London:Oxford University Press,2001.

[3] Baldwin, R. E. Nontariff distortions of international trade[J]. *Economica*,1970,39 (154):211-217.

[4] Baumol, W. Macroeconomics of unbalanced growth:The anatomy of an urban crisis [J]. *American Economic Review*,1967,57(3):415-426.

[5] Baumol, W. ,Blackman, S. & Wolff, E. Unbalanced growth revisited:Asymptotic stagnancy and new evidence[J]. *American Economic Review*,1985,75(4):806-817.

[6] Baumol, W. ,Blackman, S. & Wolff, E. Productivity and American leadership:The long view[J]. *Foreign Affairs*,1989,69(3):475-495.

[7] Bell,D. *The Coming of the Post-Industrial Society:A Venture in Social Forecasting* [M]. New York:Basic Books,1973.

[8] Benz,F. Trade and growth with heterogenous firms[J]. *CEPR Discussion Papers*, 1979,74(1):21-34.

[9] Bhagwatti,J. N. Splintering and disembodiment of services and developing nations [J]. *World Economy*,1984,7(2):133-144.

[10] Bhagwati,J. N. & Dehejia, V. H. Freer trade and wages of the unskilled—Is Marx striking again? [M]// Bhagwati, J. N. & Kosters, M. H. (eds.). *Trade and Wages: Leveling Wages Down?* Washington D. C:AEI Press,1994.

[11] Bhagwati,J. N. ,Panagariya, A. & Srinivasan, T. N. The muddles over outsourcing [J]. *Journal of Economic Perspectives*,2004,18(4):93-114.

[12] Boddewyn,J. Theories of foreign direct investment and divestment:A classificatory note[J]. *Management International Review*,1985,25(1):57-65.

[13] Brown,D. ,Deardorff,A. & Stern,R. Modeling multilateral liberalization in services [J]. *Asia-Pacific Economic Review*,1996(2):21-34.

[14] Browning, M. & Singelman, J. *The Emergence of a Service Society:The Demographic*

and Social Characteristics of the Transformation of the American Labor Force [M]. Cambridge:Harvard University Press,1975.

[15] Buckley,P. J. & Casson, M. *The Future of the Multinational Enterprise* [M]. London:Palgrave Macmillan,1977.

[16] Buckley,P. J. & Casson, M. The optimal timing of foreign direct investment[J]. *The Economic Journal*,1981,91(361):75-87.

[17] Burgess,D. F. Services as intermediate goods:The issues of trade liberalization [M]//Jones, R. & Krueger, A. (eds.). *The Political Economy of International Trade*. Oxford:Basil Blackwell,1990:122-139.

[18] Burgess,D. F. Is trade liberalization in the service sector in the national interest? [J]. *Oxford Economic Papers*,1995,47(1):60-78.

[19] Chenery,H. B. Patterns of industrial growth[J]. *American Economic Review*,1960, 50(4):624-654.

[20] Clark,C. *The Conditions of Economic Progress*[M]. London:Macmillan,1935.

[21] Corden,W. M. The structure of a tariff system and the effective protective rate[J]. *Journal of Political Economy*,1966,74(2):221-237.

[22] Deardorff,A. V. Comparative advantage and international trade and investment in services[G]. Toronto:Ontario Economic Council,1985,39-71.

[23] Deardorff,A. V. & Stern, R. M. *Measurement of Nontariff Barriers* [M]. Ann Arbor:University of Michigan Press,1998.

[24] Deardorff, A. V. & Stern, R. M. A centennial of anti-dumping legislation and implementation—introduction and overview[J]. *World Economy*,2005(5):633-640.

[25] Dee,P. & Hanslow,K. Multilateral liberalization of services trade[C]. Productivity Commission Staff Research Paper,Ausinfo,Canberra,2000.

[26] Dick,R. & Dicke, H. Patterns of Trade in Knowledge[M]//Giersch, H. (ed.). *International Economic Development and Resource Transfer*. Tübingen:J. C. B. Mohr,1979:346-362.

[27] Dunning,J. H. *Trade,Location of Economic Activity and the MNE:A Search for an Eclectic Approach*[M]. London:Palgrave Macmillan,1977.

[28] Dunning,J. H. Toward an eclectic theory of international production:Some empirical tests [J]. *Journal of International Business Studies*,1980,22(3):1-3.

[29] Dunning, J. H. *Multinationals, Technology and Competitiveness* [M]. London: Unwin Hyman,1988.

[30] Dunning,J. H. Multinational enterprises and the growth of services:Some conceptual and theoretical issues[J]. *Service Industries Journal*,1989,9(1):5-39.

[31] Enderwick,P. Multinational corporate restructuring and international competitiveness[J]. *California Management Review*,1989,32(1):44-58.

[32] Feenstra, R. C. & Hanson, G. H. Foreign investment, outsourcing and relative wages[R]. No 5121, NBER Working Papers from National Bureau of Economic Research, Inc. ,1995.

[33] Feenstra, R. C. Integration of trade and disintegration of production in the global economy[J]. *Journal of Economic Perspectives*, 1998, 12(4):31-50.

[34] Feketekuty, G. *International Trade in Services: An Overview and Blueprint for Negotiations*[M]. Cambridge: Ballinger Publishing Company, 1988.

[35] Fisher, G. B. *The Clash of Progress and Security*[M]. London: Macmillan, 1935.

[36] Fisher, G. B. *Economic Progress and Social Security*[M]. London: Macmillan, 1945.

[37] Fourastié, J. *Le frand espoir du XX siècle* [M]. Paris: PUF, 1949; Gallimard, 1963.

[38] Francois, J. Trade in producer services and returns due to specialization under monopolistic competition [J]. *Canadian Journal of Economic*, 1990, 23 (1): 109-124.

[39] Francois, J. & Hoekman, B. Market access in the service sectors[R]. Tinbergen Institute, manuscript, 1999.

[40] Francois, J. & Schuknecht, L. International trade in financial services: Competition and growth performance[C]. Central for International Economic Studies Working Paper No. 6, 2000.

[41] Francois, J. & Wooton I. Market structure, trade liberalization and the GATS[J]. *Journal of Urban Economics*, 2001, 17(2):389-402.

[42] Francois, J. , Pindyuk, O. & Woerz, J. Trade effects of services trade liberalization in the EU[R]. FIW Research Report, June 2008:1-15.

[43] Fuchs, V. R. The growing importance of the service industries[J]. *The Journal of Business*, 1965, 38(4):344-373.

[44] Fuchs, V. R. *The Service Economy*[M]. New York: Columbia University Press, 1968.

[45] Glass, A. J. & Saggi, K. Innovation and wage effects of international outsourcing [J]. *European Economic Review*, 2001, 45(1):67-86.

[46] Gray, J. M. & Gray, H. P. The multinational bank: A financial MNC? [J]. *Journal of Banking & Finance*, 1981, 5(1):33-63.

[47] Griliches, Z. Issues in assessing the contribution of research and development to productivity growth[J]. *Bell Journal of Economics*, 1979, 10(1):92-116.

[48] Grossman, G. M. & Helpman, E. *Innovation and Growth in the Global Economy* [M]. Cambridge: MIT Press, 1993.

[49] Grubel, H. G. All trade in services are embodied in materials or people[J]. *World Economy*, 1987, 10(3):319-330.

[50] Hamilton, B. & Whalley, J. Efficiency and distributional implications of global restrictions on labour mobility: Calculations and policy implications[J]. *Journal of*

Development Economics, 1984, 14(1-2): 61-75.

[51] Hill, T. On goods and services[J]. *Review of Income and Wealth*, 1977, 23(4): 315-338.

[52] Hindley, B. & Smith, A. Comparative advantage and trade in services[J]. *World Economy*, 1984, 7(4): 369-389.

[53] Hoekman, B. Tentative first steps: An assessment of the Uruguay Round Agreement on services[R]. The World Bank working paper, 1995a.

[54] Hoekman, B. Assessing the general agreement on trade in services[G]//Martin, W. & Winters, L. A. (eds.). The Uruguay Round and the Developing Economies. World Bank discussion paper No. 307. Washington, D. C., 1995b.

[55] Hoekman, B. & Primo Braga, C. A. Protection and trade in services: A survey[R]. The World Bank working paper, March, 1997.

[56] Hoekman, B. The next round of services negotiations: Identifying priorities and options[J]. *Federal Reserve Bank of St. Louis Review*, 2000, 82(7): 31-52.

[57] Hornstein, A. Monopolistic competition, increasing returns to scale, and the importance of productivity shocks[J]. *Journal of Monetary Economics*, 2004, 31(3): 299-316.

[58] Hufbauer, G. C., Jensen, J. B. & Stephenson, S. Framework for the International Services Agreement[J]. *Policy Briefs*, 2012, 37(2): 162-206.

[59] Johnson, M., Gregan, T., Belin, P. & Gentle, G. Modelling the impact of regulatory reform[M]//Findlay, C. & Warren, T. (eds.). *Impediments to Trade in Services: Measurement and Policy Implications*. New York: Routledge, 2001.

[60] Jones, G. R. Governing customer-service organization exchange[J]. *Journal of Business Research*, 1990, 20(1): 23-29.

[61] Jones, R. W. & Kierzkowski, H. The role of services in production and international trade: A theoretical framework [R]. RCER Working Papers, 1988, 165 (6): 1485-1486.

[62] Jones, R. W. & Ruane, F. Appraising the options for international trade in services [J]. *Oxford Economic Papers*, 1990, 42(4): 672-687.

[63] Katouzian, A. The development of the service sector: A new approach[J]. *Oxford Economic Papers*, 1970, 22(3): 362-382.

[64] Kierzkowski, H. Comment on A. Dixit "Issues of Strategic Trade Policy for Small Countries"[J]. *Scandinavian Journal of Economics*, 1987, 89(3): 369-378.

[65] King, R. G. & Levine, R. Finance, entrepreneurship, and growth: Theory and evidence[J]. *Journal of Monetary Economics*, 1993, 32(3): 513-542.

[66] Krugman, P. R. Increasing returns, monopolistic competition, and international trade[J]. *Journal of International Economics*, 1979, 9(4): 469-479.

[67] Krugman, P. R. The myth of Asia's miracle[J]. *Foreign Affairs*, 1994, 73(6):

62-78.

[68] Kuznets, S. *Modern Economic Growth: Rate, Structure and Spread* [M]. New Haven: Yale University Press, 1966

[69] Lall, S. The third world and comparative advantage in trade services[M]//Lall, S. & Stewart, F. (eds.). *Theory and Reality in Development*. London: Palgrave Macmillan UK, 1986: 122-138.

[70] Leamer E. E. The effects of trade in services, technology transfer and delocalization on local and global income inequality[J]. *Asia-Pacific Economic Review*, 1996, 2 (1): 44-60.

[71] Levine, R. Financial development and economic growth: Views and agenda[J]. *Journal of Economic Literature*, 1997, 35(2): 688-726.

[72] Markusen, J. R. Trade and the gains from trade with imperfect competition[J]. *Journal of International Economics*, 1981, 11(4): 531-551.

[73] Markusen, J. R. Factor movements and commodity trade as complements[J]. *Journal of International Economics*, 1983, 14(3): 341-356.

[74] Markusen, J. R. Trade in producer services: Issues involving returns to scale and the international division of labor[C]. The Institute for Research on Public Policy Discussion Paper, Trade in Services Series, 1986.

[75] Markusen, J. R. Trade in producer services and in other specialized intermediate inputs[J]. *American Economic Review*, 1989, 79(1): 85-95.

[76] Markusen, J. R. Contracts, intellectual property rights, and multinational investment in developing countries[J]. *Journal of International Economics*, 2004, 53(1): 189-204.

[77] Matoo, A., Rathindran, R. & Subramanian, A. Measuring services trade liberalization and its impact on economic growth: An illustration[J]. *Journal of Economic Integration*, 2006, 21(1): 64-98.

[78] Melvin, J. R. Trade in producer services: A Heckscher-Ohlin approach[J]. *Journal of Political Economy*, 1989, 97(5): 1180-1196.

[79] OECD. Services Trade Restrictiveness Index: Policy Brief[R]. May, 2014.

[80] Pecchioli, R. M. The internationalisation of Banking: The policy issues[J]. *Journal of Banking & Finance*, 1984, 8(2): 379-380.

[81] Petrie, P. A. Foreign direct investment in a computable general equilibrium framework[C]. The Conference of Making APEC Work: Economic Challenges and Policy Alternatives, Tokyo, 1997.

[82] Porter, M. E. *Competitive Advantage of Nations*[M]. Los Angeles: Free Press, 1998.

[83] Riddle, D. I. *Service-led Growth: The Role of the Service Sector in World Development* [M]. New York: Praeger Publishers, 1986.

[84] Riddle, D. I. International trade in services: An overview and blueprint for negotiations[J].

Journal of International Business Studies,1990,21(1):163-167.

［85］ Robinson,S. ,Wang,Z. & Martin,W. Capturing the implications of services trade liberalization［C］. The Second Annual Conference on Global Economic Analysis, Ebberuk,1999.

［86］ Rugman,A. M. Inside the multinationals:The economics of internal markets［J］. *Canadian Public Policy*,1981,8(1):64-65.

［87］ Sagari,S. B. International trade in financial services［R］. Policy Research Working Paper Series of the World Bank,No. 134. 1989.

［88］ Salzman,J. Environmental labelling in OECD countries［R］. OECD,1991.

［89］ Sampson,C. & Snape,R. Identifying the issues in trade in services［J］. *World Economy*,2010,8(2):171-182.

［90］ Samuelson P. A. Where Ricardo and Mill Rebut and confirm arguments of mainstream economists supporting globalization［J］. *Journal of Economic Perspectives*,2004,18(3):135-146.

［91］ Sapir,A. & Lutz,E. Trade in services:Economic determinants and development related issues［R］. World Bank Staff Working Paper,1981,No. 480.

［92］ Sapir,A. ,Trade in services:Policy issues for the eighties［J］. *Columbia Journal of World Business*,1982,17(3):77-83.

［93］ Sapir,A. Late industrialization and technological acquisition in newly industrializing countries［J］. *Mondes endéveloppement*,1985,(11):147-154.

［94］ Shelp,R. *The Role of Service Technology in Development*,*in Service Industries and Economic Development—Case Studies in Technology Transfer*［M］. New York:Praeger Publishers,1984:1-17.

［95］ Sherwood,M. K. Difficulties in the measurement of service outputs［J］. *Monthly Labor Review*,1994,117(3):11-19.

［96］ Stephenson,S. M. Approaches to liberalizing services［C］. The Conference of Multilateral and Regional Trade Issues,Washington,D. C. ,2000.

［97］ Thijs,T. F. & Ronald,M. The lifecycle model of consumption and saving［J］. *American Economic Review*,2001,91(3):681-692.

［98］ Trebilcock,J. & Howse,R. *The Regulation of International Trade*［M］. London: Routledge,1995.

［99］ Tucker ,K. & Sundberg,M. *International Trade in Services*［M］. London:Routledge, 1988:28-29.

［100］ Van Biema,M & Greenwald,B. Managing our way to higher service-sector productivity ［J］. *Harvard Business Review*,1997,75(4):87-95.

［101］ Verikios,G. & Zhang,X. G. Sectoral impact of liberalizing trade in services［C］. The Third Conference on Global Economic Analysis,Melbourne,2000.

[102] Walmsley，T. L. & Winters，L. A. Relaxing the restrictions on the temporary movement of natural persons: A simulation analysis[J]. *Journal of Economic Integration*，2005，20(4):688-726.

[103] Warren，T. Quantity impacts of trade and investment restrictions in telecommunications [M]//Findlay，C. & Warren，T. (eds.). *Impediments to Trade in Services: Measurement and Policy Implications*. New York:Routledge,2001a.

[104] Warren，T. The application of the frequency approach to trade in telecommunications services[M]//Findlay，C. & Warren，T. (eds.). *Impediments to Trade in Services: Measurement and Policy Implications*. New York:Routledge,2001b.

[105] Wells，L. T. The internationalization of firms from developing countries[M]// Agmon，T. & Kindleberger，C. P. (eds.). *Multinationals from Small Countries*. Cambridge:MIT Press,1977.

[106] WTO. Measuring Trade in Services，a Training Module for the World Bank [EB/OL]. March 2006. http://unstats. un. org/unsd/tradeserv/TFSITS/training. htm.

[107] Yannopoulos，G. N. The second enlargement of the EEC and the trade interests of the developing countries[J]. *Journal of European Integration*，1981，4(2): 167-186.

[108] Aaditya Mattoo，Pierre Sauvé. 国内管制与服务贸易自由化[M]. 方丽英，译. 北京: 中国财政经济出版社,2003:3.

[109] UNDP. 惠及民众的全球贸易[M]. 北京:中国财政经济出版社,2004.

[110] 巴斯夏. 和谐经济论[M]. 北京:中国社会科学出版社,1995:21-113.

[111] 陈宪. 国际服务贸易[M]. 上海:立信会计出版社,1995.

[112] 迟云平. 服务外包概论[M]. 广州:华南理工大学出版社,2015:12.

[113] 鼎韬. 服务在云端——"云外包"概念白皮书[EB/OL]. 中国服务外包网. http:// www. chnsourcing. com. cn/special/2010/cloudpowered-outsourcing/.

[114] 杜玉琼. 国际经济法学[M]. 成都:四川大学出版社,2013:90.

[115] 范小新. 服务贸易发展史与自由化研究[D]. 北京:中国社会科学院研究生院, 2002:26.

[116] 冯宗宪，郭根龙. 国际服务贸易[M]. 2版. 西安:西安交通大学出版社,2013:72.

[117] 高露华. 国际贸易[M]. 上海:格致出版社,上海人民出版社,2012:353.

[118] 黄建忠，刘莉. 国际服务贸易教程[M]. 北京:对外经济贸易大学出版社,2008:135.

[119] 霍景东. 中国服务外包发展战略及政策选择——基于内生比较优势视角的分析 [M]. 北京:经济管理出版社,2015:45.

[120] 江维. 基于交易决策的服务外包理论与实践创新研究[M]. 杭州:浙江大学出版社, 2014:76.

[121] 江小娟，等. 服务经济:理论演讲与产业分析[M]. 北京:人民出版社,2014.

[122] 姜荣春. 国际服务外包浪潮:理论、实证与中国战略研究[M]. 北京:对外经济贸易

大学出版社,2009:69.

[123] 卡尔・阿尔布瑞契特,让・詹姆克.服务经济:让顾客价值回到企业舞台中心[M]. 唐果,译.北京:中国社会科学出版社,2004.

[124] 卡尔松.政治经济学概论[M]//让-克洛德・德劳内,让・盖雷.服务经济思想 史——三个世纪的争论[M].江小涓,译.上海:格致出版社,2011.

[125] 李强.中国服务业统计与服务业发展[M].北京:中国统计出版社,2014:13.

[126] 联合国贸发会议.2004年世界投资报告:转向服务业[R].

[127] 梁春晓,盛振中,潘洪刚,罗堃,阿拉木斯,薛艳.电子商务服务[M].2版.北京:清华 大学出版社,2015:36.

[128] 马克思恩格斯全集:第26卷(I)[M].北京:人民出版社,1972:435。

[129] 马克思恩格斯文集:第8卷[M].北京:人民出版社,2009:409.

[130] 蒙英华.服务贸易提供模式研究[M].北京:中国经济出版社,2011:21.

[131] 穆勒.政治经济学原理[M].北京:商务印书馆,1997:62-63.

[132] 让-克洛德・德劳内,让・盖雷.服务经济思想史——三个世纪的争论[M].江小涓, 译.上海:格致出版社,2011.

[133] 萨伊.政治经济学概论[M].北京:商务印书馆,1997:127-129.

[134] 上海市经济和信息化委员会,上海科学技术情报研究所.2011—2012世界服务业重 点行业发展动态[M].上海:上海科学技术文献出版社,2012:295.

[135] 邵渭洪,戴越.国际服务贸易:理论与政策[M].2版.上海:上海财经大学出版社, 2013:15.

[136] 沈玉良,李墨丝,等.国际服务贸易新规则研究[M].北京:对外经济贸易大学出版 社,2014:208.

[137] 王佃凯.国际服务贸易[M].北京:首都经济贸易大学出版社,2015:81.

[138] 王秋红,韩剑萍,耿小娟,陈开军.国际贸易学[M].2版.北京:清华大学出版社, 2015:329.

[139] 王绍媛,蓝天.国际服务贸易[M].2版.大连:东北财经大学出版社,2013:123.

[140] 王晓红,李德军.中国服务外包产业发展报告2013—2014[M].北京:社会科学文献 出版社,2014:6.

[141] 魏建国.服务贸易100问[M].北京:中国商务出版社,2014:90-91.

[142] 邢丽娟,李凡.服务经济学[M].天津:南开大学出版社,2014:241.

[143] 许宪春.中国国内生产总值核算中存在的若干问题研究[J].经济研究,2000(2): 10-16.

[144] 薛荣久.国际贸易[M].成都:四川人民出版社,1993.

[145] 亚当・斯密.国民财富的性质和原因的研究[M].北京:商务印书馆,1997:303-306.

[146] 杨珮.服务营销[M].天津:南开大学出版社,2015:10.

[147] 杨圣明.服务贸易:中国与世界[M].北京:民主与建设出版社,1999.

[148] 约翰・伊特韦尔,默里・米尔盖特,彼得-纽曼.新帕尔格雷夫经济学大词典:第4卷

[M].北京:经济科学出版社,1996.

[149] 詹姆斯·霍治.发展中国家的服务贸易自由化[M]//伯纳德·侯克曼,阿迪蒂亚·玛图,等.发展、贸易问题与世界贸易组织手册.北京:中国对外翻译出版公司,2002:192.

[150] 张汉林.国际服务贸易[M].北京:中国商务出版社,2002:70.

[151] 张燕生.对中国加入 WTO 后的几点思考[J].宏观经济研究,2002(1):29-33.

[152] 张燕生,毕吉耀.对经济全球化趋势的理论思考[J].世界经济,2003(4):3-9.

[153] 赵海峰.服务运营管理[M].北京:冶金工业出版社,2013:132.

[154] 中华人民共和国商务部服务贸易和商贸服务业司,中国社会科学院财经战略研究院,中国社会科学院对外经贸国际金融研究中心.第二届中国(北京)国际服务贸易交易会重要观点报告[M].北京:经济管理出版社,2014:224.